성장과 발달을 돕는
초등 평가 혁신

성장과 발달을 돕는

초등 평가 혁신

김해경 | 손유미 | 신은희 | 오정희

이선애 | 최혜영 | 한희정 | 홍순희

맘에드림

성장과 발달을 돕는
초등 평가 혁신

발행일 2016년 8월 2일 초판 1쇄 발행
        2017년 5월 8일 초판 2쇄 발행
지은이 김해경, 손유미, 신은희, 오정희, 이선애, 최혜영, 한희정, 홍순희
발행인 방득일
편 집 신윤철
디자인 강수경
마케팅 김지훈

발행처 맘에드림
주 소 서울시 도봉구 노해로 379 대성빌딩 902호
전 화 02-2269-0425
팩 스 02-2269-0426
e-mail nurio1@naver.com

ISBN 978-89-97206-45-2 03370

사실상 앎과 성장이라는 두 영역은 서로 소통될 가능성을 내포하고 있기에
앎의 과정과 성장의 과정은 모든 면에서 관련되어 있거나
앎의 과정이 곧 성장의 과정임을 의미합니다.
아는 것은 일정한 성장 없이는 불가능합니다.
그리고 성장은 일정한 앎이 없이는 불가능합니다.

- 파울로 프레이리(Paulo Preire) -

여는글

　인간의 삶의 근원은 협력적이며 공동체적입니다. 나의 삶이 유
지되는 모든 여건은 다른 이들의 노동을 통해 만들어진 것이며,
내가 지금 알고 있는 많은 지식과 경험은 거의 모든 것이 타자로
부터 온 것입니다. 나의 몸과 정신을 이루도록 도움을 준 이들은
앞선 시대에 살았던 이들이기도 하고 현재 나와 함께 살고 있는
사람들이기도 합니다.

　존재 자체가 공동체적인 우리가 애써서 협력을 말하고 공동체
를 강조해야 하는 것이 요즘 현실입니다. 자본주의 사회가 진행
될수록 인간은 경쟁하는 존재라 규정하며 더 많은 분야에서 더
강도 높게 경쟁하도록 압박합니다. 경쟁이 신화가 된 시스템 속
에서는 소수만 더 많은 것을 누리도록 사회 체제가 더욱 공고해
집니다. 이런 사회를 유지시키는 데 가장 중요한 기제가 바로 교
육입니다. 그러므로 교육을 통해 경쟁 사회를 더 부추기고 강화
할 것인가, 아니면 협력하고 평등한 사회를 지향할 것인가는 학
교현장의 교육 활동, 학교문화, 교육제도와 정책의 변화 측면에
서 치열한 논쟁이 되는 점입니다.

　정부의 교육정책의 변화를 보면 목표나 방향, 지침에는 협력과

평등의 가치를 명시해 놓고 경쟁하는 관행이 뿌리 깊은 현장을 바꾸려는 실질적 노력은 하지 않습니다. 오히려 화려한 미사여구로 포장된 경쟁 제도와 정책을 끊임없이 도입합니다. 교육정책을 입안하는 정부가 자기 모순적인 행정을 지속하면서 교육의 실패를 가속화하고 있습니다.

그러나 이런 시스템 속에서도 온전히 인간다움을 유지하고 발현하기 위한 현장 교사들의 자발적이고 헌신적인 노력들이 있어 왔고, 지금 이 순간에도 아름답게 이어지고 있습니다. 교육이 줄 세우기가 아니라 학생과 학생, 학생과 교사, 학생과 부모, 교사와 부모가 함께 성장하고 그 과정에서 기쁨과 행복을 느끼는 선생님들이 실천 사례를 만들어 가고 있습니다. 점점 더 심각하게 경쟁하도록 하는 교육제도와 정책의 정반대 편에 서서 조용히 그러나 힘차게 현장의 변화가 확장돼 가고 있습니다. 이것을 우리는 학교 혁신이라 불러 왔습니다.

학교 혁신을 지향하고 실현하는 데는 몇 가지 중요한 가치들이 있습니다. 배움을 즐기는 인간 존재에 대한 믿음, 수평적 소통을 바탕으로 한 협력, 학교 내 민주주의 실현, 각 주체들의 자치, 함께할 때만 가능함을 믿는 집단지성의 자세 등입니다. 이런 가치들을 실현하는 데는 수업과 학교 행사 등 교육 활동 속에 깊이 박혀 있는 경쟁 문화를 바꾸는 것이 관건이며, 수업에서 평가를 교육의 과정으로 바로잡는 것이야말로 수업 혁신의 핵심입니다.

지난해 전교조 참교육원격교육연수원에서 평가 혁신을 실천해 오신 몇 분의 선생님과 함께 '성장과 발달을 돕는 초등 평가 혁신' 연수를 기획, 제작하였습니다. 몇십 년 동안 굳어진 줄 세우기, 상대평가에 대한 인식과 관행과 문화를 바꾸는 것은 그리 녹록한 일은 아닙니다. 그러나 변화를 지향하며 실천해 온 사례들을 모아 이야기를 풀어 보고자 하였습니다. 있는 그대로 여전히 진행 중인 '과정들'입니다. 연수를 통해 더 많은 분이 이 실천 너머를 만들어 가도록 마중물이 되었으면 한 것이지요. 올해 시작된 '성장과 발달을 돕는 초등 평가 혁신 연수'는 현장에서의 변화의 열망이 큰 만큼 관심이 높습니다. 그래서 원격 연수를 보완하기 위해 원고를 다듬어 책으로 펴냅니다.

이 책은 3부로 구성되어 있습니다. 1부 초등 평가 혁신의 기초에서는 성장과 발달을 돕는 평가관, 어린이의 성장과 발달을 돕는 수업, 진단활동 등 평가 혁신의 바탕이 될 이론과 아동 발달, 수업을 보는 눈과 현장에서 오랫동안 진행된 진단활동을 통과의례가 아닌 교육 활동의 일부로 발전시키려는 내용 등이 담겨 있습니다. 2부 초등 평가 혁신의 실제에서는 학년에 따라 수업, 평가가 함께 이루어지는 실천 사례를 볼 수 있습니다. 공교육의 시작인 1학년 기초교육의 중요성, 평가 혁신, 수업, 교육과정을 넘나드는 사례가 생생하게 드러납니다. 또 담임에 비해 교육 활동에서 주변인이 되기 쉬운 전담 교사도 학교 혁신의 흐름을 적극 활용하여 협력적 교육 활동이 가능한 사례를 볼 수 있습니다. 3부에서는 교육부와 교육청의 평가 정책의 이면에 대해 집중 분석하여 현장의 변화를 이끌어 내고 지원하기 위해 어떤 정책적 노력이 필요한지를 정리하고 2년 차 혁신학교의 평가 혁신 좌충우돌 사례를 실었습니다. 아울러 책 중간에는 평가를 연임 제도라는 학교 시스템의 변화 속에서 바라본 사례와 현장에서 어려움을 겪는 학생 평어 사례, 평가 혁신 과정에서 부딪치는 문제들을 질의응답 형식으로 제시하였습니다. 이제 막 성장을 돕는 평가 혁신을 실천해 보고자 하는 학교나 이미 오랫동안 실천하고 있는 학교에서 함께 살펴보고 고민할 내용들을 두루 담으려고 노력하였습니다.

이 책은 우리 교육 현장에 대한 물음입니다. "평가는 교육의 과정으로 실시한다."고 지침에 명시한 대로 교육부 스스로, 시·도교육청과 학교가 실천하고 있는지에 대한 물음입니다. 그리고 교육부가 명확히 밝히고 있는 평가의 원칙을 학교에서 선생님들이 얼마나 실현하고 있는지에 대한 물음입니다. 이런 물음이 우리 교육이 온전히 인간의 성장과 발달을 지향하는 교육으로 발전하는 데 작은 밑거름이 되길 빕니다. 누구보다 바쁘신데도 밤잠 설쳐 가며 원고를 정리해 주신 한희정 선생님, 신은희 선생님, 최혜영 선생님, 김해경 선생님, 손유미 선생님. 오정희 선생님, 홍순희 선생님, 이선애 선생님께 존경의 마음을 담아 깊이 감사드립니다. 더 많은 선생님의 실천으로 한층 밝아질 아이들의 모습을 생각하면 저절로 웃음이 납니다.

전국교직원노동조합 수석부위원장

박옥주

초등 평가 혁신, 한국 교육 혁신의 견인차가 되길

누구나 한 번쯤 읽어 봤을 이문열의 소설 《우리들의 일그러진 영웅》에 다음과 같은 초등 평가의 풍경이 나온다.

> 나는 먼저 성적으로 그를 납작하게 만들어 놓으리라고 별러 왔다. (중략) 나는 은근히 날짜까지 손꼽아 가며 일제고사를 기다렸으나 결과는 참으로 뜻밖이었다. 놀랍게도 석대는 평균 98.5로 우리 반에서는 물론 전 학년에서 1등이었다. 나는 평균 92.6 우리 반에서는 겨우 2등을 차지했지만 전학년으로는 10등 바깥이었다.

이 소설은 1950년대 어느 초등학교의 교실 풍경을 다루고 있다. 교실 안 독재자 엄석대의 횡포에 시달리던 주인공은 시험 성적으로 그를 눌러 버리리라 다짐을 한다. 하지만 그의 계획은 수포로 돌아가고 만다. 여기서 우리가 주목해야 할 것은 당시 초등학교의 평가 제도이다. 악명 높은 '일제고사'라는 용어가 또렷이 등장하고, 소수점 단위까지 성적을 산출하고 전교생을 1등부터 꼴찌까지 석차를 매긴다. 우리는 이렇게 살아왔고 이를 당연하게 여겨 왔다.

그러나 지금의 초등학교 학교생활기록부를 보면 성적이나 석차를 기재하는 칸은 아예 없고 '교과학습발달상황 세부능력 및 특기사항'만 달랑 있다. 담임교사가 학생들의 교육 활동을 다양한 방식으로 관찰하고 이를 전문적으로 평가하여 성장과 발달 과정을 서술식으로 기재하도록 되어 있다. 여전히 초등학교에서 시험을 보고 성적을 매기리라 생각하고 있는 일반인의 상식으로는 그야말로 경천동지(驚天動地)할 만한 변화이다.

최근 각 시도 교육청에서는 초등 평가 혁신을 정책적으로 추진하고 있다. 강원도 교육청의 '초등학교 행복성장평가제', 전라북도 교육청의 '초등 성장평가제' 등이 대표적이다. 이는 단순히 일제식 평가를 폐지하는 것을 넘어 평가의 목적이 학생의 성장과 발달을 돕는 데에 있다는 것을 분명히 선언하는 정책이다.

그러나 아직까지 초등학교 평가 혁신은 완전히 정착되었다고 보기 어렵다. 초등 교사들조차도 성장평가제를 단지 중간고사, 기말고사를 보지 않는 것 정도로 여기고 그 취지나 방법을 정확히 이해하지 못하는 경우가 많다.

그런 점에서 《성장과 발달을 돕는 초등 평가 혁신》 출간은 매우 반가운 일이다. 이 책에는 초등 평가 혁신의 이론뿐 아니라 오랫동안 초등학교 교육 혁신을 위해 연구하고 실천해 오신 여러 선생님의 실천적 지혜가 오롯이 담겨 있다.

이 책은 먼저 평가에 대한 교육학적 개념을 포함하여 초등 평가 혁신의 패러다임을 이론적으로 정리하고 있다. 특히 비고츠키의 근접발달영역 이론에 근거하여 성장과 발달을 돕는 평가, 교육과정-수업-평가가 하나가 되는 방식의 평가 개념을 설득력 있게 제시하고 있다. 또한 4차 교육과정부터 현행 교육과정에 이르기까지 국가 수준 교육과정의 평가 지침을 분석함으로써, 초등 평가란 본래부터 학생의 성장과 발달을 돕는 방식으로 이루어져야 했음을 제시하고 있다. 즉 성장 발달 평가란 혁신 교육 진영의 일방적인 주장이 아니라 초등 평가의 본질 자체임을 알 수 있다.

다음으로 이 책은 왜 평가가 교육과정 및 수업의 과정 속에서 이루어져야 하는지를 다양한 사례를 통해 설득력 있게 보여 주고 있다. 초등학교 저학년, 중학년, 고학년의 단계에 따라 수업의 과정 속에서 평가가 어떤 방식으로 이루어지는지, 그 속에서 교사가 학생들의 성장과 발달 과정을 어떻게 확인하고 지원할 수 있는지 등을 풍부하게 보여 주고 있다. 이러한 사례를 보면 이미 우리나라에서도 핀란드와 같은 교육 선진국 부럽지 않은 훌륭한 교육이 이루어지고 있음을 엿볼 수 있다.

초등 평가는 성적이나 석차를 산출하지 않는 대신, 평가 결과에 대한 통지와 소통, 지원을 중시한다. 이 책에는 평가 결과가 어떻게 학생이나 학부모들과의 소통과 상담의 매개가 되고 있는지를 보여 준다. 그리고 평가 결과는 학생들을 서열화하는 도구가 아니라 지원을 위한 자료임을 분명히 하고 있다.

이쯤 되면 과거의 평가 개념으로는 더 이상 포착할 수 없는 새로운 평가 개념이 도출된다. 어찌 보면 '평가'라는 용어는 '시험, 성적, 석차, 서열화' 등의 이미지로 인해 씻어 내기 어려울 정도로 오염되었다. 이를 대체할 수 있는 개념은 아마도 '진단-소통-지원' 일 것이다. '진단-소통-지원'을 중심으로 학생들의 성장과 발달을 돕는 평가!

공교육 혁신의 과제는 참으로 다양하다. 공교육 혁신의 핵심 매개 고리는 바로 평가라고 할 수 있다. 평가는 거시적으로 볼 때 우리 사회의 부와 권력을 배분하는 계급 재생산의 핵심적인 통로 이다. 또한 학교 안에서의 평가는 교육과정 및 수업의 정상화를 저해하는 핵심적인 원인이기도 하다. 따라서 평가를 혁신한다는 것은 곧 교육과정과 수업을 혁신하는 것이자, 교육이 사회질서를 재생산하는 영역에서 벗어나 민주적이고 평등한 영역을 조금이나마 확대해 가는 것을 의미한다.

초등 평가 혁신은 곧 평가에 대한 개념을 바로잡는 것이다. 초등 평가가 혁신되어 평가에 대한 개념이 바로잡힐 때 이를 바탕으로 중학교 평가 혁신이 이어질 수 있고, 나아가 고등학교 평가 혁신까지 이어질 수 있다. 초등 평가 혁신에서 한국 교육 혁신의 가능성을 발견하는 이유가 여기에 있다. 이 책이 그 견인차 역할을 하리라 믿는다. 아울러 《성장과 발달을 돕는 중등 평가 혁신》도 곧 세상에 나오기를 기대해 본다.

이 형 빈

강원도교육연구원 정책연구팀장
《교육과정-수업-평가 어떻게 혁신할 것인가》 저자

차례

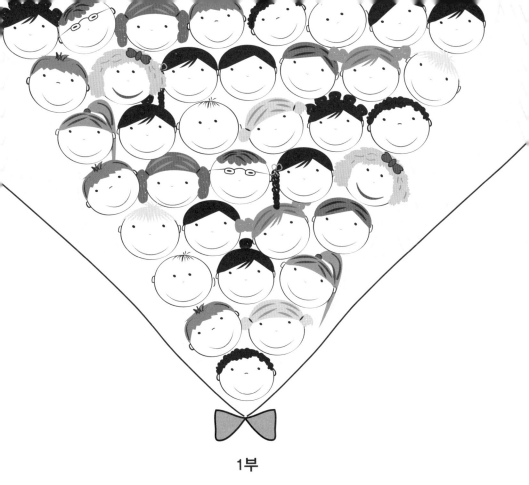

1부

초등 평가 혁신의 기초

성장과 발달을 돕는 평가

한희정

1. 성장과 발달을 돕는 평가란?

(1) 평가, 왜?

우리는 왜 학생들을 평가할까? 생활기록부에 써 주기 위해서? 학기마다 학부모에게 통지표를 보내야 하니까? 교육부나 교육청에서 평가를 하라고 하니까? 모두 '아니요'라고 답할 것이다. 우리는 일상적인 학교의 교육 활동을 통해서 학생들이 어떻게 성장하고 학습하고 있는지 확인하기 위해서 평가를 한다.

받아올림이 있는 덧셈식을 배우는 수학 시간, 다양한 방식으로 수업 활동이 펼쳐지고, 교사는 학생들이 그 동안 배운 내용을 얼마나 이해하고 문제를 해결할 수 있는지 확인을 한다. 만약 문제 해결이 어려운 학생이 있다면 집중해서 지도하기도 하고, 별도의 과제를 부여하기도 한다. 이런 과정은 한 차시 수업으로 종료되는 것이 아니다. 어떤 경우는 한 학기, 1년을 두고 도움을 주기도 한다.

자신의 생각을 여러 사람 앞에서 표현하는 것이 서툴고 어려운 학생이 있다면 그 문제의 원인이 어디에 있는지 생각해 보고 다양한 해결책을 고민해 보며 이를 교육 활동에 자연스럽게 녹여낼 수 있게 노력한다. 학생들이 제각각 갖고 있는 문제들은 가정환경이나 심리적인 요인, 학습, 혹은 학교생활과 친구 관계에서의 어려움 등 다양한 것들이 복합적으로 얽혀 있는 경우가 많다. 이 모든 문제를 해결할 수 있는 만능의 방법은 없지만 교사는 최선을 다해서 지원하는 방법을 고민해야 한다.

이렇게 우리는 일상적인 교육 활동을 통해서 늘 학생을 평가하고 있다. 수업을 하면서도, 학생들이 쉬는 시간을 보내는 모습을 살피면서도, 아침에 인사를 하며 교실에 들어오는 얼굴을 살피면서 누가 어떻게 이해하고 있는지, 누구는 어떤 어려움을 겪고 있는지, 저렇게 행동하는 맥락은 무엇인지, 이를 어떻게 도와줘야 하는지를 고민한다. 어쩌면 교사들은 거의 무의식적으로 항상 '평가'라는 기제를 작동시키는지도 모른다.

학생들의 학습과 발달 정도, 사회적 관계, 신체적 발달 등을 확인하고 지원하는 작업은 교사의 일상적인 교육 활동이다. 어쩌면 너무나 일상적으로 진행되는 일들이라 비형식적이고 전문성에 근거한 암묵적 요소가 많다. '문서'로 남기기보다 먼저 생각을 하고 즉각적으로 판단하며 실행하는 경우가 많기 때문에 형식적인 평가와 괴리가 발생한다.

교사가 일상적인 교육 활동을 통해서 늘 평가하고 실행하며 담아 내는 과정이 '생활기록부, 일람표, 통지표' 같은 형식적인 평가로 귀결되어야 하는데, 거꾸로 형식적인 평가가 일상적인 교육 활동을 규제하는 방식으로 운영되고 있는 게 현실이다.

해마다 교육부에서 '학교생활기록 작성 및 관리지침'(이하 교육부 지침)을 발표하면 시도 교육청은 '학업성적 관리 시행지침'이라는 것을 만들어서 배포한다. 이에 따라 학교에서는 학업성적 관리위원회를 열어 학년별·교과별·영역별 평가 항목을 정하고 평가 내용, 방법, 시기, 반영 비율 등등을 심의하여 자체 규정을 확정한다.

이렇게 법적·제도적으로 강제된 평가 형식은 학교 현장의 일상적인 교육과 평가 과정을 담기보다 수행평가와 지필시험의 비율, 평가 방법, 평가 시기 등에 매몰되면서 교육부 지침이 밝히고 있는 "모든 학생들이 교육목표를 성공적으로 달성할 수 있도록 돕기 위한 교육의 과정으로 실시하며, 평소 학교에서 가르친 내용과 기능에 대하여 학생 개개인의 교과별 성취기준·성취수준에 따른 성취도와 학습 수행 과정을 평가"[1]한다는 목표의 실행과는 거리가 멀어지게 된다. 내적 모순이 발생하고 있는 것이다. 그리고 이런 내적 모순이 학교 현장에서의 혼란을 부추기고 있다.

이런 혼란을 부추기는 것은 교육부의 오락가락하는 정책 탓도 크다. 2008년 실시했던 국가수준 학업성취도 평가(이하 일제고사)는 7차 교육과정기부터 강조했던 과정 중심 평가와 질적 평가의 학교 현장 안착 과정을 한 번 뒤집어 놓았다. 그리고 잊힐 만하면 언론에 등장하는 교육부의 초등 일제고사 실시 검토 등과 같은 기사는 교육 현장을 이러지도 저러지도 못하는 엉거주춤 5분 대기조로 만들었는지도 모른다.

---

1. 교육부, 《학교생활기록 작성 및 관리지침》, 2015

그럼에도 형식화된 평가와 일상적인 평가 활동의 간극을 줄이고 일상적인 교육 활동을 담아 내려는 현장 교사들의 실천은 계속되고 있다. 우리는 이런 현장의 실천들을 '학생의 성장과 발달을 돕는 평가'라고 부르고자 한다.

(2) 발달적 교육관과 선발적 교육관[2]

선발적 교육관은 상당히 오랫동안 학교교육의 기저를 이루었다. 학교에서 달성하고자 하는 교육목표에 모든 학습자가 도달할 수 없고, 다수 중 일부만이 도달할 수 있다는 신념을 가진 교육관이다. 선발적 교육관에 따르면 학교 수업에서 상위 3분의 1 학생만이 수업 내용을 잘 이해하며 따라오고, 중간의 3분의 1 학생은 열심히 가르치면 그럭저럭 따라오며, 하위 3분의 1에 해당하는 학생들은 아무리 열심히 가르치고 공부해도 제대로 따라올 수 없다.

선발적 교육관은 개인의 능력이 학업성취에 영향을 주기 때문에 학습자의 지적 능력에 따라서 교육목표의 달성 여부가 결정되며, 학교교육의 성패에 대한 일차적 책임은 학습자에게 있다고 본다. 이 때문에 개별 학습자에 적합한 교수-학습 방법을 개발하거나 학습부진아의 교육에 대해서는 별 관심과 노력을 기울이지 않는다.

---

2. 이종승, 《현대교육평가》, 교육과학사, 2009

과거 우리나라의 학교교육은 대체로 이러한 선발적 교육관을 바탕으로 이루어져 왔다고 해도 지나치지 않을 것이다. 초등학교부터 대학에 이르는 과정에서 계속적인 선발과 분류 과정을 통해 우수한 학생만 상급 학교에 진학할 수 있는 교육제도가 바로 이러한 선발적 교육관에 기초한 것이다.

특히 대학에 입학하는 것을 교육의 정점으로 간주했기 때문에 중등교육의 주요 과제는 대학에 들어갈 수 있는 소수의 학생을 찾아내는 일인 것처럼 인식되어 왔다. 학교에서 수월성 교육이나 엘리트 교육을 강조하게 된 논리는 이러한 선발적 교육관에 바탕을 두고 있다. 선발적 교육관은 상대평가(규준참조평가) 방법을 사용하게 된다.

선발적 교육관이 지닌 한계는 이미 분명하게 드러났다. 발달하는 존재, 생성하는 존재인 인간에 대한 이해, 소품종 대량생산에서 다품종 소량생산을 넘어 맞춤형 생산으로 넘어가는 후기 산업사회로의 이행, 지식 기반 사회와 평생 학습 시대와 같은 수사는 대입을 종착지로 한 선발적 교육관이 폐기될 수밖에 없는 현실을 보여 준다.

심리학, 뇌 과학 등의 발달에 힘입어 인간과 사회, 인간과 인간 발달에 대한 이해의 폭과 깊이가 달라지고 있다. 자극-반응에 기저한 습관화를 강조하는 행동주의는 겉으로 드러난 행동으로써 인간을 판단하고 평가한다. 그러나 인간이라는 존재 속에는 습관화의 층위를 넘어 합리성에 근거한 지성의 층위, 합리성을 넘어선 의지의 층위가 있으며 이는 행동주의만으로는 설명할 수 없다. 전두엽, 신피질의 발생과 관련된 인간과 인간 발달에 대한 진실에 조금 더 접근하면서 교육에 대한 관점이 변화하고 있다.

발달적 교육관은 학교교육의 주목적이 학습자의 잠재성과 가능성을 최대한으로 끌어내는 데 있다고 본다. 학교의 중심 과제는 모든 학생이 성장하여 사회 구성원으로 살아갈 수 있도록 잠재 능력을 키워 주는 것이다. 발달적 교육관은 교육을 통한 인간의 변화와 발달 가능성에 대해 매우 긍정적인 태도를 취한다. 적절한 교수-학습 방법과 개인의 노력에 따라 학교에서 달성하고자 하는 교육목표를 거의 모든 학습자가 달성할 수 있을 것이라는 신념을 갖고 있다.

발달적 교육관의 기본 가정은 인간의 재능은 교육을 통해 개발될 수 있으며, 학교의 모든 자원은 재능의 분류나 예측이 아니라 오히려 개인의 가능성을 최대한 증진시키는 데 집중해야 한다는 것이다. 이런 발달적 교육관은 절대평가(준거참조평가) 방법을 사용한다.[3]

(3) 규준참조평가와 준거참조평가[4]

상대평가로 불리는 규준참조평가는 개인차의 변별을 주목적으

---

3. 이종승, 같은 책
4. 이종승, 같은 책

로 하며, 비교집단의 규준에 비추어 상대적인 위치에 의해 개인의 득점을 판단하는 평가다. 표준화된 학력검사와 지능검사, 적성검사, 성격검사 같은 표준화 심리검사는 모두 규준참조평가다.

과거 우리나라 학교의 학업성적 평가는 상대적인 서열과 등급을 매기는 방식의 규준참조평가가 주류를 이루었다. 상대평가에서는 교육목표의 달성도를 직접 평가하기보다 학생들의 성적이 정상분포를 이룰 것이라는 가정하에 각 학생의 상대적 위치를 판단하고 일정 비율에 따라 등급을 매기기 때문에, 학생이 무엇을 얼마나 성취했는가보다는 누가 얼마나 더 잘 했느냐를 따진다. 학생들의 학업성적 등급은 비교집단 내 상대적 서열에 따라 결정된다. 그런데 이렇듯 상대적으로 평가한 성적은 집단 안에서의 상대적 위치만 알려 줄 뿐 교육목표는 어느 정도 달성했는지, 습득한 지식이나 기능의 수준은 얼마나 되는지에 대한 정보는 제공해 주지 못한다.

즉 상대평가로는 교육목표의 달성도를 정확히 파악할 수 없으며, 이를 통해 개인차를 변별하고 우열을 가려 내기 때문에 소수를 제외한 대다수가 상대적 열등감과 패배감을 느끼며, 이에 따른 심리적 긴장, 불안, 스트레스를 가중시킬 뿐 아니라 학생 상호 간 경쟁의식을 조장한다.

절대평가로 불리는 준거참조평가는 미리 정해 놓은 어떤 준거, 예를 들어 교육 과정의 성취기준에 의거해 목표의 달성 여부, 또는 도달 정도를 판단하는 평가다. 이는 한 집단 안에서 다른 학생들의 득점 분포와 관련 없이 각각의 개인이 사전에 설정에 놓은 교육목표의 기준에 얼마나 도달했는가를 평정하는 것이다. 따라서 학생들의 학업성취도가 정상 분포를 이룰 것이라고 가정하지 않는다. 정말 성공적인 교수-학습활동이 전개되었다면 거의 모든 학생이 일정한 성취수준에 도달할 수 있기 때문이다.

준거참조평가에서는 '다른 학생에 비해 얼마나 더 잘 했느냐?' 보다 '무엇을 얼마나 성취했느냐?'에 관심을 두고 평가한다. 평가 기준은 교육목표의 달성 정도가 된다. 그렇기 때문에 중요한 것은 교육과정의 성취기준이나 자격증 부여의 자격 기준을 설정하는 일이다. 합리적이고 타당한, 즉 수업이 이루어지는 교실과 학생들의 상황과 맥락에 적절하게 재구성된 성취기준을 설정하는 것이 중요하다.

준거참조평가는 교육목표에 도달한 정도에 따라 직접적인 정보를 제공하는 장점이 있다. 교육목표에 얼마나 도달했으며, 달성한 것은 무엇이고 부족한 것은 무엇인지, 학생이 아는 것은 무엇이고 할 수 있는 것이 무엇인지를 나타내 준다. 그렇기 때문에 이를 바탕으로 교수-학습 상황을 다시 되돌려 부족한 부분을 채워 주는 것이 보다 중요한 평가의 목적이다. 상대적인 서열보다 성취기준에 도달한 그 자체를 강조하고, 경쟁보다는 학습을 중시하기 때문에 협력적인 관계 맺기가 가능하다.

〈표1〉 규준참조평가와 준거참조평가

	규준참조평가	준거참조평가
교육관	선발적 교육관	발달적 교육관
목적	개인차 변별 상대적 우열 확인	목표 달성 여부 자격 유무 여부 확인
핵심 질문	누가 더 잘 하는가?	무엇을 얼마나 아는가?
기본 가정	정상분포 가정	비정상분포 인정
평가기준	비교집단 내 구성원 득점 분포	사전에 설정한 준거와 수행
강조점	변별도, 신뢰도	타당도, 적합도
결과 활용	선발, 분류, 배치	진단, 점검, 자격

우리나라는 7차 교육과정기부터 초등학교 교육에서 선발을 위한 규준참조평가가 아니라 발달을 위한 준거참조평가를 강조해 왔다. 20여 년 가까운 시간이 지났지만 그럼에도 발달적 교육관과 준거참조평가가 현장에 뿌리내리지 못하고 있다. 여전히 점수와 줄 세우기, 경쟁만이 학력을 신장시킬 것이라는 신화가 도처에 존재한다. 그러나 신화는 깨질 수밖에 없다. 학력 패러다임의 변화, 역량 중심 교육과 같은 시대적 요청은 '무엇을 아는가?'에서 '무엇을 할 수 있는가?'로 질문의 초점을 옮기고 있다. 준거참조평가는 능력참조평가와 성장참조평가, 자기성장평가 등 다양한 방식으로 고민되고 있다.

●평가의 궁극 목적이 학생의 성장 발달을 돕는 데 있는 것이라면 학습의 과정을 제외한 결과의 측정만으로 평가의 역할을 한정하고 있는 현행 우리의 교육평가는 평가의 진정한 교육적 기능을 이미 상실한 것이라고 볼 수 있다.

●현행 학교 교육과정평가 관행의 문제점
전도된 교육평가관(본질적이고 중요한 교육목표가 평가에서 제외됨), 총괄평가 위주의 결과 중심 교육평가, 상대기준 평가 위주의 교육평가, 지적 영역 일변도 평가 방식, 단순 지식의 암기, 이해 등 하등 정신 능력 중심의 평가, 지필검사 일변도 평가 방식, 사지택일형 객관식 일변도 평가 방식, 교과서 중심의 교육평가, 너무 빈번한 평가 횟수, 학생 평가 위주의 평가 관행

●학교 교육과정평가 관행의 개선 방향 - 교육목표 달성 여부 확인 수단으로서만 활용/진단평가와 형성평가 강조/절대기준 평가로/정의적, 심체적 영역 평가로/하등정신능력보다는 고등정신능력 평가로/지필 외의 다양한 평가 방법(수행평가 등)/논술형 시험 방식 도입/교과서 중심에서 교육과정 중심으로/평가 횟수 줄이고 학생 평가 외에도 학교평가 정기적 실시/교육과정평가 영역이 학생성취도뿐 아니라 학교 교육과정 계획과 운영 전반 평가로

교육부, 《7차 교육과정 해설서》, 1999

2. 성장과 발달을 돕는 평가 목적

학생 한 명 한 명의 잠재성과 가능성을 최대한 발현시킬 수 있도록 돕는 과정으로서의 교육, 그리고 그러한 교육이 가능하도록 학생 한 명 한 명의 발달과 성장, 학습의 상태를 진단하고 개인적·사회적 맥락을 알아 가는 과정으로서의 평가(진단)와 그에 따른 복잡다단한 교육 활동이 어떻게 도움을 주고 있는지 확인하는 평가(형성)가 학생의 성장과 발달을 돕는 평가다.

성장과 발달을 돕는 평가는 어쩌면 결과와 점수, 서열 중심의 평가(총괄평가, 성취도평가 혹은 일제고사)가 지닌 한계와 문제를 일상에서 확인한 현장 교사들의 반성과 성찰, 대안적 요구가 담긴 평가 방향이다. 그렇기 때문에 줄 세우기 위한 평가가 아닌 한 인간의 발달을 돕는 평가, 개인주의와 성과주의를 뛰어넘는 협력 중심의 평가, 몇 점짜리 낙인이 아닌 과정 중심의 평가로서 그 특이점을 정리해 보고자 한다.[5]

(1) 줄 세우기가 아니라 발달

특별한 누군가를 선별하기 위한 평가가 아니다. 모든 학생의 전인적인 성장과 발달을 돕기 위한 평가다. 이를 위해서는 가르친 교사가 가르친 내용을 평가해야 한다. 그래야 교수-학습 과정에 환류하고 학생들에게 부족한 것, 수업 과정에서 부족한 것을 채워 넣을 수 있다.

학생들을 줄 세우기 위한 평가가 아니다. 한 사람 한 사람을 지원하기 위한 평가다. 평가의 객관성이라는 명분하에 교사를 옭죄고 있는 신뢰도, 변별도, 이원목적분류표에서 자유로워져야 한다. 성취기준에 도달한 정도를 평가한다는 것은 정상분포를 가정

---

5. 초등교육과정연구모임은 2011년 비고츠키 교육철학으로 본 혁신학교 지침서 《행복한 혁신학교 만들기》를 통해 평가 혁신의 방향을 '전면적 발달을 돕는 평가'로 정리했다. 전면적 발달을 돕는 평가는 발달 중심 평가, 협력 중심 평가, 과정 중심 평가, 이 세 가지로 정리된다. 이 글은 이런 평가 혁신의 방향에 동의하며 내용을 좀 더 보완하는 형태로 작성되었다.

하고 있지 않다. 100% 도달할 수도 있고, 100% 도달하지 못할 수도 있다는 비정상분포를 가정해야 한다. 그럼에도 많은 교사가 '객관성'이라는 자기 검열 속에서 상위 30%, 중위 50%, 하위 20% 같은 정상분포를 가정하고 평가 결과를 기록한다. 평가의 객관성이라는 것은 성취기준에 도달하지도 못했는데 교사의 '사심'이 개입되어 도달했다고 평가하는 것을 방지하기 위함이지, 어떤 절대적인 객관성을 입증하라는 것이 아니다. 또한 학생 한 명 한 명에 대한 평가이지 학생들을 서로 비교하기 위한 평가가 아니라는 점이다. 성장과 발달을 돕는 평가는 '형식적 틀'로 강제되고 있는 '객관성'에서 벗어나자는 것이다.

가르친 교사가 가르친 내용을 평가한다는 것은 교육과정이 정해 놓은 성취기준이라는 준거와 실천적인 교육 현장에 맞게 재구성된 성취기준, 그에 따른 교사의 전문가적 판단이 타당도와 적합도를 높여 준다는 것이다. 학생들 개개인에 대해 그 학생들을 가르친 교사만큼 잘 알고 이해하는 사람이 있겠는가! 교육에 대한 전문성을 바탕으로 한 교사의 평가권을 인정해야 한다. 이를 위해서는 평가와 수업에 대한 교사의 자기 신뢰가 먼저 필요하다.

(2) 개인주의를 뛰어넘는 협력 중심

선발적 교육관과 규준 평가는 인간이라는 존재를 끊임없이 개인화하며, 평가의 결과를 개인의 성과로 한정 짓고 정상분포곡선의 한 점으로 규정해 버린다. 그러나 지금까지의 뇌과학이나 심리학, 현대철학이 밝혀 낸 인간 존재는 발달하는 존재이며, 그 발달은 소외와 배제가 아닌 관계와 협력으로 서로 모방하며 서로 배우는 과정이라는 것을 입증해 주고 있다. 이것이 학습하는 과정, 즉 수행하는 과정이자 협력하는 과정이다. 바로 교수-학습 과정이다.

평가는 평가 대상을 개인화하지 않고 평가의 주체인 학습자가 관계적 망 속에서 자신을 이해하고 동료를 이해하는 과정으로, 평가의 주체인 교사가 학습공동체라는 교실 문화 속에서 자신을 이해하고 학생들을 이해하는 과정으로 이루어져야 한다. 자기평가, 동료평가, 교원 평가, 교육과정평가는 평가의 주체를 전혀 다른 존재, 즉 협력하는 존재로 규정하고 시작하는 것이다.

2012년 국제학업성취도평가(PISA)는 2015년 평가부터 '협력적 문제해결력'이라는 영역을 신설해서 실시하겠다고 발표했다. 점점 다원화되는 사회에서 개인의 성취와 성과보다는 협력적으로 문제를 해결하는 능력이 무엇보다 중요하다는 것을 인정한 것이다. 이 파장은 고스란히 대한민국 교육계에 '협력'을 강조하는 흐름으로 연결됐다. 그러나 '협력'은 어느 날 뚝 떨어진 것이 아니라 인간과 사회에 대한 새로운 이해를 통해 질적 변화(paradigm shift) 과정에서 등장한 것이다.

인간의 존재 양태가 관계적이다. 개인으로 존재하지 않는다.

호모사피엔스라는 계통 발생, 대한민국이라는 사회·역사·문화적 발생, 그 많은 인간 중 '나'라는 인간이 겪은 개체 발생, 그리고 내가 맺어 온 관계 속에서 일어나는 수많은 미소발생이라는 중첩되고 중복되는 이 과정은 '홀로'를 상상하기 어렵다. 우리 반 학생 하나하나가 그런 존재로 우리 반이 되었고, 함께 많은 시간을 생활하며 지내는 1~2년의 시공간은 미소발생이라는 교육적 사건들이 일어나는 장이다. 일상적으로 상호작용하고 소통하고 모방하고 협력하면서 서로서로 배우고 가르치는 관계를 만들어 가는 과정이라는 것이다. 이 장 속에서 우리는 서로 무엇을 가르치고 배우는지를 학생과 학생, 교사와 학생, 교사와 교사, 그리고 우리를 둘러싼 무수한 맥락과 함께 고려하는 평가가 곧 협력의 산물이다.

(3) 몇 점짜리 낙인이 아닌 과정 중심

전인적 성장과 발달을 돕기 위한 평가, 협력을 통해 발달한다는 인간 발달에 대한 이해를 바탕으로 한 평가는 곧 교수-학습 과정(수업)이 평가라는 과정 중심의 평가로 연결된다.

수업이 이루어지는 중에 학습자의 성취 정도가 포착되며, 바로바로 수업으로 되돌려 수업의 변화를 가져오는 역동적인 과정이 되어야 한다는 것이다. 그렇기 때문에 받아쓰기 100점, 수학 단원 평가 100점이 중요한 것이 아니라 어떤 문제로 받아쓰기를 봤고, 어떤 것을 틀렸고, 왜 틀렸는지를 확인하는 것이 중요하다. 군이 100점이 만점일 필요도 없고, 이렇게 모두 지필시험의 형태로 이루어질 필요도 없다. 수업 도중에 아이들의 쓰기 수행 정도를 보면서 바로바로 도움을 주는 것이 우리가 하는 진짜 평가다.

몇 점이라는 결과는 그 학생의 학습 정도에 대해 정확하게 말해 주지 못한다. 시험 문제의 난이도, 틀렸다면 왜 틀렸는지, 맞혔다면 어떻게 맞히게 되었는지를 전혀 이야기해 주지 않는다. 알아서 맞힌 것인지, 찍었는데 맞은 것인지, 몰라서 틀렸는지, 사소한 실수로 틀린 건지, 아는데도 틀린 건지, 진짜 몰라서 틀린 건지 점수로는 알 수 없다. 그저 그 점수가 그 학생의 실력일 것이라는 무모한 가정, 혹은 과잉된 신념(신화)이 존재할 뿐이다.

한 학생의 어머니가 큰아이 때는 받아쓰기 시험을 잘 보게 하려고 아이와 무척 실랑이를 하면서 연습을 시키고, 거의 대부분 100점을 맞게 되어 좋았지만 2학년, 3학년에 올라가니 일기 쓰기와 받아쓰기는 전혀 다른 것이더라는 얘기를 한 적이 있다. 억지로 외워서 하는 받아쓰기 맞춤법이 내가 쓰고 싶은 말을 쓰는 일기 쓰기로는 전이되지 않는다는 것이다. 이런 경험을 한 교사들 역시 많을 것이다. 이런 현상을 비고츠키는 저차적인 정신기능에 토대한 '외워서 쓰기'와 고차적인 정신기능에 토대한 '자발적 쓰기'의 질적 차이 때문에 전혀 '전이'가 일어나지 않는 것이라고 설명한다. 자기가 쓰고 싶은 말을 쓰면서, 자기가 쓰고 싶은 낱말을 쓰는 법을 배우면서 학생들은 학습한다. 그것이 바로 자발성에 근거한 고차적인 정신기능의 발달이다.

받아쓰기 100점이라는 신화는 초등학교 1학년 학생들에게 시험 강박증을 만들어 내기도 한다. 급수표에 나와 있는 받아쓰기를 연습하는 것은 1학년 학생의 입말 수준에 근거한 내용이 아니라 교과서 수준의 글말이어서 고역이다. 고역일 뿐 아니라 받아쓰기 울렁증, 쓰기에 대한 거부감을 만들어 내기도 한다. 심지어는 받아쓰기에 대한 강박증 때문에 틱 장애를 겪게 되었다는 이야기도 들었다.

이런 현상이 고학년으로 올라가면 수학이나 영어 교과 단원 평가에 대한 강박증과 거부감으로 연결되기도 한다. 수학 단원 평가에서 60점을 받아 왔다고 무척이나 속상해하는 학부모를 상담한 적이 있다. 그래서 먼저 물었다. "시험문제 내용을 확인하셨어요? 시험이 어렵던가요? 학교에서 배운 내용인가요? ○○이는 몰라서 틀렸던가요? 실수를 한 것도 있나요?" 그러자 시험문제 자체가 어려웠다고 했는데, 내용은 잘 확인하지 못했다고 대답했다. 평가의 목적은 몇 점짜리인지 낙인을 찍는 것이 아니라, 모르는 것을 확인하고 도움을 주기 위한 것이다. 모르는 것을 배우기 위해서 학습을 하는 것이다. 내가 무엇을 모르는지 알고 있다면 학습의 과정은 훨씬 유연하게 흘러간다. 이런 모든 과정이 평가 과정이다. 그래서 수업이 곧 평가라는 말을 하는 것이다.

3. 교육과정-수업-평가의 이해

성장과 발달을 돕는 평가는 아이들을 줄 세우기 위한 평가가 아니라 아이들의 잠재성과 가능성을 최대한 실현시킬 수 있도록 돕는 평가다. 개인의 성과주의와 결과주의에 매몰되지 않고 서로 협력하며 최선의 성과를 만들어 내도록 하는 평가다. 몇 점짜리 낙인이 아닌 학습과 발달의 과정을 지원해 주기 위한 평가다. 이는 철저히 '학생' 개개인을 지원하기 위한 교육 활동이라는 관점에서 출발한다.

그동안 우리가 신주 단지처럼 떠받들어 왔던 객관적 지식, 진리, 혹은 교과서, 교육과정의 내용이 정말 존재하는가, 우리는 무엇을 가르치고 있고 학생들은 어떻게 배우는가를 먼저 묻는다. 가르치고 배워야 할 객관적 지식이라는 것이 교육과정 혹은 교과서, 혹은 성취기준으로 들어와 있다. 교사는 교육과정이 오늘 여기 우리 반 교실에 들어와서 어떻게 적용되고 어떻게 수용되고 어떻게 학습될 것인지를 고려하여 '학생'의 상황과 맥락에 맞게 재구성한다. 그렇게 재구성한 수업(혹은 생활)을 펼쳐 가면서 끊임없이 학생들과 소통하며 학습과 발달을 지원하는 과정을 전개한다. 교육과정대로, 교과서대로 가르치는 것이 아니라 교사가 교육과정을 구성하고, 수업을 통해 이를 구현하고, 수업 속에서 학생들의 상황을 파악하여 교육과정과 수업에 되돌리는 것, 이것을 우리는 '교육과정-수업-평가의 선순환 구조'(연계성)라고 한다.

물론 교사가 모든 것을 예상·예측할 수 없다. 예상, 예측한 대로 흘러가지도 않는다. 전혀 예기치 못한 사건이 우발적으로 돌출한다. 그 모든 것을 장악하고 통제하려는 시도는 무모하기까지 하다. 그것은 교육 불가능성이 아니라 또 다른 비형식적 교육의 영역이 존재한다는 것을 겸허히 인정하는 것이다. 교사가 어찌할 수 없는 영역이 존재한다는 것을 인정하는 순간 교사 역시 일상적인 교육과정-수업-평가의 선순환 구조에서 배우고 성장할 수 있다.

(1) 학생의 근접발달영역(ZPD)과 교육과정

근접발달영역(Zone of Proximal Development)과 비계(Scaffolding) 설정이라는 개념이 교육학계를 풍미하던 시절이 있었다. '심리학의 모차르트, 미래에서 온 사람'이라는 애칭이 따라 다니는 비고츠키(L. S. Vygotsky)가 미국을 비롯한 서방세계에 알려지면서 무엇보다 먼저 알려진 개념이다.

한 학생이 혼자서 과제를 해결할 수 있는 실제적 발달 수준과 교사나 다른 사람의 도움을 받으면 해결할 수 있는 잠재적 발달 수준의 차이를 근접발달영역이라고 보았고, 이를 지원하는 단계적 과정을 비계 설정이라고 가정하고 다양한 방식의 지원 체계를 만들어 가야 한다는 것이다. 그러나 비계라는 용어가 비고츠키의 수많은 저작물에 단 한 번 등장할 뿐이라는 비판과 함께 그가 말한 '발달'이라는 개념 자체가 단계적인 양적 누적의 과정이 아니라 질적 변화와 도약의 개념이라는 비판이 제기되면서 비계라는 용어는 효력을 상실했다고 본다.

근접발달영역에서 우리가 주목해야 할 점은 학생의 잠재적 발달 수준이라는 개념이다. 실제적 발달 수준을 확인하고 다양한 교육 활동을 통해서 잠재적 발달 영역이 최대한 실제적 발달 수준으로 성취될 수 있도록 돕는 과정이 교수-학습의 과제가 되어야 한다는 것이다. 학생들 저마다의 잠재적 발달 수준이 다르고, 그에 따른 근접발달영역도 다르다. 기존의 수업과 평가에서는 겹치고 중복되는 '중간' 정도의 수준에 맞추어서 가르치고 평가하면 된다고 했다. 그러나 이제는 '중간' 정도의 수준이 아니라 학생 저마다의 성장과 발달의 정도, 학습의 정도를 고려한 교육이 되어야 한다는 것이다. 교육과정 재구성의 의미는 여기에서 찾아야 한다.

우리나라 초등학교 교육과정은 어쩌면 중등 교과 중심의 교육과정 편제의 하위 요소다. 초등학교 입학 학령기 어린이들의 잠재적 발달 수준을 고려한 초등학교 1학년 교육과정이 아니라, 중등 교과 교육이 마무리되는 정점을 기준으로 아래로 아래로 내려와 1학년 교육과정 내용이 만들어지는 매우 기이한 형태를 하고 있다고 해도 과언이 아니다. 그래서 초등학교 1학년 학생들의 근접발달영역(ZPD)과는 전혀 맞지 않는 교육과정 내용들이 1학년 교육과정에 들어와 있다. 학교 공부만으로는 전혀 따라갈 수 없는 교과 내용들이 모든 학년, 모든 교과, 모든 교과 영역에 들어 있다. 그래서 누구나 말한다. 초등학교 교과서가 어렵다고. 교육과정이 개정될 때마다 교육 내용을 감축했다고 선전하지만, 실제로 감축되었다고 느낀 경우는 한 번도 없었다. 이런 현실적인 문제가 초등학교 현장에서의 교육과정 재구성이라는 실천적인 결과들을 만들어 냈다고 볼 수도 있다.

2009 개정 교육과정에서는 교과별 교육과정 내용을 성취기준으로 재진술했고, 2015 개정 교육과정에서는 이를 성취기준으로 제시했다. 성취기준이란 학생들이 교과를 통해 배워야 할 내용과 이를 통해 수업 후 할 수 있거나 할 수 있기를 기대하는 능력을 결합하여 나타낸 수업 활동의 기준을 말한다.[6] 교과를 통해 배워야 할 내용이라는 다분히 객관주의적인 지식관과, 할 수 있거나 할 수 있기를 기대하는 능력이라는 수행적인 관점이 교묘하게 결합되어 있다. 아는 것과 할 수 있는 것, 두 마리 토끼를 다 잡겠다는 의도는 2015 개정 교육과정 곳곳에서 읽힌다. 이는 각론에서 성취기준, 핵심 역량/교과 역량, 핵심 개념/핵심 가치, 일반화된 지식, 학년군별 내용 요소, 기능이라는 형식으로 나타난다.

너무나 안타까운 것은 이런 국가 교육과정의 각 교과별 내용 체계와 성취기준이라는 것이 정말 지금 대한민국에 살고 있는 해

---

6. 교육부, 《초등학교 교육과정(별책 2)》, 2015

당 연령 학생들의 근접발달영역을 고민하고 고려하면서, 학생들의 실제적 발달 수준, 잠재적 발달 수준에 대한 연구를 바탕으로 마련된 것인가 하는 점이다. 내용 체계만 보면 참으로 그럴싸해 보이지만 실제 교육 현장에서 만나는 아이들과는 무관한, 교과 내적 논리와 이론적 정합성에만 근거해 나눠 놓은 체계가 아닌가 의심하지 않을 수 없다.

교과별 내용 체계와 성취기준을 바탕으로 만들어지는 교과서는 또 어떤가? '교과서 정전주의'에서 벗어나야 한다는 이야기는 6차 교육과정기부터 있었다. '교육과정 재구성'이란 용어는 2차 교육과정기부터 나왔다.

> 그러나, 각 학교의 교육 목적, 교육방법, 교육평가 등이 이러한 지역성을 등한시하고 획일적으로 다루어져 왔기 때문에, 지역 사회의 교육적 필요를 충족시켜 주지 못하고 있었던 것이다. 이러한 결함을 시정하여 사회에서 요구되는 산 인재를 기르기 위해서는 각 지역 사회의 학교는 국가적 기준에 의거하여 각 지역 사회의 실정에 맞는 교육과정을 재구성하여야 한다.[7]

그럼에도 여전히 강력한 영향력을 갖고 있는 '교과서'의 재구성은 교과 내적 논리와 이론적 정합성에만 근거한 내용 체계와 성취기준에 '학생'이라는 새로운 숨결을 불어넣어 살아 있게 하는가? 대답은 아니다.

---

7. 문교부, 〈초등학교 교육과정〉, 《문교부령 제119호 별책》, 1963, 5쪽

그래서 우리는 우리가 만나게 될 우리 학교 학생들을 먼저 앞에 두고 '교육과정'에 대한 고민을 시작한다. 새 학년, 새 학기의 학교 교육과정, 학년 교육과정을 고민한다. 여기서 교육과정은 학교에서의 모든 교육 활동을 포괄하는 넓은 의미다. 우리 학교의 여건, 학생들의 특성, 현재 상황, 사용할 수 있는 자원과 예산 등을 고려해서 학년 교육과정과 학교 교육과정을 고민한다. 그럼에도 그것은 '의도된 교육과정'일 뿐이다. 국가 교육과정, 이를 반영한 시·도 교육청의 편성 운영 지침, 각 학교의 교육계획, 학년 교육과정 운영 계획, 월별 혹은 주별, 일별 교육계획은 '의도'에 따라 계획된 교육과정이다. 다만 그 의도에 현재 우리 반 학생들의 상황과 수준을 중요한 고려 사항에 넣고 해마다, 달마다, 주마다, 날마다, 시간마다 바꾸고 옮기고 늘리고 줄인다.

(2) 의도된 교육과정과 교수-학습

국가 교육과정, 시·도 교육청 편성 운영 지침, 학교교육계획, 학년 교육계획 등에 근거해 교사는 또다시 월별, 주별, 시간별 교육과정을 의도하고 계획한다. 그러나 정말 배움이 일어나는 장은 교사가 학생들과, 학생들이 학생들과 만나는 바로 그 사건이다. 우리는 흔히 '수업'이라고 하지만 우리가 가르치고 배우는 과정은 단순히 '수업' 시간만으로 한정되지는 않는다.[8] 그래서 물리적 시 공간의 제약을 담고 있는 '수업'이라는 낱말보다 교수-학습이라는 좀 더 포괄적인 낱말을 사용하기도 한다.

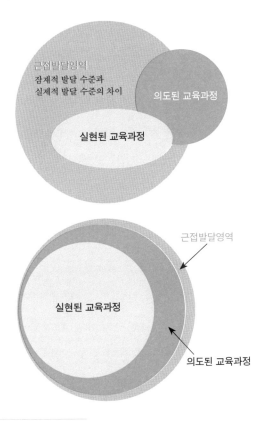

〈그림1〉 교육과정을 재구성하는 이유는 무엇일까?

근접발달영역
잠재적 발달 수준과
실제적 발달 수준의 차이

의도된 교육과정

실현된 교육과정

근접발달영역

실현된 교육과정

의도된 교육과정

---

8. 교수-학습의 과정은 놀이 시간에도, 수업 시간에도, 점심시간에도, 집에 가서 숙제를 하면서 도, 밥을 먹다가도 일어날 수 있다. 형식적인 교육으로만 한정할 수 없다는 뜻이다. 교사와 혹 은 친구들과 주고받은 말을 떠올리면서 배우고 깨닫기도 하는 일 역시 모두 교수-학습의 과정 이다, '아, 이렇게 대답할걸, 그런 뜻이었겠구나, 그래서 그랬구나…' 하는 일들이 미소발생이 다.

학생들의 발달, 즉 잠재적 발달 수준에 맞지 않는 국가 교육과정과 교과서, 이로 인해 교수-학습 과정을 통해서 실현된 교육과정 간의 괴리를 최소화하기 위해 교사들은 수업을 재구성할 수밖에 없다. 학생들의 발달을 최대한 발현시킬 수 있도록 돕기 위해 교육과정을 재구성한다.

학생들의 근접발달영역, 즉 실제적 발달 수준과 잠재적 발달 수준 사이의 지대를 고려한 교육과정을 계획하는 것이 무엇보다 중요하다. 교수-학습 과정을 잠재적 발달 수준을 실제적 발달 수준으로 확장해 가는 과정으로 이해하고 끊임없이 교육과정을 재구성한다. 1년 단위의 재구성도, 단원 단위의 재구성도, 교과 간 재구성도, 교과 내 재구성도, 차시 안에서의 재구성도 사실은 일어날 수밖에 없는 교육적 현상인 것이다. 다만, 얼마나 학생들의 성장과 발달을 중심에 두고 만들어 가는 과정인지가 중요할 뿐이다.

학생들의 잠재적 발달 영역이 최대한 확장되고 발현되도록 돕는 교수-학습 과정이 되려면 교사가 먼저 내가 가르치는 학생들에 대해서 잘 알아야 한다. 교과서의 내용보다 학생들을 더 잘 알아야 한다. 아이들의 이야기를 들어 주고, 살아 있는 경험을 함께하면서 관계를 맺어 가야 비로소 아이들이 보인다. 그런 과정을 제도적, 정책적, 재정적으로 지원해 주지 않으면서, 즉 교사들이 컴퓨터 앞에서 공문을 처리하고 문서를 작성하는 것이 더 중요하고 시급한 일이라는 인식이 팽배한 학교문화 속에서 학생들의 성장과 발달을 이해하고 이를 수업 속에 녹여내면서 과정 중심 평가를 하라고 하는 것은 공염불에 가깝다. 그래서 그런가! 교육과정을 재구성해야 한다는 말이 2차 교육과정기라고 하는 1963년부터 국가 교육과정 문서에 나와 있어도 여전히 새로운 것 같다. 과정 중심 평가를 해야 한다는 말이 5차 교육과정기인 1987년부터 국가 교육과정 문서에는 나와 있지만 여전히 점수와 성적이라는 신화에서 벗어나지 못하고 있다.

의도된 교육과정은 교수-학습 과정을 통해 숨결을 얻는다. 아무리 훌륭하게 준비된 교육과정이라도 새로 배우고 가르치는 사건이 일어나지 않으면 그저 계획일 뿐이다. 많이 고민하고 준비했는데 교사의 예상이 맞지 않을 수도 있고, 의도하지 않았는데 의외의 반응과 결과를 얻을 때도 있다. 그래서 교수-학습이라는 역동적 과정 속에서 그 의도를 뒤집고, 비틀고, 건너뛰고, 다시 되돌아가기도 한다. 100% 자기 의도와 합치되는 결과를 만들어내는 교사는 없다. 그것은 교육적 사건이 아니다. 그래서 교사는 교실에서 벌어지는 상황 앞에서 늘 겸손해질 수밖에 없다.

(3) 수업 속에서 이루어지는 평가

많이 고민하고 준비했지만 교사의 예상을 뛰어넘는 의외의 상황이 늘 펼쳐지는 게 교수-학습 과정이다. 교직 경력이 오래된 교사들이 갖고 있는 암묵지는 익숙함에서 오는 능숙함이 아니라 이렇게 '학생들의 상황과 반응에 따라 언제든 열려 있어 민감하게 반응하고 계획을 바로바로 수정하면서 교수-학습을 운영해 갈 수 있는 가능성'의 문제일지도 모른다. 그리고 바로바로 수정하면서 교수-학습을 운영해 갈 수 있는 가능성의 존재 근거가 바로 수업 속에서 이루어지는 평가다.

수업 공개를 하기 위해 교수-학습지도안을 짤 때, 세안으로 할 것인지 약안으로 할 것인지 같은 해묵은 논쟁이 있었다. 세안이든 약안이든 교사는 의도한 대로 질문으로 하고, 학생은 교사가 의도한 대로 반응을 하는 것으로 짜여 있다. 그러나 '교수-학습'의 과정이라는 것은 살아 있는 역동적인 상호작용의 과정이며, 학생들의 반응과 교실의 상황에 따라 매우 다양하게 변주될 수밖에 없다는 것이 '학습'이라는 현상을 정확하게 설명하고 있지 않은가? 교사의 가정 속에 존재하는 학생이 아니라 교수-학습활동을 통해서 이루어지는 상호작용이 진짜 배움의 과정이라는 것이다. 객관주의 지식관과 행동주의 심리학으로는 다 설명하지 못하는 인간 발달과 학습의 과정을 구성주의 지식관과 문화·역사 이론이 설명해 주기 때문이다.

요즘은 교사가 왜 이런 수업을 준비하게 되었는지에 대한 맥락, 재구조화(혹은 재구성)의 의도를 설명하고 수업에서 실제적으로 이루어지는 활동은 매우 간략하게 설명해 놓은 교수-학습 과정안을 많이 사용한다. 이는 생생하게 살아 있는 교사와 학생, 학생과 학생의 상호작용과 소통, 배움의 과정을 담아 내기 위함이다. 교사의 의도는 그날의 학습 주제(혹은 목표)와 구안한 활동 몇 가지에 녹아 있지만, 교사가 이렇게 질문하면 학생들이 저렇게 대답할 것이라는 가정은 상정하지 않는다. 그날의 상황과 조건에 맞게, 학생들의 반응에 맞게 교사는 다양하게 변주해 간다. 계획했던 것을 다하고 더할 수도 있고, 계획했던 것을 절반도 하지 못할 수도 있다. 왜냐하면 학생들의 학습을 중심에 두고 학습의 정도를 지속적으로 파악·평가하면서 수업을 진행하기 때문이다.

이런 수업에 대한 이해는 사실 어느 날 갑자기 어떤 교육방법론이 들어왔다고 만들어진 것은 아니다. 형식적인 행위가 되어 버린 수업 공개, 심지어 짜고 치는 고스톱 같다는 수업 공개에 대해서 학교 현장의 염증이 깊었기 때문이다. 내가 매일 하는 수업, 내가 매일 만나는 아이들의 모습을 특별한 준비나 약속 없이 보여 주는 그런 진짜 수업을 열고 싶다는 교사들의 깨달음이 이런 조류가 확산하는 데 기여했을 것이다. 그리고 선도적으로 그런 실천을 해 왔던 교사들이 있다.

평가 역시 마찬가지다. 생활기록부를 작성하기 위해 일람표를 만들고 통지표에 써 주기 위해서 평가하는 것이 아니라, 잘 가르치기 위해 평가를 한다는 평가의 본질을 학교 현장에서 꾸준히 실천하는 교사들이 있다. 그리고 수업에 대한 이해가 교사 중심, 곧 교사의 의도와 기획 중심에서 학생들의 배움 중심으로 패러다임이 변하는 것과 마찬가지로, 평가 역시 형식적인 평가에서 실제적인 평가, 과정 중심의 평가로 바뀌고 있다. 그리고 이 둘은 서로 떼어 놓을 수 없는 동시간적 사건이다. 왜냐하면 학생들의 배움을 중심에 둔 수업이라는 것 자체가 바로 학생들의 현재 상황과 조건을 지속적으로 탐색, 평가하면서 그에 맞는 수업 활동으로 변주해 가는 과정이기 때문이다.

〈그림2〉 성취기준과 교수-학습

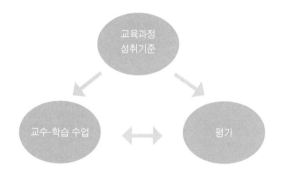

〈그림3〉 성취기준과 교수-학습, 평가의 현장적 재구성

교육부는 교육과정-수업-평가에 대해 〈그림2〉와 같이 설명하고 있다.[9] 가장 상위에 교육과정의 성취기준이 있고, 그 성취기준에 따라 수업을 하고, 평가를 한 다음, 평가 결과를 수업에 되돌려 수업의 질을 개선하는 데 사용하라는 것이다. 그러나 우리가 학교 현장에서 만나는 교육이라는 사건은 〈그림2〉처럼 교육과정-수업-평가가 따로따로 존재하지도 않고, 교육과정의 성취기준이 상위에 존재하지도 않는다. 서로 가르치며 배우는(교수-학습) 관계로 함께 생활하는 과정에서 교육과정이나 성취기준을 뛰어넘는 다양한 배움이 펼쳐지기 때문이다.

학교에서 교사와 학생의 상호작용을 교수-학습으로 봤을 때 교육과정의 성취기준을 넘어 더 많은 것을 서로 가르치고 배운다. 그리고 교육과정의 성취기준 모든 것을 다 평가하지도 않는다. 핵심적으로 필요하다고 교사가 판단하는 것들을 교수-학습의 과정 중에 평가한다. 물론 이것은 이상적인 상황일 것이다. 교육과정의 성취기준이 교수-학습 안에 다 포괄되지 않을 때도 있고(성취기준이 과도하여 우리 반 학생이 이에 다 도달하기 어렵다고 판단했을 경우, 혹은 교사가 어떤 성취기준에 대해 꼭 필요한 것이 아니라고 판단하는 경우), 교사의 의도나 수업 내용에 따라 평가가 바로 수업으로 등치되기도 한다. 같은 교사여도 이 원들의 크기와 관계는 수업마다 달라질 수밖에 없다.

3학년 영어 교과를 가르치면서 파닉스(phonics) 발음 중심의

---

9. 교육부, 《2009 개정 핵심 성취기준》, 2013

수업을 3월 한 달간 운영하고, 단원을 시작할 때마다 파닉스의 음가를 익힐 수 있도록 했다. 이미 사교육에서 단어 시험 보는 것에 질려 하는 학생들이 있어서 일괄적으로 단어 10번 써 오기 같은 숙제는 내지 않고, 나에게 필요한 만큼, 내가 익혔다고 생각한 만큼만 써 오는 숙제를 내기도 했다. 그런데 단순 암기식 사교육을 받은 학생들이나 전혀 사교육을 받지 않은 학생들에게는 이조차도 너무 힘든 일이라는 것을 학생들의 반응을 보면서 알게 되었다. 나는 학생들에게 도움이 필요하면 언제든 찾아오라고 했다. 2학기가 되어 다시 파닉스 복습을 하는데 여전히 고개를 갸웃거리는 학생이 있었다. 전혀 모르겠다는 표정이어서 난감했다. 그러던 그 학생이 10월쯤 한 마디를 툭 던졌다. "선생님, 이제 무슨 말을 하는지 조금 알 거 같아요." 이 한마디에 나는 속으로 비명을 질렀다. '그런 거구나. 영어 파닉스를 초등학교 3학년 학생이 단박에 이해하기는 너무 어려운 거구나. 저렇게 성심껏 듣기 위해 노력하면서 길고 지루한 시간을 보내야 조금 윤곽이 보이게 되는 그런 거구나. 파닉스를 익히는 데 중학교 1학년과 초등학교 3학년 학생의 차이는 참으로 큰 거구나.' 그다음 해부터 나는 파닉스 수업에 조급증을 내지 않게 되었다. 익숙해지기까지 많은 시간이 걸린다는 것을 도리어 내가 배웠다.

수업을 통해 학생만 배우는가? 아니다. 교사도 배우고 성장한다. 그런 과정에서 교육과정을 보는 눈, 수업을 대하는 태도, 학생을 이해하는 능력이 질적으로 도약한다. 교육과정-수업-평가의 선순환 관계는 주체의 문제를 떠나서는 상상할 수 없는 영역이다. 학생과 교사, 학생과 학생이 서로 가르치며 배우는 관계 속에 교육과정-수업-평가의 선순환 관계가 존재한다.

4. 성장과 발달을 돕는 평가의 조건

(1) 과정 중심 평가 조건은 갖추어졌다

교육과정은 교육과정 재구조화(혹은 재구성)로, 수업은 학생 중심 혹은 배움 중심 수업으로 패러다임이 바뀌고 있다. 질적으로 전혀 다른 '도약'이 이루어지고 있다. 평가에 대한 이해 역시 마찬가지다. 결과 중심이 아닌 과정 중심 평가, 서열을 위한 평가가 아닌 목표 도달에 대한 평가, 양적 평가가 아닌 질적 평가에 대한 논의들이 능력참조평가와 성장참조평가로 이어지고 있다.

학생들의 성장과 발달을 돕는 과정 중심 평가의 제도적 조건은 거의 마련되었다. 4차 교육과정부터 목표 지향 평가, 다양한 평가 방법, 평가 결과에 따른 적절한 지도를 언급하고 있다. 5차 교육과정에서는 "교육목표를 성공적으로 달성하기 위한 교육의 과정으로 실시한다."고 명시하고 있다. 1학년 1학기만 지필시험 같은 수량적인 평가를 지양하라고 하던 것을 1~2학년 전체로 확대해 "학생의 활동 상황과 진보의 정도, 특징 등을 문장으로 기술"

하도록 했다.

6차 교육과정에서는 평가를 "교과와 특별 활동의 학년별 성취 수준을 설정하고, 다양한 평가 도구와 방법으로 성취도를 평가하여, 학생의 목표 도달도를 확인하고 수업의 질 개선을 위한 자료로 활용"하는 것으로 기술하고 있다. 7차 교육과정에서는 가르친 교사가 가르친 것을 평가하는 교사의 평가권을 언급하고 있다. 학생이 학교에서 배울 기회를 마련해 주지 않고 학교 밖의 교육 수단을 통해서 익힐 수밖에 없는 내용과 기능은 평가하지 않도록 유의해야 한다는 것이다. 1~2학년만 서술형으로 평가 결과를 입력하도록 했던 것에서 초등학교 모든 학년이 "교과 활동 평가는 학생의 활동 상황과 특징, 진보의 정도 등을 파악하여, 그 결과를 서술적으로 기록하는 것을 원칙으로 한다."고 명시하고 있다.

이런 흐름으로 이어 온 평가의 변화는 2015 개정 교육과정에서도 그 흐름이 이어지고 있다. 교육과정 개정의 중점에서부터 "학습의 과정을 중시하는 평가를 강화하여 학생이 자신의 학습을 성찰하도록 하고, 평가 결과를 활용하여 교수·학습의 질을 개선한다."는 것을 내세우고 있다. 목표에 대한 도달도를 평가하며 이를 교수-학습의 질을 개선하는 자료로 활용하라는 것, 학교에서 중요하게 가르치는 내용과 기능을 평가해야 하며, 이는 곧 교수-학습활동과 평가 활동의 일관성을 유지해야 한다는 것, 교과의 성격과 특성에 맞는 방법으로 평가하되, 서술형 평가나 수행평가의 비중을 확대하라는 것이다.

〈2015 개정 교육과정에서의 평가〉

3. 평가

가. <u>평가는 학생의 교육목표 도달도를 확인하고 교수-학습의 질을 개선하는 데 주안점을 둔다.</u>
　　1) 학교는 학생에게 평가 결과에 대한 적절한 정보 제공과 추후 지도를 통해 학생이 자신의 학습을 지속적으로 성찰하고 개선할 수 있도록 지도한다.
　　2) 학생 평가 결과를 활용하여 수업의 질을 지속적으로 개선한다.

나. <u>학교와 교사는 성취기준에 근거하여 학교에서 중요하게 지도한 내용과 기능을 평가하며 교수-학습과 평가 활동이 일관성 있게 이루어지도록 한다.</u>
　　1) 학생에게 배울 기회를 주지 않은 내용과 기능은 평가하지 않도록 한다.
　　2) 학습의 결과뿐만 아니라 학습의 과정을 평가하여 모든 학생이 교육목표에 성공적으로 도달할 수 있도록 한다.
　　3) 학교는 학생의 인지적 능력과 정의적 능력에 대한 평가가 균형 있게 이루어질 수 있도록 한다.

다. <u>학교는 교과의 성격과 특성에 적합한 평가 방법을 활용한다.</u>
　　1) 서술형과 논술형 평가 및 수행평가의 비중을 확대한다.
　　2) 정의적, 기능적, 창의적인 면이 특히 중시되는 교과는 타당한 평정 기준과 척도에 따라 평가를 실시한다.
　　3) 실험 · 실습의 평가는 교과목의 성격을 고려하여 합리적인 세부 평가기준을 마련하여 실시한다.
　　4) 창의적 체험활동은 내용과 특성을 고려하여 평가의 주안점을 학교에서 결정하여 평가한다.
　　5) 전문 교과 II의 실무 과목은 성취 평가제와 연계하여 내용 요소를 구성하는 '능력단위' 기준으로 평가할 수 있다.

교육부, 《초등학교 교육과정》,
교육부 고시 제2015-80호 별책2, 2015

　　문제는 교육과정 기술 따로, 학교 현장 따로 노는 '따로국밥' 같은 현실이다. 1981년 4차 교육과정부터 지속적으로 평가의 패러다임은 변화하고 있지만, 여전히 강고하게 남아 있는 학벌 사회와 입시 중심 교육이라는 현실은 백약이 무효라는 장탄식을 만들어 내기 충분하다. 그럼에도, 여전한 학벌 사회에 강화되는 족벌 사회, 입시 중심 교육이라는 미명하에 엄마 뱃속에서부터 영어로 태교해야 하는 현실 속에서도 새로운 돌파구를 찾으려는 노력과 실천들은 계속되고 있다.

"밥 좀 먹자.", "잠 좀 자자."고 외치던 아이들과 교사 자신에 대한 존재론적 성찰 속에서 참교육을 실천하는 교사들의 묵묵한 걸음이 있었다. 민선 교육감 취임과 함께 시작된 혁신학교라는 정책적 지원과 학교 혁신 운동의 흐름들이 이런 실천들을 더욱 가속화시키고 있다고 해도 과언이 아니다. 그런 학교 현장의 변화와 혁신에 대한 요구와 실천들이, 교육 혁신에 대한 세계적 흐름들이 국가 교육과정 속에, 교육부의 학교생활기록부 기재 요령 속에 일정 부분 담기고 있다고 볼 수 있다.

〈학교생활기록 작성 및 관리지침〉

(교육부 훈령 제169호, '16. 4. 5. 일부 개정)

□ 학교생활기록 지침 및 기재 요령 개정 내용

○ '학교생활기록 작성 및 관리지침' 별지 제9호

구분	관련	현행	개정
초·중등	훈령	다. 교과학습발달상황의 평가는 지필시험과 수행평가로 구분하여 실시한다. 다만 전문교과 실기과목 등 특수한 경우는 시·도교육청의 학업성적관리 시행지침에 의거하여 학교학업성적관리규정으로 정하여 수행평가만으로 실시할 수 있다.	다. 교과학습발달상황의 평가는 지필시험과 수행평가로 구분하여 실시한다. 다만 초등학교와 중학교의 과목 특성상 수업활동과 연계하여 수행평가만으로 평가가 필요한 경우와 고등학교의 전문교과 실기과목 등 특수한 경우는 시·도 교육청의 학업성적관리 시행지침에 의거하여 학교별 학교학업성적 관리규정으로 정하여 수행평가만으로 실시할 수 있다.

○ '학교생활기록부 기재 요령'(중등용)

구분	관련	현행	변경
중등	해설	중·고등학교 체육·예술 교과(군)의 체육, 음악, 미술 관련 일반과목은 수행평가만으로 성적을 산출하여 교과학습발달상황 평가를 실시할 수 없다.	삭제
		신설	○ 고등학교의 전문교과 실기과목 등 특수한 경우는 전문교과와 보통교과의 체육 및 예술 교과(군) 중 실기 위주로 평가하는 경우를 말한다. ○ 수행평가는 과제형 평가를 지양하고 다양한 학교교육 활동 내에서 평가가 이루어지도록 하며, 학교급 및 과목별 특성을 고려하여 점진적, 단계적으로 적용한다.

〈2016 중등학업성적 관리지침〉 설명 자료

(2) 학교문화 바꾸기

학교에서 가르친 내용과 기능을 평가해야 한다는 내용은 7차 교육과정부터 강조하고 있는 내용이다. 그러나 여전히 대한민국의 많은 학교에서는 수업에서 가르치지 않은 기능과 내용을 다양한 영역의 '대회'를 통해서 평가하며, 이를 '교내상'이라는 명목으로 시상하고 있다. 이렇게 규정과 현실이 다른 학교의 문화를 바꾸는 것이 평가 혁신의 시작이다.

학교에서 소수의 학생만을 위한, 누군가만 빛나는 그런 문화가 자연스럽게 조성되고 통용되고 있지는 않은가? 졸업식이나 입학식에서 어떤(?) 면에서 '뛰어나다'고 평가받는 누군가만 단상에 올라 축사를 하거나 송사를 하고, 대표 시상을 하고 졸업장을 받고 있지는 않은가? 이런 관행이 학생들에게는 어떤 의미로 다가가고 있을까? 부러움, 시샘, 체념? 어느 날, 어느 시간에 어떤 과목을 동시에 '학업성취도 평가'라는 명목으로 시험을 보고 점수를 알려 주고, 평균을 매기고 있지는 않은가? 그 평균 점수는 그 학생에 대해 얼마나 많은 정보를 말해 주고 있나? 그 점수가 실제 그 아이의 학습력인가? 수학 경시대회, 영어 말하기 대회, 동요 부르기 대회, 과학 상상 그리기 대회, 한자 경시대회처럼 학교에서 가르치고 배운 내용을 넘어서는 것들을 대회를 열어 평가하고 시상하고 있지는 않은가?

2학년 학생들이 입학을 축하하는 노래를 모두 함께 불러 주고,

축하의 카드를 써서 전달해 주는 입학식, 한 명도 소외되지 않고 모두 단상에 올라 졸업장을 받는 졸업식, 누군가의 송사가 아니라 모든 학생이 그동안 키워 주신 부모님께 편지를 읽어 드리는 것으로 감사의 마음을 전하는 졸업식은 어떤가? 장학금이나 교육 감상은 별도로 교장실에서 시상하는 것은 어떤가? 수학 점수 몇 점, 평균 얼마보다 수학에서 어느 부분을 잘 하고, 어느 부분이 부족한지 스스로 확인하고 이를 알려 주는 통지표는 어떤가? 학원에서 배우고 익힌 내용을 자랑하는 대회가 아니라 학교에서 배우고 익힌 것을 무대에 올려 보는 경험을 모든 학생이 할 수 있도록 지원해 주는 그런 행사는 어떤가?

이런 것은 어느 한 학교의 특수한 사례가 아니다. 전국 곳곳에서 이루어지고 있는 학교 혁신의 바람, 국민의 손으로 선출한 민선 교육감들과 학교 현장에서 오늘도 '교육'을 고민하고 지난한 실천의 과정이 함께 어우러져서 만들어진 무수히 많은 사례 가운데 하나다.

제도적으로 미비한 부분들도 물론 있지만, 많은 부분 단위 학교의 재량, 즉 학업성적관리위원회나 교육과정위원회의 권한으로 위임되어 있는 것도 사실이다. 단위 학교에서 교사들이 마음을 모아서 조금씩 바꿔 왔던 실천들이 교육과정 재구성, 배움과 협력 중심 수업, 성장과 발달을 돕는 평가로 정리되고 있다.

2015년 인천에서 열린 세계교육포럼은 '모두를 위한 교육(Education for all, EFA)'의 성과를 평가하고 세계 미래 교육의 방안을 논의하는 자리였다. 모두를 위한 교육은 미래 교육의 방향이다. '한 명도 소외되지 않는 교육'은 더 이상 불가능의 영역도, 냉소의 대상도 아니라는 것을 우리는 무수한 현장 실천 사례를 통해 확인할 수 있다. 이제는 교육부와 교육청이 응답할 차례다.

성장을 돕는 평가관의 변화
(4차 교육과정~7차 교육과정)

한희정

성장을 돕는 평가관의 뿌리를 보통 7차 교육과정부터 찾는데, 교육과정상으로 보면 4차 교육과정부터 교육목표 중심 평가로 전환되었다. 2015 개정 교육과정은 교육과정 구성 방침에까지 처음으로 평가 내용(라. 학습의 과정을 중시하는 평가를 강화하여 학생이 자신의 학습을 성찰하도록 하고, 평가 결과를 활용하여 교수·학습의 질을 개선한다.)이 제시되었다. 교육과정 운영과 수업이 평가와 연계되지 않으면 교육이 제대로 될 수 없다는 인식의 전환이라고 볼 수 있다. 교육과정 문서는 세계적 학문 조류의 영향을 받기도 하지만 그동안 현장에서 묵묵히 성장을 돕는 평가를 실천한 선생님들의 노력으로 그 변화의 폭과 질이 달라졌다. 평가관의 변화를 보면 제도가 현장의 실천을 유도하기도 하고 현장의 역동성이 제도를 바꿔 내는 과정을 느낄 수 있을 것이다.

4차 교육과정의 평가

가) 평가는 모든 학생들이 교육목표를 성공적으로 달성할 수 있도록 하기 위하여 목표 지향적 평가로 한다.

나) 공정성과 객관성이 유지되어야 하며, 평가 방법은 내용과 대상의 특성을 고려하여 다양한 도구와 방법을 활용하도록

한다.

다) 지적, 정의적, 기능적 측면이 함께 고려되도록 평가하고, 단순한 사실의 기억보다는 이해, 적용, 표현 등에 중점을 둔다.

라) 학생의 학습을 촉진할 수 있도록 적절한 시기에 학습 정도를 확인하고, 그 결과에 따라 적절한 지도가 이루어지도록 한다.

마) 1, 2학년의 통합 운영되는 교과는 기본 정신을 고려하면서 타당성 있는 평가가 되도록 하며, 1학년 1학기에는 지필 검사 등과 같은 수량적인 평가를 지양한다.

— 문교부, 〈국민학교 교육과정〉, 문교부 고시 제442호, 1981

4차에는 목표 지향의 평가관이 정립되고 평가가 학생의 학습을 촉진하도록 적절한 시기에 평가를 하라는 내용이 제시되었다.

5차 교육과정의 평가

가) 평가는 모든 학생들이 교육 목표를 성공적으로 달성하기 위한 교육의 과정으로 실시한다.

나) 평가는 내용과 대상의 특성을 고려하여 다양한 도구와 방법을 활용한다.

다) 학생의 학습을 촉진할 수 있도록 적절한 시기에 학습 정도를 확인하고, 그 결과에 따라 알맞은 지도가 이루어지도록 한다.

라) 1, 2학년의 교과 활동의 평가 결과는 학생의 활동 상황과 진보의 정도, 특징 등을 문장으로 기술하도록 한다.

— 문교부, 〈초등학교 교육과정〉, 문교부 고시 제87-9호, 1987

5차에는 평가 내용과 대상에 따른 다양성이 제시되고 1, 2학년의 평가 결과를 문장으로 기술하는 변화가 나타나고 있다.

6차 교육과정의 평가

(1) 학교는 교과와 특별 활동의 학년별 성취 수준을 설정하고, 다양한 평가 도구와 방법으로 성취도를 평가하여, 학생의 목표 도달도를 확인하고 수업의 질 개선을 위한 자료로 활용한다.

(2) 교과의 평가는 선다형 일변도의 지필 검사를 지양하고, 서술형 주관식 평가와 표현 및 태도의 관찰 평가가 조화롭게 이루어지도록 한다.

(3) 도덕, 체육, 음악, 미술, 실과 등과 같이 정의적, 기능적, 창의적인 면이 특히 중시되는 교과는 선다형 지필 검사를 지양하고, 태도, 표현, 기능 등의 평가에 타당한 평정 기준과 평가 방법을 적용한다.

(4) 1, 2학년의 교과 활동 평가는 학생의 활동 상황과 특징, 진보의 정도 등을 파악하여, 그 결과를 문장으로 기술한다.

(5) 학교는 매년 교육 과정 운영 실적을 자체 평가하여, 그 결과를 다음 학년도의 교육 과정 편성과 운영에 반영한다.

— 교육부, 〈국민학교 교육과정〉, 교육부 고시 제1992-16호, 1992

6차에는 평가와 수업 개선의 관계가 제시되고, 지필 검사 지양, 표현 및 태도 평가의 조화가 강조되고 있다. 도덕이나 예체능 과목에서 실기 평가의 비중이 확대된다. 6차부터 시작된 교육과정 분권화로 평가 대상에 학생뿐 아니라 학교 교육과정도

포함되도록 확대되었다. 하지만 실질적인 학교교육과정의 편성
과 평가는 7차 교육과정부터 시작된다.

7차 교육과정 : 3. 교육 과정의 평가와 질 관리

가. 이 교육 과정 질 관리를 위하여 국가 수준에서는 주기적
   으로 학생 학력 평가, 학교와 교육 기관 평가, 교육 과정 편
   성·운영에 관한 평가를 실시한다.(중략)
나. 국가 수준에서는 학교에서 교육 과정의 정신을 구현한 평
   가 활동이 원활히 이루어질 수 있도록 다양한 방안을 강구
   해서 학교 현장에 제공해 주어야 한다.(중략)
다. 학교에서 실시하는 평가 활동은 다음과 같은 사항을 고려
   해서 이루어져야 한다.
   (1) 평가는 모든 학생들이 교육 목표를 성공적으로 달성하
      기 위한 교육의 과정으로 실시한다.
   (2) 학교는 다양한 평가 도구와 방법으로 성취도를 평가하
      여 학생의 목표 도달도를 확인하고, 수업의 질 개선을
      위한 자료로 활용한다.
   (3) 교과의 평가는 선다형 일변도의 지필 검사를 지양하고,
      서술형 주관식 평가와 표현 및 태도의 관찰 평가가 조화
      롭게 이루어지도록 한다.
   (4) 실험·실습의 평가는 교과목의 성격을 고려하여 합리
      적인 세부 평가 기준을 마련하여 실시한다.
   (5) 정의적, 기능적, 창의적인 면이 특히 중시되는 교과의
      평가는 타당한 평정 기준과 척도에 의거하여 실시한다.
   (6) 학교와 교사는 학교에서 가르친 내용과 기능을 평가하

도록 유의한다. 학생이 학교에서 배울 기회를 마련해 주지 않고, 학교 밖의 교육 수단을 통해서 익힐 수밖에 없는 내용과 기능은 평가하지 않도록 유의한다.

(7) 초등 학교의 교과 활동 평가는 학생의 활동 상황과 특징, 진보의 정도 등을 파악하여, 그 결과를 서술적으로 기록하는 것을 원칙으로 한다.

(8) 재량 활동에 대한 평가는 교과 재량 활동과 창의적 재량 활동의 특성과 학생의 특성을 감안하여 평가의 주안점을 학교에서 작성, 활용한다. 다만, 창의적 재량 활동의 평가는 그 결과를 문장으로 기록하도록 한다.

— 교육부, 〈초등학교 교육과정〉, 교육부 고시 제1997-15호, 1997

7차에는 국가수준 학업성취도평가를 표집으로 시행하고 학교 교육과정 평가를 위해 학교평가가 제도화되었다. 초등 수행평가 전면화에 따라 모든 학년에서 평가 결과를 문장으로 서술하는 획기적 변화가 일어났다. 학교에서 가르친 내용과 기능만 평가하고, 학생에게 배울 기회를 주지 않은 것이나 사교육 내용을 제외했다. 이 조항들은 2008년부터 전집 평가로 전환된 국가수준 학업성취도평가(전국 일제고사)에 반대하는 투쟁에서 훌륭한 근거가 되기도 했다.

어린이의 성장과 협력 수업[1]

김해경

1. 이 글은 그동안 초등교육과정연구모임에서 공부하고 정리한 내
   용을 수정 보완한 것이다.

성장과 발달을 돕는 교육은 '발달'과 '협력'의 교육이고, 그 바탕에는 협력하는 인간의 존재, 즉 관계성에 대한 성찰이 있다. 인간의 삶은 근본적으로 협력적이고, 인간은 협력하며 성장해 온 존재이기 때문이다. 그러므로 어린이의 성장과 발달을 위한 수업은 기본적으로 협력적이어야 한다. 그래서 초등학교에서의 수업 흐름[2]은 어린이들이 친구, 교실, 학교, 지역이라는 환경과 어떻게 관계를 맺고 살아가는가에 따라 달라진다. 어린이들은 수없이 많은 관계와 영향 속에서 서로 이런저런 영향을 주고받는다. 관계를 통한 다양한 접근 방식에 따라 수업의 흐름이 바뀌는 것이다.

학교에서 진행되는 모든 수업은 학생의 성장과 발달을 목표로 이루어진다. 일제식, 토론식, 모둠식 등을 다양하게 조직하거나 배치하는 것 역시 각각의 학생들의 고유한 자람을 위해서다. 그리고 수업이 잘 진행되었나 정리하는 순간, 더 효과적으로 수업 목표에 도달할 것이다. 수업 중의 피드백을 통해 교사는 학생들의 성장을 지원할 수 있는 것이다. 과정 평가로 진행되는 피드백은 그런 의미에서 수업의 질을 예상치 못한 결과로까지 높일 수도 있다. 수업과 평가 이야기를 별도로 할 수 없는 것도 그러한 이유 때문이다.

---

2. 물이 흐르듯이 자연스럽게 흘러가는 과정이어야 한다는 의미에서 '흐름'이라는 용어를 사용한다.

협력 수업은 어떤 수업을 말하는 것일까? '협력 수업'이란 '협력 교수-학습'의 다른 표현으로, 가르치는 활동과 배우는 활동이 동시에 일어나는 것을 말하며, 수업에서 협력이 중심이 되었을 때 기대하지 않았던 목표가 정해지고 그 목표에 도달하게 된다.

어린이의 성장과 발달을 위한 수업을 하기 위해서는 협력성에 기반을 두되 초등학생의 발달 특성을 이해해야 한다. 다음에 기술하는 내용은 초등 교사들과 연구자들이 함께 모여 정리한 것들이다. 어린이의 발달 특성과 중점 교육 내용, 협력 수업과 평가, 어린이의 성장을 지원하는 조건에 대하여 알아보기로 한다.[3]

1. 어린이의 발달 특성과 초등교육

(1) 초등학생 발달 과정의 특성

흔히 초등학교는 인성교육과 기초생활습관 등 인간이 살면서 알아야 할 가장 기초적인 내용을 익히는 공간이라고 한다. 이런 정의는 초등학생의 발달 특성과 관계가 깊다. 초등학생의 발달 특성을 크게 신체와 감각 발달, 나와 세상(세계)의 관계, 말(언어) 발달, 친구 관계 면에서 살펴보면 학년별, 학년군별로 일정한

---

3. 초등교육과정연구모임, 《행복한 혁신학교 만들기》(살림터, 2011)와 초등교육과정연구모임, 《초등 교육을 재구성하라》(에듀니티, 2013)의 내용을 수정 보완한 것이다.

흐름을 찾을 수 있다.

1) 1 · 2학년

몸의 균형이 덜 잡혀 잘 넘어지기도 하고 친구들과도 잘 부딪쳐 다툼이 자주 생긴다. 세상과 나를 하나로 보기 때문에 자기중심적인 면이 강하고, 상상과 사실을 혼동하며, 직접 겪고 보고 들으면서 세상을 이해하고 모방을 통해 규칙과 질서를 배워 나간다. 그래서 교사가 늘 해야 할 것과 하지 말아야 할 것에 대해 상황마다 설명하고 행동으로 익히도록 안내해야만 세상을 안정적으로 이해할 수 있다. 수업 상황에서도 활동에 대해 친절하게 안내해야 한다.

여러 활동을 통해 낱말과 어휘를 익혀 나가야 하므로 말놀이, 전래 동요 등을 체계적으로 익히는 활동이 필수적이다. 수 감각이나 공간 감각을 익히는 다양한 활동도 고민해야 한다. 신체 활동을 활발하게 하는 것이 여러 기능 발달과 연관되므로 수업 시간, 놀이 시간에 신체 활동을 많이 할 수 있도록 유도한다. 특히 학교 운동장이나 학교 주변에서 뛰어놀면서 감각적으로 익히는 활동이 필요하다. 이 시기에는 사물, 자연과 접하면서 느끼는 것이 감각이자 생각으로 발현되므로 활동에 몰입할 수 있고 이 과정에서 보고 느낀 것을 자기 수준에서 표현할 수 있도록 해 줘야 한다. 이때 주의할 것은 감각적으로 표현한 자체를 받아들여야지, 네 생각(너는 어떠니? 무엇을 보았니? 어떻게 보았니? 등)은 무엇이냐고 다그치며 확인하는 것은 오히려 어린이들의 사고를 위축시킬 수 있으므로 주의해야 한다. 무리한 지필 위주 평가도 감각 표현 수업을 저해할 수 있다.

2) 3·4학년

신체 활동이 활발해 친구들과 충돌이 많아지고 이를 감각적으로 해결하는 방법도 스스로 익히기 시작하며, 규칙을 지키는 운동도 곧잘 하게 된다. 3학년부터는 세상과 나를 조금씩 분리해서 이해해 나가는 시기라 자기의 출생에 대한 궁금증이 생기고 철학적인 질문이 나오기 시작한다. 1·2학년 때 가정과 학교, 지역사회에서 세상에 대해 긍정적인 경험을 한 어린이들이 이 시기에 용기 있게 세상으로 나아갈 수 있다.

모국어 발달 과정 중 구체어가 폭발적으로 발달하고 글자의 추상적인 의미를 인식하기 시작하는 시기라 언어 이해력과 독서 집중력도 높아진다. 4학년 어린이들은 세상일에 의욕적이고 호기심이 많아지는 동시에 세상을 믿는 마음이 훼손되는 것이 싫어 교사와 부모에게도 원칙을 요구하게 되므로 비판적이라는 느낌을 받게 된다. 이는 발달 과정상 배운 대로 실천하려는 시기이므로 교사와 부모가 이런 마음을 인정하고 소통하는 가운데 타인을 인정하는 능력을 키울 수 있도록 배려해야 한다.

모국어 발달이 폭발적으로 진행되고 개인의 표현으로 공동체가 자극이 되어 또 다른 학습이 진행될 수 있으며, 각자의 삶의 이야기와 표현 방식이 풍성해지는 시기라 수업의 흐름을 기획하거나 교육 활동 계획에도 적극적인 모색인 필요한 시기다. 이럴 때 예상하지 않았던 목표에 도달하기도 한다.

3) 5 · 6학년

사춘기를 맞아 급격한 몸의 변화와 마음의 변화가 불균형적으로 이뤄지는 시기라 내면의 혼란을 겪게 된다. 정신적으로 독립하기 위해 모든 일을 비판적으로 보면서 자기 관점으로 정립하려하고 이 과정에서 부모나 교사와 부딪치기도 한다. 특히 친구 관계가 중요한 시기다.

신체 변화가 급격해지면서 이성과 성에 대한 관심이 부쩍 많아지는데 여자 어린이는 신체 활동을 싫어하는 경우도 많다. 변성기를 맞은 남학생들은 음악 시간에 노래를 잘 부르려고 하지 않고, 학생 중에는 선생님을 이성으로 보는 아이도 생겨난다. 그러면서도 5학년은 어린이의 마지막 단계라는 느낌이고 교사와 소통이 원활한 편이라면, 6학년은 청소년으로 대접받으려는 마음에서 교사에게 요구하는 것도 많고 5학년 아이들에게 선배 행세를 하기도 한다. 중학교 진학 전 성적에 대한 부담이 많아지는 시기라 배움과 성장, 성장과 발달을 지원하기 위한 피드백 과정으로서 평가의 의미를 함께 나누고 학급살이를 진행하는 것이 필요하다. 5 · 6학년은 특히 상대평가로 진행되는 일단의 과정에 대한 부담이 클 수 있다. 절대평가로 수행평가를 하다 보면 훨씬 부담이 적은 수업과 평가를 진행할 수 있다.

(2) 어린이의 성장과 발달에 도움이 되는 내용

이런 발달 특성에 따른 초등교육에서 중요한 교육 활동은 다음과 같다. 학교마다 주요 교육 활동을 정선할 때도 꼭 유념해야 하는 내용일 것이다.

1) 몸과 마음을 키우는 일(움직임)과 놀이

우리나라 교육은 어릴 때부터 지나친 지식 중심의 교육 때문에 신체의 균형적인 발달과 건강한 성장이 이루어지지 않는다. 몸과 마음이 한창 자라나야 하는 시기이기 때문에 초등학교 교육에서는 무엇보다 신체 발달과 지적 성장이 함께 균형 있게 발달되도록 힘써야 한다. 날마다 몸과 마음이 자라는 어린이는 본능적으로 쉴 새 없이 움직인다. 이런 어린이가 건강하게 자라려면 충분히 뛰어놀고 주변 사물과 자연을 보고 느끼고 배워야 한다. 그런데 학급당 학생 수가 많은 데다 교과 내용이 많고 어려운 우리나라 교육 현실에서는 오히려 교육이라는 이름으로 어린이의 신체 활동을 억제하기 일쑤다. 초등학교 교육과정에서는 특히 표현 활동 중심으로 수업이 구성되고 모방과 협력의 과정이 꾸준히 진행되어야 한다.

일부 지역에서 놀이 활동 시간을 학교 교육과정에 배치하는 것

만으로도 아이들의 표정이 달라지고 수업의 집중도 달라지고
있다고 교사들은 말하기도 한다.

2) 삶을 가꾸는 모국어 교육(한글 교육)

어린이들이 가정과 유치원에서 이미 모국어를 배우고 오지만,
모국어를 체계적으로 배우는 과정은 공교육이 지향하는 가장 중요
한 과제이기도 하다. 초등학교에서는 모국어 교육을 체계적으로
하며 자신의 생각을 자연스럽게 드러내는 과정이 목표가 되어야
한다. 따라서 초등학교 저학년 때부터 다른 사람의 이야기를 잘 듣
고 그것을 자기 내면의 언어로 재구성하는 과정을 선생님들이 보
장해 주어야 한다. 어린이들은 또래의 언어와 표현 활동, 선생님의
수업 활동 속에서 드러나는 다양한 자극을 통해서 내면화된 자신
만의 언어로 재구성해 표현하는 것이 필요하다. 최근 혁신학교에
서 학생들의 특성을 관찰한 한 연구자는, 어린이들이 갈등이 생겼
을 때 말로 해결하는 모습을 많이 발견했다고 발표했다. 학교 공간
에서 수업과 교육 활동 중 자신의 생각을 자연스럽게 표현하는 행
동이 갈등을 풀고 익히는 과정에도 영향을 준다고 볼 수 있다.

3) 지역 중심 교육

어린이는 자라면서 자연스럽게 자신이 살고 있는 현재를 이해하
고, 자신과 주변의 관계나 조건에 관심을 갖기 시작한다. 따라서 가
정, 학교, 지역을 공부의 소재이자 터전으로 삼아 교육해야 한다.

어린이가 체험한 내용을 토대로 교수-학습을 해 나가고, 이 과정에서 꾸준하게 일상생활과 지역사회를 수업 안으로 끌어들이고 실천으로 이루어지게 한다면 그것이 바로 살아 있는 교육이 되는 것이다. '마을이 학교'라는 개념에도 이런 생각이 담겨 있다. 교과서에 나오는 위인 공부를 마을 토박이 어른들과의 인터뷰, 학교 공무직[4] 선생님들과 이야기를 나누는 과정으로 진행했을 때 학교 안과 밖의 인물, 지역사 등에도 관심이 많아지는 현상을 발견할 수 있다. 특히 3·4학년은 교과 교육과정과 연계하여 진행할 수 있다.

4) 감각 체험 중심 교육과 생명을 살리는 표현 교육

초등학교 교육은 어린이들의 발달 특성을 살려 감각 체험 중심 내용이 많이 나오는데, 이는 교육 내용으로서뿐 아니라 표현 교육으로서도 중요하다. 이때 표현 교육은 특정한 문화·예술교육만을 의미하지 않는다. 표현활동에는 그리기, 쓰기, 말하기, 몸으로 드러내기 등 몇 가지를 얘기할 수 있는데, 이것 외에도 눈빛으로, 몸으로, 전체적인 자신의 이야기를 다양한 방식으로 드러내기도 한다. 표현하고자 하는 욕구는 어린이들의 자연적인 요구이고 이것이 막히면 정상적인 성장과 발달에도 영향을 주기 때문에 교사들이 놓치지 말아야 할 철학적 관점이기도 하다. 특히 우리 어린이들은 어릴 때부터 과도하다 싶을 정도의 선행 학습과 인지

---

4. 교무 실무사, 급식 보조원 등 학교 비정규직을 공무직으로 전환하는 학교에서 그분들을 부르는 명칭이다.

중심 교육에 정작 발달 욕구를 채우지 못하고 숨통이 막힐 정도이다. 이오덕 선생님은 "삶을 가꾸는 교육을 하려면 먼저 어린이들의 맺힌 가슴을 풀어 줘야 한다."고 했다. 그래서 글쓰기, 그림, 연극, 토론 등의 표현 교육이 어린이에게는 문화 예술적 기능이 아니라 숨통을 열어 주는 역할을 하는 것이다. 민주 시민으로서 자신을 드러내는 과정을 자연스럽게 겪는 거라고 볼 수 있다.

최근 강조되고 있는 체험 중심 교육[5]은 실질적인 배움의 과정으로서 필요성이 크기 때문에 특히 부각되는 측면이 있다. 내가 안 해 본 어떤 것을 해 봤다는 경험 자체가 중요한 게 아니다. 빵을 만들 때도 밀가루를 만져 보고 밀가루 냄새는 어떤지, 얼마나 곱게 빻아졌는지, 그리고 반죽하는 과정은 얼마나 힘든지, 밀가루 반죽만 했다고 되는 것이 아니고, 발효를 위해 어떤 것이 들어가는지 등을 직접 경험해 본다. 그런 과정을 몸으로 겪지 않으면 찰흙으로 만드는 것과 다름이 없는 그런 아쉬움이 있다.

체험학습 장소에 가서 한 번의 경험으로 끝나는 체험이 아니라 자기 삶의 현장에서, 자기 교실에서 지속적으로 한 가지 주제를 가지고 해 나가는 그런 체험 교육이 되어야 한다. 예를 들어 학교 주변의 봄, 여름, 가을, 겨울마다 변해 가는 숲의 모습, 그때마다 깨어나는 다양한 생명들의 모습을 함께 경험하고 체험할 수 있다. 이런 체험 교육을 통해서 학생들은 자기가 경험한 삶의 공간을 확장하면서 배움을 넓고 깊게 가져갈 수 있다.

---

5. 초등 평가 혁신 연수 중 한희정 선생님의 강의 내용 중에서 발췌함.

2. 어린이의 성장을 돕는 수업

수업(교수-학습)이란 학생이 교사로부터 어떤 개념에 대해 알게 되는 과정, 학생 자신이 타인에게 그 개념을 사용하는 과정, 자신의 것으로 내재화하여 창조적으로 실제 삶에 적용하는 과정 전체를 말한다.[6]

수업은 교육과정 재구성을 거쳐 어떻게 준비되고 진행되어야 할까? 그간 학습자 중심, 학생 중심의 수업에 대한 논의는 많이 됐지만 최근에는 (광의의) 협력학습이 확산되고 있다. 어려운 교육과정 속에서 학생은 물론 교사도 수업에서 소외되고 있다는 문제의식에 따라 교사와 학생이 함께 성장하는 수업, 배움이 있는 수업으로서 협력학습을 추구하고 있다.

협력학습은 비고츠키의 문화-역사 발달이론에서 시작되는데, 특정한 유형이 아닌 활동에 따라, 학생 발달 상태에 따라, 교사와 학생의 협력 수위에 따라 다양한 교수-학습이 전개된다. 수업에서 협력은 크게 참여, 활동, 반성 단계에서 질적으로 다른 내용을 가진다. 수업은 하나의 현상으로 전개되며, 가르침과 배움이 동시에 일어나는 현장이다. 이때 학생과 학생, 교사와 학생은 서로 협력적인 관계를 맺으면서 상호작용한다. 수업을 교수-학습이라 칭하는 것은 바로 이 때문이다. 교사는 이 과정에서 학생의 현재 수준에 맞추지 말고, 잠재적 수준에 맞추어 수업을 해야 학생이

---

6. 성열관 외, 〈서울학교 수업 혁신 방안〉, 《서울시교육청 정책연구보고》, 2011

현재 습득한 내용에서 한 발 더 나아갈 수 있다.

수업 혁신이 나아갈 방향은 대체로 학생의 발달을 위해 수업 과정에서 근접발달영역을 창출하고, 차시 수업에서 단원, 주제별 긴 호흡으로 가는 수업, 학생들의 토론, 참여, 배움이 가능한 다양한 교수-학습 방법이 적용되는 수업, 체험-탐구-표현을 담는 수업 등으로 정리할 수 있다.

수업은 하나의 현상으로 전개되지만 가르침과 배움이 동시에 일어나는 현장이며 어린이와 어린이, 교사와 어린이는 서로 정서적인 교감을 통해 협력적인 관계를 맺으면서 상호작용한다. 단지 자신의 지적 잠재력 안에서만 모방이나 협력을 할 수 있으며, 발달 과정에서 배우고 익혀야 할 모든 지식과 개념, 기능은 사회적인 협력 속에서 태어난다. 특히 '우정', '민주주의', '창조성' 등의 정신기능들은 친구들과의 협력과 공감의 활동 속에서 생겨나는 것이다.[7]

학급 내의 끊임없는 상호관계와 공동체로서의 삶의 과정이 진행되면서 배우고 익히게 되는 정신기능들이 기대하지 않은 성장 (기대하지 않았던 목표 도달)의 중요한 역할을 하기도 한다. 상호작용은 각각의 학급이나 집단마다 다르게 진행될 수 있어서 모델로 정리될 수도 없고 몇몇 수업에 국한될 수도 없다. 학급 전체를 아우르는 삶의 원리이자 철학으로서 진행되어야 수업의 진정한

---

7. 《관계의 교육학, '비고츠키'》(살림터, 2015)에서 발췌함. '우정', '민주주의', '창조성' 등을 가르쳐서 습득시킬 수 있다고 생각하는 것은 문제가 많다. 이러한 사회적인 지능이나 공감 기능과 같이 협력과 연관된 정신 기능들이 인지 발달의 기초가 됨을 밝히고 있다.

흐름이 진행될 수 있다.

(1) 협력 수업은 물이 흐르듯이 진행된다

앞에서 정의한 수업은 다음과 같은 네 단계의 과정을 거치면서 수행된다. 이는 때론 분절적으로, 때론 역순으로 진행되기도 한다.

체험 · 탐구 · 놀이(활동과 경험하기)

↓

생각과 느낌 표현하기(몸짓, 말하기, 그리기, 글쓰기)

↓

토론을 통한 반성적 사고(성찰)의 형성

↓

의미화하기, 실천하기(추상의 과정, 실천의 근거 형성)

첫째, 체험활동이나 탐구 활동, 놀이 등을 통해 사회적 · 문화적 학습을 경험한다. 체험 활동 이후에 바로 몸으로 표현을 하겠다는 어린이가 등장하는가 하면 고학년으로 가면서 글로 그 느낌을 나누겠다는 경우도 발생한다. 단계는 무시되기도 하고 역순으로 진행되기도 한다.

둘째, 이러한 활동과 경험을 통해 자신이 느끼고 생각한 점을 여러 가지 방식으로 표현한다. 이때 표현하는 방식은 개인, 모둠

(소집단), 전체가 될 수 있는데, 이 과정은 반성적인 사고의 형성과 동시에 이루어지는 경우가 많다. 자신을 성찰하는 과정은 바로 표현되기도 하고, 과제를 진행할 때 드러나기도 하며, 먼 미래에 나타나기도 한다.

셋째, 토론 즉 개인이 아닌 사회적 집단(소집단이든 대집단이든) 속에서 자신의 생각을 드러내는 과정과 타인(개인이든 집단이든)의 생각과 자신의 생각을 비교해 보거나 차이를 이해하는 과정 속에서 반성적 사고가 형성된다.

넷째, 반성적 사고를 거친 자신의 생각을 개념화하거나 의미화하고 이를 근거로 실천의 근거를 형성하는 과정이다.

이러한 네 단계의 흐름은 개별 교과 전체의 교수-학습의 흐름, 주제 학습에 따른 흐름, 단원이나 차시의 흐름 등 교수-학습이 이루어지는 흐름 전체를 의미한다.

수업 흐름은 수업의 목표와 내용, 활동 유형, 어린이의 발달 특성, 학급별 특성을 기준으로 어린이가 받아들이는 정도에 따라 다양하게 전개된다. 따라서 한 가지 유형만으로 교수-학습이 전개되는 것이 아니라 놀이 중심, 탐구 중심, 토론 중심, 체험 중심, 표현 중심, 참여 중심 등 여러 유형이 유기적으로 연결되어 있다. 어린이들의 생활환경이나 특성, 교사의 고유한 수업 방식과 수업목표 등, 어디에 중점을 두고 수업을 진행하느냐에 따라 드러나는 모습이 다를 뿐이다.

평가 또한 수업의 시작과 중간, 그리고 정리 단계 어디에도 배치는 가능하나 도달 목표를 정확하게 인지하며 진행하는 수업 중에 자연스럽게 흐름을 유지하는 방식으로 진행되어야 한다.

(2) 협력 수업으로 기대하지 못한 목표에 도달하기도 한다

수업을 진행할 때, 교사가 1차시에 가능한 목표를 설정하고 진행할 때라도 찰나에 일어나는 스파크(발화)로 인해 다양한 발달이 진행될 수 있다. 예상치 않은 목표에 도달하는 과정이다. 예를 들어 수업 흐름에서 예상치 못한 목표에 도달한 경우를 다음과 같은 경험에서 찾을 수 있다.

수업목표는 '각을 그릴 수 있다'였다. 교사는 '개념 확인'-'사례 찾기'-'그리는 다양한 방법 모색'-'그리기'로 이어지는 수업 흐름을 의도했다. 그러나 실제 수업에서는 예상하지 못한 흐름이 전개되었다. 개념 확인 중 한 학생이 "둔각은 각이 아니다."라고 주장했다. 교과서에서 각을 '모난 부분'이라고 지칭한 접근이 오개념을 형성한 것이다. 교과서 기술이 오류였던 것이다. 이것 때문에 학생들은 각의 개념에 대해 혼란스러워했다. 오개념화가 진행되는 중 교사가 흐름을 전환했다. 교사가 주도한 토론을 통해 학생들은 각을 '두 직선과 만나는 점으로 이루어진 것'으로 의미를 확인했다. 예상치 못한 수업 흐름 때문에 둔각, 예각의 의미도 공유할 수 있었다. 학생들은 예상보다 더 다양한 각 그리기가 가능하다는 것을 배울 수 있었다. 몸으로 그리기를 제안하는 학생도 있었다. 다 같이 몸으로 나타내며 몸 풀기 활동으로 수업을 마무리했다. 이러한 수업을 통해 학생들은 예상치 못했던 목표에 도달했다. 각의 의미 중 둔각, 예각의 의미도 알고 몸으로 나타내고 그릴 수 있게 된 것이다. 수학 교과서에 3개 이상 각을 그리도록 제시된 과제를 학생들 모두 100% 수행했다. 그리고 동료평가로 수행평가를 완료했다.

이때 수업의 도달 목표가 상향된 것도 중요하지만, 학부모들과의 수업공개 후 '소통하고 서두르지 않으며 어린이들의 의견을 무시하지 않는 학급 살림살이'의 원칙을 공유할 수 있게 된 것이 더 큰 의미였다. 그러고 나니 학부모 상담 등에서 학부모의 학습관을 주제로 깊은 이야기까지 나눌 수 있었다. 이후 다양한 학부모 모임도 꾸준히 진행하여 어린이들의 발달과 성장을 지원하기 위한 성인들의 역할과 성찰에 대한 논의를 이끌어 갈 수 있었다. 선생님들이 평소 업무에 지쳐 어린이들과 시선을 주고받기도 쉽지 않지만, 꼭 한 번쯤은 예상치 않았던 목표 도달과 결과를 경험해 보았으면 한다. 이런 경험은 학생이나 교사가 수업 속에서 소통하고 더 적극적으로 참여하려는 태도로 변화하는 등 기대하지 않았던 거대한 성장의 기운을 맛보게 된다.

서로의 발달과 성장을 돕는 협력 수업은 일회성 수업뿐 아니라 일상적인 교육 활동 속에서도 서로에게 미치는 영향력이 크다. 학급살이가 다양한 방식의 협력을 바탕으로 진행될 때 수업 역시 진정성 있게 진행될 수 있다.

1) 교사와 교사의 협력이 중심이 되는 수업과 평가

교과서의 내용이 너무 어렵거나 양이 많을 때는, 교육과정에 집중해 교사가 주도해서 예시용으로 다루고 넘어가야 할 것과 학생들이 협력성을 발휘하면서 좀 더 길게 수업을 진행할 것들을 함께 정할 수 있다. 실제로 수학의 몇몇 단원에서는 발달 특성에 비해 내용이 어려워 힘들어하는 어린이를 많이 본다. 단원 평가나 기말고사 등이 점차 사라지고는 있지만, 지역적으로 아직도 진행되는 곳이 많다. 어려워하는 데에는 이유가 있다. 어른들의 책임이다. 수학 교과서나 익힘책에 나온 문제를 보면 수학 성취 기준을 벗어나 과잉 해석한 것이 많이 나온다. 어려운 문제를 접하고 '몰라요'라는 신호를 온몸으로 보내는 학생들에게 또다시 낙인 경험을 하게 할 필요는 없다. 과감히 삭제하거나 모둠이 함께 풀기용으로 바꾸어 진행할 수 있다. 이때 확실히 아는 학생과 적당히 아는 학생, 그리고 교사의 추후 지도가 필요한 학생을 재빠르게 파악할 수 있다. 수업 흐름 중에 평가를 진행할 경우에도 동학년이나 과목별 협의회 등에서 교과서에서 빼야 할 것, 수정해야 할 것 등을 적극적으로 논의하여 그 내용을 정리한 후 각 반별로 고유한 흐름으로 진행할 수 있다.

다음 예시는 단오 주간을 설정해 학년 교육과정을 진행한 경우다. 처음에는 우리 반만 진행할 예정으로 학년 선생님들께 말했는데, 함께하겠다고 해 동학년에서 같이 진행한 '전통문화와 생태 체험활동'이다. 이때 다른 교과와 통합 주제를 뽑고 학습목표와 적용 시기를 결정한 뒤 교육과정 내용을 재구성했다. 협력 수업은 교육과정을 재구성해야 진행할 수 있다. 가족 중심 활동이 많다 보니 학부모들의 반응이 폭발적이어서 이후의 다른 교육 활동에서도 학부모들의 참여가 꾸준하다. 더 나아가 가정에서 대화가 늘어나고, 다른 기획을 하며 진행하는 어린이들도 등장했다. 어린이들이 스스로 회의를 열고 학기 말 한복 주간을 설정한 뒤 다양한 활동을 배치하고 수업 후에 느낌을 나누는 시간을 갖기도 했다. 다양한 표현활동이나 적극적인 참여 활동이 꾸준히 늘면서 교육 활동의 목표 도달이 예상 밖으로 빨리 진행됐다.

〈표1〉 동학년 교사와 협력한 교육 활동 사례(1)

우리 고장의 위치	•지역화 보조 자료 함께 만들기 　동서남북놀이하기, 나침반으로 방향 확인하기(과학과 연계)
우리 고장의 공공기관, 역사, 인물	•공공기관에 근무하시는 분들게 감사의 편지 쓰기(듣기-말하기-쓰기) 　활동 후 전달하고 편지 받아 오며 공동체 의식 고취(도덕) •우리 가족이나 동네 어르신 찾아뵙고 이야기 나누기(우리 고장의 역사)
우리 고장의 자랑거리	•고장의 어르신 찾아 뵙기 •양재천 답사 후 다양하게 표현하기(포스터로 생태 환경을 보존하자는 메시지를 주로 담음) •자랑거리 인터뷰 조사하여 그래프 그리기
우리 고장의 축제	•단오 행사 팀티칭으로 진행하기(국어, 미술, 과학, 체육 등)
교외 체험	•용인민속박물관 체험, 양재천 환경교실 참가, 양재천 모내기 행사 참가

2013년 서울언주초등학교 3학년 교육과정 6월 재구성 자료

<表2> 동학년 교사와 협력한 교육 활동 사례(2)

교사 공동체 특징	동학년의 특징은 동학년에서 협력의 경험이 별로 없는 선생님 많음. 어린이의 발달과 성장 돕는 수업 전개하는 것이 개인적으로 큰 경험이었다고 평가함.
지역적 특징과 어린이들의 특성	3학년 어린이들의 지역적 특징은 도시형·건물 밀집 지대에 주상 복합 건물 등이 많고 유동 인구가 많아 하교 후 휴식을 취하거나 산책 등의 경험이 매우 적은 편. 하교 후 바로 학원이나 방과 후 활동으로 일상을 보내는 어린이들이 많음. 개인적으로 일정이 있는 어린이가 많은 편. 다양한 체험을 하고는 있으나 아이들 정서나 발달 특성을 고려하지 않은 체험을 가정에서 많이 하고 있어 의도적으로 단오 체험활동을 기획하게 됨.
교사들과 함께 협력 진행한 과정	교사들과 협력하여 진행한 내용: 단오 부채 만들기, 단오 씨름놀이, 풀 그림 손수건 만들기, 장명루 만들기, 수리취떡 만들기 등의 활동을 진행함. 모든 활동이 기획했던 것보다 풍성한 과정으로 진행됨. 장명루의 경우, 조상들이 서로의 건강과 장수를 기원하면서 만들었던 간단한 장신구지만, 6월 하순에는 학기가 무사히 진행되어 서로 격려하고 감사하는 덕담을 나누고자 함. 가족 중 아픈 분이 있는 경우에 더 활동을 할 수 있도록 배려함. 학부모들과 더 따뜻한 소통이 되고 재료를 더 만들어다 주는 분도 생김.
성장과 발달을 지원하는 평가	성장과 발달을 지원하는 평가: 단오 주간 교육과정에서 미술 시간에 풀 그림 손수건 만들기에서는 꾸미기 영역에서 성취수준으로 '다양한 재료를 이용하여 꾸밀 수 있다'로 진행하고 수리취떡이나 장명루 만들기에서는 각 어린이마다 진행되는 수준이 다 달라서 친구들과 의견을 나누고 조율하는 과정을 관찰하여 도덕 과목의 수행평가로 진행하였다. 대부분의 초등학교에서는 과목마다 많게는 4개, 적게는 2개 정도 평가 영역과 성취수준 도달도를 기준으로 진행된다. 단오 주간 교육 활동은 동학년에서 반마다 2~4개 정도 평가를 진행하였다.

2013년 서울언주초등학교, 단오 주간 교육과정 자료

2) 교사와 어린이의 협력성이 강조되는 수업과 평가

수업을 공개할 때, 가장 먼저 준비해야 하는 것은 무엇일까? 대부분 교사는 교사의 계획과 지도안이 잘 준비되면 수업 준비가 끝났다고 생각할지도 모른다. 수업 준비를 많이 하고 어린이들과 만나는 날, 실망과 절망으로 괴로운 시간을 보낸 적이 있다. 학생들의 심리적, 환경적 조건을 고려하지 못한 경우 더욱 그럴 것이다.

수업에서 학생과의 협력성이 발휘될 경우 예기치 않았던 과정, 곧 스파크나 솟구침이 일어나게 된다. 이때는 학생과 교사 모두 성장하게 되며, 장기적으로 그 결과가 드러날 수도 있다.

어려운 내용은 함께 풀기로 진행하는 것이 좋다. 예를 들어 수학 교과에 '289-169를 세 가지 방법으로 푸시오'라는 문제가 나왔다고 치자. 이런 경우, 다른 학년에 나오는 다른 과정을 통해 배분법칙 등의 개념을 알 수 있다. 교육과정보다 높은 수준의 평가 문제가 교과서에 있는 경우, 다양하게 푸는 방법을 예시로 보여 주고 혹시 다른 방식이 떠오르는 학생들이 나와서 설명하는 경우로 진행이 대체될 수 있다.

오개념일 경우에는 구체적인 조작 활동을 진행한다. 길이 개념이 형성되지 않은 경우 길이의 연산을 다룰 때 기계적으로 접근하는 경우가 많다. 1m 종이자를 만들어 보는 활동으로 구체적 조작 활동을 하고 적당한 위치에 걸개로 이용하면 아이들은 수학 시간이 끝난 후에도 한동안 서로 비교하며 지낸다. 그 후 문제 풀이를 배치해서 진행하면, 놀랍게도 mm, cm, m 개념을 알고 활동을 한다. 이때는 지필 문항으로 확인할 수도 있다.

3학년 수학에서 '길이의 덧셈을 계산식으로 할 수 있다'는 수업목표를 세웠다. 학생들과 함께 길이의 덧셈 과정은 기계적으로 진행할 수 있지만, 문제는 아이들이 길이에 대한 개념을 명확하게 인지하지 못한다는 점이었다. '1m 24cm+32cm'를 계산하면 답은 쉽게 나온다. 학생들의 길이 개념이 정확한지 관찰 평가하기 위해 개인별로 30cm가 어느 정도인지 나타내 보자고 제안했다. 나는 양 손가락의 검지 사이를 10㎝ 정도 간격으로 벌려서 보여 주고 학생들에게도 손으로 나타내 보라고 했다. 그러자 절반 이상의 학생이 손으로 10㎝ 이하 길이를 만들어 보였다. m와 cm에 대한 개념을 알려 주기 위해 학생들에게 cm와 mm까지 그려서 1m 길이의 자를 만들도록 했다. 이런 경우 교사는 학생들이 자유롭게 만들 수 있도록 분위기를 만들어 주어야 한다. 생각보다 시간이 많이 걸리면 지루해할 수도 있으므로 다양한 색을 쓰도록 유도해도 좋다. 모두 자를 완성하자, 각자의 자를 '발'처럼 앞문에 전시하자는 의견이 나왔다. 그래서 모두 자기가 만든 자를 전시했다. 아이들이 만든 자 가운데는 교사가 보여 준 길이와 다른 것도 여럿 있었다. 중간을 자르거나 덧붙이기도 해서 명색은 1m 자인데 상상을 초월하는 자도 등장했다. 그야말로 교실 앞문은 서로의 자를 비교하는 공간이 되었다. 교사는 1m 출발선만 정확히 만들어 주고 붙이는 것은 아이들이 했다.

다음 수업에서 나는 전날 만든 1m 자 이야기를 꺼냈다. 그러자 아이들 몇몇이 "선생님, 똘똘이 자가 정확해요!" 한다. 그래서 똘똘이 자가 왜 정확한지 이유를 알기 위해 똘똘이 자를 떼어 왔다. 이후 학생들은 mm, cm의 개념을 스스로 찾아내는 과정을 밟았고, 결국 '1m 24cm+32cm'가 얼마인지 대부분 학생이 풀 수 있었다.

이 수업을 되돌아보면, 어린이의 발달 특성도 고려해야 하지만, 중간중간 끊임없는 피드백, 끊임없는 평가의 과정을 통해서 아이들에게 무엇이 부족한지 발견하고, 그것을 할 수 있도록 즐거운 활동으로 기획하는 것이 교사의 역할임을 알 수 있었다.

추상적 개념을 익히는 과정에서는 학생들의 개념 형성 과정에 필요한 시간을 확보해야 한다. 교사는 먼저 문화 전달자의 입장에서 개념 또는 낱말이 무엇을 의미하는지 설명하고, 어린이들과 이야기(발표 또는 표현하기)하며, 구체적인 내용과 다양한 상황을 모아 가야 한다. 즉 한 낱말이 지닌 개념화에 적합한 구체적인 것들을 협력 활동으로 채우도록 한다. 마무리 활동에서 "재미있었나요?", "무엇이 새로웠나요?", "다음에도 이런 걸 또 할까요?" 등 수업에 대한 정서적, 인지적 태도를 평가하고, 숙제를 정할 때도 과제의 목적을 공개하고 의견을 수렴한다.

과제 학습을 할 때는 어려움을 경험하고 교수-학습 동안 있었던 상황을 떠올리며 그 문제를 해결하기 위한 위기를 극복하기도 한다. 드러내기와 반성하며 재정리하기 등의 과정은 개별적이며 장기적으로 진행되어야 한다. 학습의 과정이 과제 활동을 통해 피드백되어 다시 다음 수업 자료로 쓰일 수 있으므로 섣부른 평가로 그 흐름을 방해해선 안 된다.

교사는 학생의 수준에 수업의 축을 맞추지 말고 학생의 발달에 맞추어 교수-학습을 해야 학생이 현재 습득한 내용들을 한 발 더 발달시킬 수 있다. 교수-학습은 일회성이 아니며 개별적으로 오랜 기간 지속되는 긴 과정이다. 그리고 교사가 상상하지도 못한 성장이 학생과 교사에게 모두 일어나게 된다. 섣부른 평가보다는 활동에 집중하는 순간 더 많은 성장을 이룰 수 있다.

학생들의 의견과 교사의 교과 내용에 따른 판단이 협력적으로 작용해야 교수-학습은 다양한 형태로 전개된다. 즉 교사는 수업 흐름에 따라 활동 유형(개별, 모둠, 전체 활동)의 순서와 시간을 적절하게 선택할 수 있도록 교육의 물리적·환경적 조건을 충분히 고려해야 한다.

3) 학생들끼리 협력성이 강조되는 수업과 평가

실제로 학생들끼리의 협력 수업이 가능하기 위해서는 교사의 주도적인 활동이 필요하다. 다음 사례는 3학년 학생들 사이에 일어난 다양한 협력 과정, 협력 수업 모습으로 예상한 의도보다 훨씬 더 높은 목표에 도달했음을 알 수 있다. 인지적인 영역보다 표현활동에서, 또한 진행 과정이 진지할수록 사고의 확장과 의미화 과정이 더 눈에 띈다. 가정에서의 개별 학습은 선행 학습보다는 다양한 활동을 반성적으로 고찰할 수 있는 복습에 더 힘을 줘야 한다.

● 방과 후 활동 중에 진행되는 경우: 수업이 끝나도 어린이들이 가지 않고 남아 있다. 방과 후 활동 때문이다. 남자아이와 여자아이, 사이좋게 이야기를 나누다 교사가 제안하는 곱셈 구구단 외우기를 한다. 이미 수업 시간에 구구단 외우기의 필요성을 함께 공감했기 때문일까. 시작 전에 몇 단까지 자유롭게 외우나

고 서로에게 물어본다. 그러자 한 아이는 전체를, 한 아이는 6~8단을 제외하고 나머지를 문제로 하겠다며 서로 그 안에서 문제를 내며 물어본다. 3학년 교육과정에는 수학 구구단을 다 외워서 활동하도록 나와 있지만, 실제로 그 개념을 정확히 알고 외우는 어린이는 많지 않다. 이 부분은 2학년 초기부터 구구단 외우기에 집중해서 수학 낙오를 경험하게 할 수도 있으니 경쟁을 넘어서는, 기다려 주는 활동으로 자연스럽게 유도한다. 교사는 학생들의 활동을 관찰하며 개별 학생의 수준도 파악할 수 있다. 조금 느리게 외우는 학생들은 평가 과정에서도 교과서를 참고해 진행하도록 하면 더 편안하게 수업을 맞이할 수 있다.

● 학급 자치활동으로 진행되는 경우: 학급에 문제가 생기면 학생들의 제안으로 그때마다 사회자가 바뀌어 의논을 한다. 진행 중에 사용되는 언어가 '동의, 찬성'보다 "맞다고 생각하니?"라고 표현하는 어린이가 많지만, 서로 혼용하며 사용해도 무리가 없게 진행한다. 최근에는 국어 시간에 동의하는 표현을 많이 하는 상황을 발견하고 자발적 주의를 하고 있고, 그것이 개념 형성으로 진행된다는 것을 확인할 수 있었다. 3학년 어린이들의 발달 특성 중 하나는 자신을 드러내기를 무척 좋아한다는 것이다. 교사가 기획한 3월 말의 '장기자랑'은 그러한 특성을 고려한 학습활동이다. 이후 학생들 스스로 자치회의에서 참가하지 않았던 소수의 아이들을 적극적으로 참가시키는 방법을 찾았다. 서로 배려하는 모습이 놀랍기만 하다. 장기자랑은 하고 싶은 학생들 중심으로

진행한다. 수업에 방해되지 않는 점심시간에 진행해 구경꾼도 모이게 된다. 다음 회에는 구경꾼이 공연을 하게 된다.

예상하지 못한, 어린이들 사이의 협력 과정도 볼 수 있다. 특수학급 학생 서현(가명)은 노래를 좋아한다. 서현이 특별히 관심 있는 노래는 〈곰 세 마리〉다. 우리 학급 학생들에게 서현이 좋아하는 활동을 미리 알려 주었다. 학급 잔치에서 일반 학급 학생 재인(가명)이 오카리나 자유 연주를 할 때 서현이 좋아하는 〈곰 세 마리〉도 연주했다. 서현이 주의를 집중하더니 조심스럽게 노래를 불렀다. 3학년 수영 수업이 있었는데, 서현은 물속에서 수영하기를 즐긴다. 첫날은 달라진 환경에 적응을 못했지만 횟수가 늘면서 물속에 들어가 키판을 밀며 수영을 했다. 재인은 과잉행동 유형의 장애를 겪고 있는데 미술 치료를 받았다. 재인은 물을 무서워해서 첫날 얼굴에 물이 튀자 울기 시작했다. 교사는 재인을 물속에 머무르게 했다. 그러자 서현이 재인을 가르쳐 주겠다며 같이 움직이기 시작했다. 8시간의 체험활동이 끝난 후 재인은 키판을 이용해 물속에서 헤엄을 칠 수 있었다.

일반 학급 어린이 찬호(가명)는 특수학급 어린이 민서(가명)와 친했다. 보통 일상 상황에서는 찬호가 민서를 자주 도와주었다. 민서가 책을 못 펴거나 옷매무새가 흐트러져 있을 때 찬호가 이를 바로잡아 주었다. 그런데 민서는 수영을 즐겨 했지만 찬호는 폐소 공포증이 있어서 물 근처에도 가려고 하지 않았다. 어느 날 수영 수업에서 기대하지 못한 일이 벌어졌다. 첫 수영 수업 시간,

찬호는 교사의 다리를 붙들고 물 근처에도 가지 않으려고 했다. 그런데 수영장에서 민서가 자연스럽게 유영하는 모습을 보더니, 갑자기 키판을 등에 매고 민서를 따라 물속으로 들어가 유영하려고 노력하기 시작했다. 이 모습을 보고 도우미 교사는 사진을 찍었고 담임교사는 찬호를 격려했다. 함께 있던 학부모들과 도우미 선생님들 모두 찬호에게 박수를 보냈다. 찬호는 물속에 들어가긴 했지만 처음에는 유영을 하지 못했다. 천천히 벽을 잡고 걷던 중 민서가 팔을 휘두르는 것을 보더니 민서처럼 팔을 휘두르기 시작했다. 민서가 유영하면서 고개를 돌리자 그것도 흉내 냈다. 그렇게 찬호는 민서를 보면서 스스로 해내려고 노력하는 모습을 보여 주었다. 그 모습에 그 자리에 있던 어른들은 모두 찬호를 격려했다. 도우미 교사는 찬호의 모습을 사진으로 찍어서 찬호 어머니께 전송하기도 했다. 이처럼 수업 전에는 전혀 기대하지 않았지만, 특수 학급 어린이와 일반 학급 어린이가 서로 협력하면서 성장하는 과정을 볼 수 있었다. 이 수업은 서로 다른 어린이들이 한 해를 함께하면서 쌓은 믿음과 신뢰를 통해 모두 성장하는 흐름을 보여 준다.

　수영 수업의 목표는 물속에서 다양한 활동을 통해 적극적으로 자신의 안전을 살필 수 있도록 하는 것이다. 어린이의 성장과 발달을 돕는 평가라는 관점에서 볼 때 초등학교 3학년이 생명 교육과 안전 교육을 이해하고 몇 시간 만에 수영을 해내는 것은 어려운 일일 수도 있다. 그러나 수영 수업을 마무리하고 개인 상담과 학생들이 나누는 대화 시간을 통해 학생들 가운데 90% 이상이 물속에서 즐겁게 활동했으며, 수업 이후 수영 연습에 대한 의지를 갖게 되었음을 알 수 있었다.

흔히 '협력'이라고 하면 일반적인 어린이들 사이의 협력, 발달 속도가 조금 더 빠른 아이가 다른 아이를 도와주는 과정으로 오해하기 쉽지만, 이날 아이들이 보여 준 협력은 전혀 예기치 못한 것이었다. 평소 학교생활에 어려움을 느끼는 장애를 가진 한 어린이가 비장애 어린이를 도와주면서 협력하는 모습을 보여 준 것이다. 이후에도 어린이들끼리 협력하는 모습은 계속됐다.

4) 어린이의 성장을 지원하기 위한 조건들

어린이의 성장과 발달을 돕는 수업 이야기를 하다 보니 교사 개인이 할 수 있는 방식보다는 학교 전체, 마을 전체, 학부모들과 함께해야 되는 이야기가 더 많다. 어린이의 발달과 성장을 돕는 수업을 위한 다양한 조건들을 자세히 알아보자. 다음의 조건들은 학교마다 천차만별이긴 하지만, 협력 수업을 위한 준비 역시 천릿길도 한 걸음부터 시작한다고 생각하는 데 의미가 있겠다.

학교의 모든 과정은 수업을 지원하기 위한 시스템으로 전환되어야 한다. 혁신학교의 모범적인 사례가 전국적으로 확산하고 있는 상황이긴 하지만 좀 더 근본적인 재편이 시급한 실정이다. 성장과 발달을 돕는 교육 철학, 업무 정상화, 민주적인 학교 운영, 예산 편성 시 교육 활동 지원 비율 확대, 동학년(과목별)의 자발적 연구 협의체 구성, 교구와 준비물의 체계적인 관리와 운용 등의 구조적인 재편이 필요하다. 특히 이 모든 것들 중에 학교라는 공동체 안에서 교육 철학에 대해 합의가 되면 협력 수업을 위한 준비는 50% 이상 된 것이다. 모든 내용이나 절차가 그에 맞는 과정인지 검토하며 진행하면 될 것이다. 예를 들어 방과 후 활동은 정규 수업의 부족분을 채워 주는 오감을 자극하는 활동으로 기획하되, 정규 수업 후 2시간 이상 진행하지 않기로 하는 등의 합의를 이끌어 낼 수 있다.

첫째, 교사의 업무 조절과 시설, 교구의 재구조화가 필요하다.

학교의 불필요한 행사나 업무를 없애는 논의부터 시작해서, 담임들의 업무가 최소화될 수 있게 업무 전담팀을 만들어 학교의 수업 지원 시스템을 운영해 간다. 시설은 안전과 규격에 맞는 물품을 구매하고, 학년 교육과정에 필요한 교구 등도 연차적으로 구비 계획을 세워 집행하도록 한다. 교구지원실이나 업무지원실 등도 별도로 준비해 업무의 효율도를 높이도록 한다. 학교의 학교 공무직 선생님들에 대한 처우도 점차 개선해 공교육의 정상화 과정에 중요한 역할을 함께하는 동반자로서 우뚝 서기를 바란다.

둘째, 학교의 민주적인 의사결정 과정이 보장되어야 한다.

학교 구성원들의 관계는 서로의 신뢰 속에 평등하게 유지되어야 한다. 교사 한 사람은 개인이지만 학교 구성원 중의 한 명으로서 전체를 위해 건강하고 다양한 방식의 제안을 할 경우, 민주적으로 논의하고 결정한다면 새로운 자극이 되어 학교를 운용하는 데에도 도움이 될 수 있다. 민주성이 떨어지는 곳에서는 회의에서 계획과 다른 제안이 나오면 묵살하거나 유보하는 행태를 보이기도 한다. 학교가 민주적으로 운영되지 않으면 예산이 없다는 등의 이유를 들며 초반부터 일이 진행되지 않을 가능성이 크다. 수업을 지원하기 위한 여러 가지 학교의 변화들을 얘기할 때는 조금 더 적극적으로 의견을 낼 필요가 있다.

셋째, 동학년 또는 과목별 협의체 활성화와 학교 예산의 효율적인 운영이 필요하다.

개인이 수업을 혁신하는 데는 한계가 있다. 여럿이 모여 서로 머리를 맞대고 좋은 경험을 나누면, 이후의 교사 생활에도 좋은 영향을 줄 것이다. 최근 각 지역 교육지원청에서 진행 중인 혁신 모임 지원 방식은 고무적인 현상이라고 할 수 있다. 혁신학교에서는 학교 예산 중 일정 정도의 비율을 전체 학년의 예산으로 돌려서 학년의 자율적인 예산 계획과 집행을 할 수 있게 지원해 주고 있다. 이런 흐름은 굉장히 긍정적인 효과를 가져오고 있다. 어린이의 발달 특성에 맞는 다양한 체험활동을 학기 초에 다 기획하긴 어렵다. 교육과정을 운영하는 중에도 수업 과정에서 부족한 부분이 드러나면 다양한 활동을 통해 보충할 수 있는 과정을 갖게 해야 한다. 예산을 안정적으로 지원해 학부모와 학생이 주체적으로 자치 활동을 기획하도록 할 수 있다.

넷째, 교육의 주체로서 학부모의 역할을 재정립해야 한다.

학년 놀이 한마당이나 각 학년 현장 체험 학습활동, 과목별 담당

선생님과의 협력적인 교과 재구성 등의 경우에도 학부모가 함께하면 내용이나 질이 달라질 수 있다. 그러려면 교사는 교육관과 학급운영의 원칙 등을 학부모와 공유해야 한다. 학부모는 교사와 어린이 개인의 특이성, 가정환경, 건강 상태 등에 대한 정보를 나누어야 한다. 상시적인 편지 글, 홈페이지 운영 , 상담 등 온라인과 오프라인으로 그 협력의 공간을 확대한다. 학부모는 아이들이 성장하는 과정을 오롯이 본 분들이므로 아이에 대해 가장 많은 정보를 알고 있다. 특히 아이가 아팠다거나 그 가정만의 특별한 경험 등은 교사들이 알 수 없는 내용이다. 가정 역시 실천의 공간으로서 교육이 이루어지는 곳이므로 학부모는 교육의 중요한 주체이다. 학부모와의 적극적인 협력과 소통을 통해 교사는 아이들을 충분히 이해하고 보다 나은 교육을 할 수 있다. 또한 학교에서 배운 내용을 가정에서 실천하고 심화시킨다는 점에서 학부모와 함께 가르친다는 관점으로 협력해야 한다. 학부모의 활동은 자발성과 역동성을 유지하며 진행되어야 한다. 특히 교사는 학부모와 수시로 변화하는 교육정책과 교육 관련 핵심 내용에 대한 정확한 정보를 나누고 교육 주체로 활동할 수 있도록 지원을 아끼지 말아야 한다.

다섯째, 학교와 지역사회의 협력 관계를 강화해야 한다.

학교는 더 이상 교사들만의 교육 활동 공간이 아니다. 오후에는 방과 후 활동, 수업 중 부진아 지도를 위한 도우미 역할로 많은 지역사회 활동가들이 학생들과 만나고 있다. 지역의 활동가들이 마을 도서관, 체험관, 역사 유적지 등을 관리하고 상시적인 소통 프로그램 등을 운영할 수 있도록 학교 차원에서도 적극적으로 모색하도록 한다. 현재도 물적·인적으로 상당히 교류를 많이 하고 있으나, 어느 정도의 교류와 논의가 적당한지에 대한 판단도 필요하다. 어떤 순간에도 놓쳐서는 안 되는 부분이 지역사회와 학교, 교사, 학부모 모두가 함께 공교육의 정상적인 운영을 위해 다양한 방식을 함께 논의하면서 진행하는 것이다. 자칫 활동 중심으로만 진행되어 아이들에게 무리가 가는 활동으로 변질되지 않도록 해야 한다. 학교 수업과 연계된 활동과 수준을 적극적으로 다루는 것이 어린이의 발달에 결정적인 영향을 준다는 연구결과가 최근 확인되기도 했다.

[참고문헌]

사토 마나부, 《수업이 바뀌면 학교가 바뀐다》, 손우정 옮김, 에듀케어, 2006

서근원, 《수업을 왜 하지?》, 우리교육, 2007

성열관, 《서울형혁신학교 초등 모형개발 보고서》, 초등교육과정연구모임, 2010

이혁규, 《수업 비평의 눈으로 말하다》, 우리교육, 2011

이혁규·이경화·이선경·정재찬·강성우·류태호·안금희·이경언, 《수업, 비평을 만나다》, 우리교육, 2007

진보교육연구소 비고츠키교육학실천연구모임, 《관계의 교육학 '비고츠키'》, 살림터, 2015

초등교육과정연구모임, 《전국참실대회자료집》, 2006~2011, 전국교직

원노동조합

초등교육과정연구모임,《교과서를 믿지 마라》, 바다출판사, 2010

초등교육과정연구모임,《행복한 혁신학교 만들기》, 살림터, 2011

초등교육과정연구모임,《초등 교육을 재구성하라》, 에듀니티, 2013

한국교육연구네트워크 총서기획팀,《핀란드 교육혁명》, 살림터, 2010

한대동 · 김대현 · 김정섭 · 안경식 · 유순화 · 주철안 · 손우정 · 전현곤,
《배움과 돌봄의 학교공동체》, 학지사, 2009

후쿠타 세이지,《핀란드 교실혁명》, 박재원 · 윤지은 옮김, 비아북,
2009

L. 비고츠키,《생각과 말》, 배희철 · 김용호 옮김, 살림터, 2011

성열관, 〈교육 위기와 학교 혁신의 전략〉,《창작과비평》, 2010, 가을호

진단평가에서 진단활동, 다시 교육 활동으로[1]

최혜영

1. 여기서 말하는 '진단활동'은 3월 초 하루 날을 잡아 치르는 기존의 '진단평가'에 대한 대안적 개념으로서의 진단 활동이다. 그러나 '진단'은 매시간, 모든 수업에서 수시로 일어난다. 그래서 결국은 '교육 활동'이 된다고 밝힌 것이다.

1. 왜 '진단활동'인가?

(1) '진단평가'에서 '진단활동'으로

진단활동에 대한 관심이 점점 높아지고 있다. 그런데 '진단'을 잘 하려고 진단활동을 하는 것은 아니다. 어떤 상황에 대해 진단한다고 했을 때 단편적이고 일회적인 방식의 진단은 위험하다. 특히 인간을 대상으로 하는 진단에서는 더욱 그러하다. 단편적이고 일회적인 방식은 정확한 진단을 불가능하게 할 뿐 아니라 그렇게 수집된 정보를 활용하는 과정에서 커다란 폐해가 생길 수 있기 때문에 참으로 위험하다. 이런 이유로 학교에서 이루어지는 진단을 위한 모든 활동은 총체적이고 종합적이며 지속적이어야 한다. 그래서 일회적인 지필시험으로는 곤란하다는 주장이 끊임없이 제기되는 것이다.

이러한 문제의식 속에서 '진단평가'는 이제 '진단활동'으로 불리게 되었다. 진단을 해야 하는 분야가 기존의 인지적 측면뿐 아니라 정서적·사회적인 면이나 신체적인 면 등으로 확장되면서 종합적이고 총체적으로 봐야 한다는 인식이 퍼졌다. 그러다 보니 한두 시간 동안 단답형 시험지를 풀게 하고, 그 결과만을 두고 학생을 총체적으로 진단했다고 감히 말할 수 없기에 다양한 활동을 하면서 종합적으로 진단하기 시작했다. 사실 평가의 원래 뜻이 인지적 영역에 대한 단순한 측정이 아니기 때문에 진단평가가 올곧은 의미로 진행된다면 굳이 진단활동이라고 바꾸어 부를 필요도 없지만, 이미 진단평가라는 말 자체가 심하게 왜곡되어 진행된 역사가 있기에 환기의 차원에서 진단활동이라는 표현으로 더욱 그 의미를 강조한 것이다.

그럼에도 현재 많은 학교에서 3월 초만 되면 관례적으로 실시하고 있는 '진단평가'는 진단을 통해 무엇을 하려는지가 빠져 있어서 더욱 큰 문제다. 진단을 통한 피드백이라는 교육 활동은 온데간데없고, 한 번의 지필시험을 통해 등급을 나누거나 소위 '부진아'를 판별하는 도구로 사용하고 있으니 말이다. 이렇게 3월부터 낙인이 찍힌 학생이 자존감을 잃지 않으며 학교생활을 하기란 쉬운 일이 아니다.

사실 진단의 과정 또한 배움이 일어나는 시간이다. 다시 말해 교육 활동 시간이라는 것이다. 이 기간 동안 교사는 오히려 서로 돕는 건강한 공동체를 만들고, 배움이 일어날 수 있는 환경과 조건을 만들어 주는 것에 관심을 가져야 하는 것이 아닐까? 그 과정에서 아이들의 지적, 정서적, 사회적, 신체적 발달에 대해 자연스럽게 알게 될 것이다. 국어나 수학 점수가 몇 점인지를 알기 위해 하는 것이 아니라 어떤 교실을 만들 것이냐에 더 관심을 가져야 한다는 뜻이다.

혁신학교인 서울강명초등학교는 이러한 문제의식을 바탕으로 개교하던 해인 2011년부터 진단평가를 진단활동으로 바꾸어 진행하였다. 그리고 이러한 노력은 이제 전국적인 양상으로 전개되고 있다. 그 과정을 살짝 들여다보며 왜 진단평가가 아닌 진단활동이어야 하는지를 한번 생각해 보자.

3월 초가 되면 어김없이 하고 있는 학교행사 중 하나가 바로 '진단평가'이다. 우리 반에 온 아이들의 상태가 어떠한지 진단을 정확히 해야 그에 맞는 교육 활동이 가능하기 때문에 하는 일이다. 그러나 여기에는 좀 이상한 점이 있다. 바로 국어와 수학(때로는 영어까지)을 중심으로 하여 하루에 시험지로 치른다는 사실이다. 어째서 진단을 해야 하는 영역이 그것뿐일까? 게다가 그 방법이 어째서 시험지로만 가능할까?

우리 학교의 고민은 거기서부터 시작되었다. 진단의 필요성에는 동의하지만 그 방식은 뭔가 이상하다는 사실. 그래서 다양한 영역을 충분한 시간을 가지며 억지스럽지 않게 생활 속에서 진단해 보자는 제안이 나왔고, 기존의 '진단평가'라는 말로는 담을 수 없는 그 정신을 '진단활동'이라 부르기로 했다. 그래서 3월 한 달을 진단 중심의 교육과정으로 편성하기로 했다. 물론 이 시기를 진단활동 기간으로 잡았다고 하더라도 진단과 그에 따른 피드백은 교육 활동에서 끊임없이 이루어져야 한다는 사실은 누구도 부정할 수 없을 것이다. 우리 또한 그것을 놓치지 말자고 하였다.

그런 고민에서 출발한 진단활동이기에 수업과는 다르게 독자적으로 운영할 필요가 없어졌다. 매 수업을 시작할 때마다 그 과목과 관련된 아이들의 인지적, 정서적 상황 등을 파악하는 활동을 집어넣었다. 국어 시간에는 교과서를 읽으며 읽기

능력을 점검하고, 글쓰기를 통해 쓰기 능력을 확인하면 됐다. 그리고 학급회의에서는 의사소통 능력이나 문제해결력 등을 볼 수 있었다. 수학은 영역별로 편차가 많기에 해당 단원이 나올 때마다 하는 것으로 하였다. 예를 들어 연산 영역에서 나눗셈이 잘 안 되는 아이들이 많으면 전년도 나눗셈 내용을 복습하며 수업을 운영하는 방식으로 재구성을 했다는 것이다. 체육 시간이나 놀이 시간을 통해 신체운동 기능이나 사회성 등을 볼 수 있었고, 교사가 특별히 더 알아보고 싶은 것들을 적절한 시간에 배치하여 활동하면 됐다.

그러다 보니 3월에는 교실마다 시끌벅적한 경우가 꽤 많았다. 얼핏 보면 '진도'를 빼지 않는 한가한 교실처럼 보이겠지만 실은 교사가 가장 분주한 기간이다. 서로 친해지기 위해 놀이를 하면서도 교사는 아이들이 어떤 상태인지 꼼꼼하게 관찰하고 학급의 철학을 세우기 위해 고심하는 시간이기 때문이다.

교육에서 진단의 과정은 매우 중요할 수밖에 없다. 정확한 진단 없이는 어디로, 얼마나, 어떻게 나아갈지를 결정할 수 없기 때문이다. 그렇게 중요한 진단을 단 몇 시간 동안 시험지로만 하고 있다면 그것은 교육적으로 의미 있는 활동이 아닌 서류를 갖추기 위한 형식적 행사에 불과할 뿐이다. 그리고 그렇게 편협하고 단편적인 결과만을 가지고 아이들을 이해했다고 말한다면 교사로서의 전문성은 이미 무너지는 것이다. 진단의 올바른 의미를 되새기며 우리는 진정한 '진단평가'가 되기를 바라는 마음으로 지금도 꾸준히 '진단활동'을 하고 있다.[2]

---

2. 〈진단평가를 진단활동으로〉, 《서울형혁신학교 강명초 4년의 기록》, 서울강명초등학교, 2013

(2) '진단활동'이란?

지금까지 이야기한 것을 바탕으로 진단활동이 무엇인지 한 번 더 짚어 보려고 한다. 먼저 가장 일반적인 개념으로서 진단활동은 교사가 교육 활동을 계획하기에 앞서 학생의 준비도를 파악하는 활동이다. 그러므로 지적 영역뿐 아니라 사회적, 정서적 행동 특성 등을 종합적으로 관찰해야 하는 것이다.

다음으로 학생이 학급이나 학교생활에 잘 적응할 수 있도록 돕는 활동이다. 저마다의 다른 상황과 조건이 있기에 아이들은 서로 다른 출발점에 서 있다. 출발점이 다양한 아이들이 차별받지 않도록 준비시켜 주는 과정이 되는 셈이다.

마지막으로 서로의 다양성에 대해 이해하며 서로 도움 주기와 같은 교사의 학급운영 원리를 안내하는 시간이기도 하다. 이는 그간의 진단활동 논의에서 상당히 간과된 부분이나 실제로는 가장 중요한 활동이라고 생각한다.

2. 진단활동에 대한 이해와 오해

(1) 특별한 프로그램을 새로 짜야 하는 것은 아니다

진단활동이라는 새로운 이름 때문에 뭔가 교과서 밖에서 색다른 프로그램을 짜야 할 것 같은 부담을 갖는 경우가 있는데 그것은 오해다. 3월에 아이들과 학급 세우기를 하면서 하게 되는 여러 가지 활동이나 각 교과별 내용을 공부하면서도 충분히 가능하다.

여기서 교육과정의 재구성이 필요해진다. 별도 프로그램을 마련하려면 추가적으로 노력도 들여야 할 뿐 아니라 시간적인 부담도 크다. 그래서 단원 순서를 바꾸는 식의 재구성을 통해 공식적인 교육과정으로 운영해야 한다. 그래야 부담 없이 진행할 수 있다.

예를 들어 읽기 능력을 알아보기 위해서라면 교사가 수업에서 활용할 텍스트를 읽어 보게 하면 된다. 국어 1단원에 나오는 텍스트를 읽게 하거나 교과 재구성을 통해 순서가 조정되어 맨 처음으로 배치된 단원의 텍스트를 읽어 보게 하면 된다. 교과서 밖의 자료로 수업을 하는 경우라면 그것을 읽으면 된다. 수업을 위해 돌아가며 읽는 동안 아이들의 읽기 실력을 단박에 알아차릴 수 있다.

쓰기 능력은 글쓰기(혹은 일기 쓰기)를 통해서 쉽게 알 수 있다. 받아쓰기와 같은 시험이 아니라 한 편의 글을 쓰게 하면 자연스럽게 맞춤법, 어휘력, 문장 구성력이나 글씨체 등을 종합적으로 볼 수 있다. 이때 쓰기 주제를 '우리 반의 첫인상', '가족 소개' 등과 같이 주면 자연스럽게 아이들과 가까워지는 기회도 만들 수 있다. 하나의 활동으로 여러 가지 목표를 동시에 얻는다는 장점이 있다.

또 학급 세우기에 필요한 규칙 만들기 등은 '학급회의'가 있는 단원을 3월 초로 배치해 운영하는 것이다. 그러면 말하기나 경청하는 능력 및 의사소통 능력 등을 자연스럽게 알아볼 수 있다.

수학의 경우는 '수와 연산' 같은 딱딱한 단원보다 '도형'이나 '측정' 영역 등을 앞으로 빼서 활동 중심으로 운영하며 조작 능력이나 정교성 등을 볼 수도 있다. 물론 수에 대한 개념이나 기초 연산 능력은 지필시험 형태로 확인하면 된다. 무조건 지필 방식이 나쁘다는 것이 아니다.

진단을 한 번에 끝내겠다는 생각을 버리면 아주 쉽다. 교육을 하는 매 순간이 진단의 시간이다. 다만 3월은 새로운 만남의 시기이기에 이 부분에 더 많은 관심과 정성을 쏟는 것뿐이다.

(2) 많은 것을 정확히 진단하려고 고생하지 마라!

3월에 진단해야 하는 것은 아이들과 1년간 함께 생활하는 데 필요한 대략적인 정보다. 기초학습 능력 중심의 진단활동이면 된다. 조금 더 자세히 말하면 학습에 기초가 되는 '읽기, 쓰기, 셈하기'(흔히 3R라고 부른다) 정도와 생활교육에 필요한 정보인 정서 상태나 사회성 등을 큼직하게 보면 된다.

사실 대부분의 교사는 아이들의 특성을 하나하나 자세하고 구체적으로 보는 것에도 서툴지만 실제로 그걸 다 확인한다 해도 그 정보들을 처리할 능력과 여유가 없다. 감당할 능력도 없으면서 많은 양의 정보를 얻으려 하는 것은 학생이나 교사 모두에게 좋지 않다.

같은 이유로 학습과 관련한 구체적 진단 또한 매 단원이나 주제가 시작될 때 하는 것이 가장 좋다. 그래야 학생에게 실질적인 도움을 줄 수 있는 수업계획을 세울 수 있기 때문이다. 전 학년도 성취기준을 모두 진단해야 한다면서 해 왔던 기존의 '진단평가'는 그래서 반대해야 하는 것이다. 그런 진단평가를 통해 교사들이 학생들에게 얼마나 피드백을 줄 수 있을까? 결국 남는 건 서열화를 조장하는 점수뿐이다.

새로운 기대로 새 학년을 시작하는 아이의 입장에서도 생각해 보자. 새 담임과의 첫 만남을 국어 60점, 수학 50점으로 하고 싶은 아이가 있을까? 부담으로 시작해 낙인으로 끝나 버리는 시간이라면 과감하게 버리는 것이 낫다.

(3) '활동'이라는 표현에 주눅 들 필요는 없다

'진단활동'이라는 표현 때문에 반드시 움직임이 있는 '활동'이어야 한다고 오해하는 경우도 있는데 그렇지 않다. 기존의 '진단평가'가 진정한 의미의 진단평가가 되지 못했기 때문에 인식의 환기를 위해 진단활동으로 표현한 것뿐이다. 그러므로 시험지 형태로 보는 선다형이나 단답형의 지필시험 모두 진단활동에 포함된다. 다만 선다형이나 단답형의 시험지로 교사가 알고 싶은 정보를 얼마나 정확히 알 수 있을까 하는 의문이 많기에 아무래도 지필시험 형태의 평가는 최소화하는 것이 올바른 방향이라는 것이다. 오히려 아이들이 직접 수행하고 활동하는 과정을 관찰하면서 얻게 되는 것이 훨씬 많기에 활동을 더 강조하는 것뿐이다.

여기서 주의해야 할 것이 하나 있다. 진단활동으로 진행하다 보면 모둠이나 학급 전체가 활동하는 경우가 많은데 얼핏 전체적으로 다 잘 하는 것처럼 보여서 학생 한 명 한 명을 잘 관찰하지 못하는 오류를 범하게 되기도 한다. 실제 일대일로 확인하는 과정을 거치다 보면 의외로 곳곳에서 교사의 관찰에 빈틈이 많았음을 알게 된다. 이렇게 개별적으로 봐야 하는 부분을 놓치지 않기 위해 개별 과제나 지필시험 형태의 활동을 다양하게 펼쳐야 한다는 것이다.

따로 시간 내기가 어려워, 점심시간을 이용해 '밥친구'라는 제도를 만들고 아이들과 일대일의 만남을 갖는 경우도 있다. 밥친구가 된 학생 곁에서 점심을 먹으며 이런저런 살아가는 이야기를 나누는 것이다. 꼭 아이의 사생활을 캐물을 필요도 없이 어떤 이야기든 편하게 나누면서 가까워질 수 있다. 그러면 정보는 덤으로 오게 된다. 우리는 정보를 캐내는 형사가 아니라 아이와 가까워지고 싶고, 또 아이를 돕고 싶은 교사이기 때문이다.

(4) 관찰도 공부하고 연습해야 한다

아이들을 관찰하는 눈도 경력이 쌓일수록 늘기 마련이다. 경력이 많은 선배 교사 중에는 아이의 걸음걸이나 호흡만 보고도 산만한 아이인지를 알아내곤 한다. 학생을 잘 관찰하기 위해서는 수업에 대한 연구 못지않은 공부와 교육적 훈련이 필요하다. 그러기 위해서는 수업이 아닌 놀이 시간이나 점심시간에도 아이들이 어떻게 노는지 섬세하게 바라봐야 한다. 또 성격 유형이나 기질론 등에 대한 공부도 해 두면 도움이 된다.

산만해 보이는 아이들 중에는 몸은 부산스러워도 집중력에는 문제가 없는 경우도 있고, 다른 사람과 부딪히며 갈등을 유발하는 방식의 산만함을 보이는 경우도 있다. 늘 뛰듯이 걷는 아이 중에는 발 전체로 땅을 짚으며 걷지 못하는 경우도 보인다. 자신의 걸음걸이에 대해 관찰한 바를 말해 주기만 했는데도 조금은 차분해지며 안정감을 갖는 아이도 있었다.

책이 좋아서 여유 시간만 나면 늘 책을 들고 있는 아이 중에는 친구와 관계 맺기에 어려움을 느끼는 아이도 더러 있다. 노는 시간마다 책을 들여다보는 아이들은 주로 판타지류의 책에 관심을 많이 보인다. 어쩌면 현실세계에서의 욕구불만을 그렇게 해소하고 있는지도 모르겠다. 이런 아이에게는 여럿이 있을 때보다는 조용히 다가가서 일대일로 이야기를 나눠 주는 것이 좋았다.

관심 있게 자주 볼수록 잘 보인다. 공부 시간에는 너무나 조용해 소심해 보이기까지 해서 걱정스러웠던 아이가 쉬는 시간 친구들과 재잘거리며 수다를 떠는 모습을 보면서 '저 아이가 저렇게 수다스러웠나?' 하고 놀라기까지 한다. 그래서 쉬는 시간에도 교사는 컴퓨터 대신 아이들을 봐야 하는 것이다. 쉬는 시간은 아이들의 다양한 모습을 여러 각도에서 볼 수 있는 귀중한 시간이다. 그렇게 알게 된 정보를 가지고 교사는 아이들에게 다르게 다가가야 한다. 그게 전문성이다.

(5) 진단 자체에만 목숨 걸지 마라!

교사는 진단의 가장 중요한 목표를 무엇으로 할 것인가를 정할 필요가 있다. 앞서도 말했듯 진단은 크게 보면 교육 활동에 속한다. 그러므로 진단 자체가 목표일 수는 없다. 정확하게 측정하려는 진단 자체에만 관심을 갖게 되면 그것은 서열화로 연결될 뿐이다. 더욱이 객관적인 자료를 토대로 부진아를 판별하고 낙인찍느라 바쁘다. 다양성과 개성에 대해 입으로는 떠들어 왔지만 이 과정을 통해 오히려 학생을 제대로 볼 수 없도록 하는 편견의 눈이 만들어진다.

진단의 과정을 통해 교사는 자신이 무엇을 해야 하는지 밝혀야 한다. 더 많은 관심과 돌봄이 필요한 아이를 살핀 후엔 교사로서 도울 일을 찾아야 한다. 그것을 피드백이라고도 말할 수 있고, 도움 주기라고 말할 수도 있겠다. 어느 것이든 상관없다. 다만 놓치지 말아야 할 것은, 평가의 원래 취지가 그렇듯 진단을 잘 하려고 진단활동을 하는 것은 아니라는 점이다.

진단을 통해 교사인 나는 무엇을 할 것인가? 더 많은 도움이 필요한 학생에게 어떤 식의 도움을 줄 것인가? 이런 특성을 보여 주는 우리 반 친구들과 앞으로 학급살이를 어떻게 해 나갈 것인가? 등을 결정해야 한다. 오히려 무엇을 하려고 진단을 하고 있는가를 분명히 하면 제대로 된 진단이 가능해진다.

(6) 관계 맺기를 사소하게 보면 다친다

정확하게 진단하겠다는 강력한 의지는 정작 중요한 것을 놓치게도 하는데 그것이 바로 관계 맺기다. 학생과 학생, 교사와 학생의 관계 맺기는 교육 활동의 큰 전제가 되는데 이것을 소홀히 여기면 큰 코 다친다. 수업 준비를 아무리 열심히 하고 화려한 수업 기술을 자랑하는 교사라도 아이들과의 관계가 틀어지면 행복한 교실을 만들기 어렵다. 그런 교실에서 배움이 일어날 리도 만무하다.

읽기, 쓰기, 셈하기 능력이 어느 정도인지를 알아보는 것도 중요하지만 아이들의 정서 상태나 자존감, 사회성 등을 알아보고 어떻게 도울 것인지를 고민하는 일이 무엇보다도 중요하다.

교사가 생각하는 정상분포 곡선 안에 들어오지 않는 소수는 3월 진단활동 기간 가장 많은 관심과 애정을 기울여야 하는 아이들이다. 물론 그 아이들이 가진 결핍이나 문제를 교사가 다 해결할 수는 없다. 그러나 아이가 마음을 열어 보고 싶다는 생각이 들만큼 교사의 노력은 분명히 있어야 한다. 노력한 만큼 성공할 확률이 높지 않더라도 적어도 아이가 편견으로 가득 찬 교사와 대면하는 끔찍한 만남만은 피할 수 있게 해야 하는 것은 아닐까?

3월 진단활동 기간을 통해 아이들은 '우리 교실은 앞으로 내가 살아가기에 안전하구나!' 하는 느낌을 받아야 한다. 그래서 '이번 엔 뭔가 잘해 보고 싶다'는 마음이 들어야 한다. 이러한 신뢰를 쌓기 위해 교사는 진단활동 기간을 따로 두면서까지 애써야 하는 것이다.

3. 학년군별 진단활동

이제 실제로 3월에 진행되는 진단활동에 대한 이야기를 해 보자. 진단활동 계획과 결과 활용에 관한 내용, 학년군별 진단활동 예시 및 기록에 관한 내용 등을 실제 사례를 들어 소개하려고 한다.

(1) 진단활동 계획[3]

〈표1〉은 2015학년도 서울강명초등학교 2학년의 진단활동 계획

---

3. 서울강명초등학교 2015학년도 2학년 진단활동 계획서 참고

이다. 3개 영역으로 구분해 진단의 요소에 따라 주요 활동을 결정하고, 그 결과를 보고 교사가 어떻게 도움을 주면 좋을지 등이 들어 있다.

계획에서 두드러진 특징은 보통 영역을 구분할 때 인지적 영역으로부터 시작되지만, 이 학교의 경우 그것을 가장 아래쪽에 배치해 기존의 과잉된 인지 중심 진단을 피해 보려고 노력한 흔적이 보인다.

크게 3개 영역으로 구분한 후 각각의 영역을 다시 소영역으로 구분했는데, 큰 영역으로만 기술했을 경우 구체적으로 무엇을 관찰해야 하는지 알 수 없기 때문에 이렇게 잘게 쪼갠 소영역을 만들었다고 한다. 동학년 협의회를 통해 소영역과 진단 요소를 구분하는 과정을 거치면서 담임들은 3월에 아이들의 어떤 부분을 관찰해야 하는지 분명해져 도움이 많이 되었다고 한다. 목표가 분명해지니 활동을 고민하거나 피드백을 할 때도 적절한 방식을 찾는 데 큰 어려움이 없었다고 한다.

<표1> 2015학년도 서울강명초등학교 2학년 진단활동 계획

영역		진단 요소	주요 활동
정서·사회성	집중력	과제 몰입도, 선택적 주의 집중, 기억력, 안정감 등	-인사(악수하며 눈 마주 치기, 안기, 신체 인사 등) -친구들과의 놀이 -아침 열기 활동 -감정 알아차리기 및 상황에 맞는 말하기
	사회성	친구들과의 어울림, 관계 맺기, 자기 표현 방식 등	
	의사소통	자기 표현, 타인 이해, 다양성 존중, 맥락 이해, 협력성 등	
	자존감	자신에 대한 믿음, 자신감, 의욕, 자기 이해, 개방성, 수용성 등	
신체·감각	신체·감각	바로 서기, 움직임 및 조절력, 균형감, 모방 능력, 방향감, 리듬감, 대근육 및 소근육 발달 등	-바로 서기 -몸으로 박자 맞춰 자기 소개 -동작 따라 하기 -콩주머니 놀이 및 공동체 놀이
인지	듣·말	집중하여 듣기, 반응해 주기, 시선 맞추기, 발음과 성량 등	-이름 쓰기 -이야기 듣기 -자기 소개(말, 글) -말놀이 -돌아가며 읽기 -선 그리기 -숫자 스무고개 및 숫자 빙고 -수와 연산(지필)
	읽기	문자 해득, 유창성, 독해력, 발음과 성량 등	
	쓰기	문자 해득, 연필 사용과 손의 힘, 자형, 문장 완성도, 호감도 등	
	수학	수 개념, 기초 연산, 공간감 및 협응, 호감도 등	

※ 각 학급에서 선택적으로 활용
※ 학생기초조사자료(가정환경 조사서) 참고

진단활동만 하고 끝내는 것이 아니라 끊임없는 피드백이 이어져야 한다. 놀이 시간에 교사가 같이 놀면서 사회성 발달을 도와준다던지, 수업 시간에 공동체 놀이 등을 알려 주는 것도 좋은 방법이다. 진단활동 이후의 활동이 중요하기 때문에 진단활동을 하

는 것임을 이 학교는 분명히 알고 있는 것이다. 아래 진단 결과
활용 계획서를 통해 이러한 점을 확인할 수 있다.

〈표2〉 2015학년도 서울강명초등학교 2학년 진단 결과 활용 계획서

영 역	진단 결과 활용
정서 및 사회성 발달	●관계 맺기 프로그램을 진행하여 아이들의 사회성 발달을 돕는다. ●대화법 등 교실에서 교사가 실천할 수 있는 다양한 방법을 활용한다. ●교사가 노는 시간에 함께 참여하며 관계 형성을 돕는다.
신체 및 감각 발달	●다양한 놀이 및 신체활동을 통해 협응력과 몸의 리듬감을 길러 준다. ●조절력 및 소근육 운동을 할 수 있는 활동을 다양하게 진행한다. ●교사가 노는 시간에 함께 참여하며 신체 및 감각 발달을 돕는다.
인지 발달	●기초학습 능력을 증진할 수 있는 활동을 꾸준히 진행한다. ●단원이나 주제 학습 전 보충형 준비 학습을 미리 진행한다. ●배움이 느린 아이(학습부진아)는 전담 강사와 협력하며 도움을 준다. ●모든 활동에 국어 수업을 한다는 생각으로 운영하여 문자 해득력을 높인다.

(2) 학년군별 진단활동 사례[4]

서울시 교육청 초등교육과에서는 지난 2015년에 진단활동 자
료를 개발하여 각 학교에 보급했다. 그 자료를 참고해 학년군별
진단활동 방법을 몇 가지 소개하려고 한다.

---

4. 서울시 교육청 초등교육과 부서 업무방의 《2015 초등 진단활동 자료집》 참고

〈표3〉 저학년 진단활동 사례

신체 · 감각 발달 진단활동 - 균형 잡기

왜 할까요?	교실에서 자기중심적이거나 다툼이 잦은 학생, 행동이 둔해 놀림의 대상이 되는 학생, 함께 어울려 놀지 못하는 학생들은 정서적으로 문제가 있는 것으로 보인다. 그러나 1학년 학생들은 아직 신체 감각이 발달하지 않은 것이 주요 원인인 경우가 많다. 좌우 구별, 걸음걸이, 소근육 활동 등을 살펴 신경계와 감각 통합의 발달을 도와주면 원인이 해소되어 신체적으로도 건강하고 정서적으로 안정된 성장을 할 수 있다.
어떻게 할까요?	1) 좌우 구별하기: 신발 갈아 신을 때, 글자를 쓸 때 등을 관찰 2) 걷는 모양 관찰하기: 교실, 체육관, 운동장에서 선(직선, 곡선) 따라 걷기 3) 균형 감각 관찰: 모래놀이터 가장자리 블록(타이어) 위나, 낮은 평균대 위를 걷는 활동을 하면서 균형감을 관찰, 중심을 잡고 균형 있게 몸을 움직이는지 관찰
이렇게 활용해요	몸의 균형을 잡는 것은 시지각과 전정기관, 운동신경 등의 통합을 볼 수 있다. 이는 문자를 익히거나 숫자 공부를 하는 조직적 뇌 활동의 기초가 된다. 1학년 학생들의 감각 통합 활동은 발달 정도를 파악하여 '학습 준비도'를 알아봄과 동시에 이런 활동을 많이 함으로써 발달을 도울 수 있다.

〈표4〉 중학년 진단활동 사례

중학년 인지 발달 진단활동 - 생활 약속 정하기

왜 할까요?	국어, 사회, 도덕 등의 교과 내용과 관련하여 학급에 필요한 생활 약속을 만드는 활동이다. 자신의 생각이나 욕구가 다양하게 표출되는 과정에서 서로 의견을 조율하며 회의에 참여하고 타협해 가는 과정이 성장의 과정이다. 모든 학습에 기본이 되는 말하기와 경청하기 및 집중력은 물론, 판단력, 조정 능력 등의 의사소통 능력과 가치관 등을 확인해 볼 수 있다.
어떻게 할까요?	1) 모두가 평화롭고 행복하게 한 해를 지내기 위해서는 약간의 약속이 필요하다는 점을 공유한다. 2) 각자 생각한 것을 칠판에 적거나 발표한다. 이때 모두가 당당하게 말할 수 있도록 하는 허용적인 분위기 조성이 중요하다. 3) 쉽게 합의가 되는 것은 만장일치 형태로 통과시키고, 이견이 있는 것은 차분하게 토론하는 시간을 갖는다. 4) 무조건 다수결로 하기보다 가능한 합의 형태를 취하도록 하며 결론보다는 협의의 과정이 더욱 중요하다는 점을 잊지 않아야 한다. 5) 결정된 사항은 기록으로 남기며 언제라도 수정이 가능하도록 열어 둔다. 6) 구성원이 많을 경우 모둠별로 초벌 토의를 마친 후 전체 회의 형태로 진행할 수도 있다.

이렇게 활용해요	다른 사람의 말을 경청하는지, 주제에 맞는 대화를 나누는지 등을 관찰한다. 자신의 의견을 적극적으로 자주 표현하는지, 주로 듣는 편인지, 무관심한지 등도 관찰한다. 참여도가 떨어지면 다 함께 의견을 표시할 수 있는 상황을 만들어 참여도를 높이는 것도 도움이 된다. 간혹 회의 자체에 무관심하거나 방해 행동을 하는 경우가 있는데, 회의 결과가 본인의 실생활에 밀접하게 연결된다는 것을 깨닫게 되면 태도는 달라지기 마련이다. 함께 정한 약속이 의미 있으려면 실천으로까지 잘 연결되어야 한다. 그래서 교사는 귀찮고 힘들더라도 꼼꼼하게 챙길 필요가 있다. 회의만 하고 실현은 되지 않는다면 회의는 무의미해지기 때문이다.

〈표5〉 고학년 진단활동 사례

\<고학년 정서 발달 진단활동 - 내 마음의 방\>	
왜 할까요?	자신의 마음속에 어떤 생각들이 있는지 스스로를 되돌아보기 위한 활동이다.
어떻게 할까요?	1) 아래의 예시처럼 내 마음(머릿속)의 수많은 방들을 표현한다. 2) 좋아하는 것, 싫어하는 것, 예쁜 것, 미운 것 등을 생각하면서 꾸며 본다. 3) 교사는 가능한 개입하는 말을 줄이고 학생들이 자유롭게 자기 표현을 할 수 있도록 허용한다. 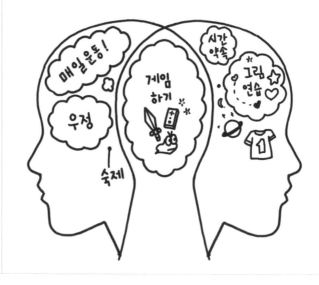

이렇게 활용해요	자신을 과감하게 드러내는 자신감이 있는지, 아니면 자신을 보여 주는 것을 꺼 려하는지를 볼 수 있다. 또 자신이 무엇을 좋아하고 싫어하는지를 들여다본 적 이 있는지 등도 알 수가 있다. 만약 학생이 현재 갖고 있는 문제나 불안 등을 표현했다면 이후 상담 활동 등을 통해 해소할 수 있도록 도와준다.

(3) 진단활동 기록

　진단한 내용을 모두 자세히 기록할 필요는 없다. 그러다 보면 업무 가중으로 오히려 진단활동을 기피하게 되는 부작용이 생길 수 있다. 아이들에게 어떤 도움이 필요한지 알기 위해 진행하는 진단활동이므로 도움 주기를 효율적으로 할 수 있게 기록해 두면 된다. 특별한 정답이 있는 것도 아니고, 추천할 만한 최고의 방법이 있는 것도 아니다. 또 교사 혼자만 보는 기록부이기 때문에 형식을 잘 갖추거나 완성도 높게 표현할 필요도 없다.

　다음은 진단활동을 하면서 학생의 특성을 기록한 몇 가지 기록부 양식이다. 이러한 예시 자료를 보면서 자신의 철학과 적성을 고려해 나름의 좋은 방법을 찾아가는 것이 교사가 할 일이라는 생각이 든다.

〈표6〉 특별한 형식 없이 자유롭게 기록한 경우

번호	이름	특기사항
1	★★★	아토피. 우유x. 발표 활발
2	○○○	독서. 과묵
3	△△△	3rs 어려움. 민첩. 놀이 주도

〈표7〉 영역별로 기록한 경우

번호	이름	특기사항(있는 경우만 표시함)
	(정서·사회성 영역) 자존감, 정서 상태, 식습관, 자기 표현력, 의사소통능력, 친교성, 적극성 등	
1	★★★	
2	○○○	눈 마주침 어려워함. 스킨십 기피
3	△△△	

〈표8〉 전체 영역을 체크리스트 형태로 기록한 경우

	영역		관찰의 관점
진단 활동	듣·말	①	집중하여 듣기, 반응해 주기, 시선 맞추기, 발음과 성량 등
	읽기	②	문자 해득, 유창성, 독해력, 발음과 성량 등
	쓰기	③	문자 해득, 연필 사용과 손의 힘, 자형, 문장 완성도와 길이, 호감도 등
	수학	④	수 개념, 기초 연산, 수학적 사고력, 호감도 등
	집중력	⑤	과제를 끝까지 끌고 나가는 정도, 선택적 주의 집중, 안정감 등
	사회성	⑥	친구들과의 어울림, 관계 맺기, 자기 표현 방식 등
	의사소통	⑦	자기 표현, 타인 이해, 다양성 존중, 맥락 이해, 협력성 등
	신체	⑧	바로 서기, 움직임 및 조절력, 균형감, 리듬감, 소근육 사용 등

번호	이름	①	②	③	④	⑤	⑥	⑦	⑧	비고
1	★★★	◎			◎	◎				
2	○○○	◎					◎	◎		
3	△△△	v			◎		v	v	v	다툼이 잦음. 연산 기능 탁월

4. 진단을 통한 교육과정 재구성 사례

지금까지는 진단활동에 다소 국한하여 설명하였다면 이번에는 진단을 통해 교육과정이 어떻게 재구성되는지에 대해 이야기해 보려고 한다. 저·중·고학년의 사례를 통해 교육과정 재구성에서 진단이 왜 중요한지를 생각하는 계기가 되었으면 한다.

(1) 저학년 교육과정 재구성: '친척'에 관심 갖기

교사들이 모여 2학년의 통합 교과 주제 중 하나인 '친척' 부분을 어떻게 가르칠 것인지 의논했다. 요즘 아이들은 책을 워낙 많이 읽어서 모르는 게 없다며, 선행을 통해 그 어렵다는 가계도 파악도 이미 할 줄 아는 아이들이 많을 것이라는 가정으로 수업 계획을 짰다. 아이들이 친척에 대해 관심도 많고 기본 정보도 많을 줄 알고, 무언가를 새롭게 배우기보다는 친척을 만나 함께할 수 있는 활동을 집어넣거나 가계도 그려 보기 등을 주요 활동으로 잡았던 것이다.

그러나 막상 한두 번의 수업을 마치고 우리의 가정이 틀렸다는 것은 금세 확인하게 됐다. 아이들은 친척에 대해 관심도 없고 잘 알지도 못했다. 요즘 같은 핵가족 시대에, 대도시에서 살고 있는 아이들은 친척과 왕래하는 일이 예전 같지 않으니 당연한 현상인 셈이다. 교사들이 본인의 경험과 처지에서 생각하고 오류를 범한 것이다.

그런 분석이 있고 나서 교사들은 수업의 방향을 확 바꿨다. '친척에 대해 긍정적인 관심 갖기'로 주제를 전환한 것이다. 아이들이 이 주제를 배우는 동안 '아, 친척이 있어서 좋구나!' 하는 감정을 가졌으면 좋겠다는 것으로 목표 자체가 소박해졌다.[5] 그러다 보니 수업의 대부분은 친척과 함께했던 다양한 에피소드 나누기 중심으로 진행되었다. 우리 반 아이들은 다양한 친척 이야기 나누기에서 친척 중 가장 나이가 많거나 적은 친척을 찾아보는 활동을 했다. 90세가 넘은 고조할머니가 있는 아이가 있었고, 이모의 뱃속에서 아직 태어나지 않은 이종사촌 동생이 있는 경우가 나왔다. 또 가장 멀리 사는 친척, 유명인 친척, 독특한 직업을 가진 친척, 도움을 받았던 친척 등을 소재로 삼아 매 시간 이야기를 나누었다. 이 과정에서 아이들은 서서히 친척에 대해 관심을 보이기 시작했고, 친척을 부르는 호칭에 대해 처음으로 정확히 알게 되었다며 재미있어 하기도 했다.

처음에는 교사들의 정확하지 않은 진단에 기반해 재구성이 이루어졌지만, 이후 수정된 진단을 통해 수업이 변해 갔다. 아이들의 배경지식이나 관심과는 상관없는 어렵고 지루한 수업이 될 뻔했던 계획이었지만 수업 중 수정된 진단을 통해 계획을 바꿔 나

---

5. 2015학년도 서울강명초등학교 2학년 수업 재구성 자료 중. '이 수업을 통해 친척을 보는 관점을 가질 기회를 갖도록 한다. 여기서 다루는 친척은 나와 직접적으로 관계를 맺고 있는 좁은 의미의 친척으로 한정한다. 가족과 조금 넓은 의미에서의 가족인 친척에 대한 긍정적인 관심, 흥미, 좋은 감정을 기를 수 있게 한다. 따라서 '나'와 '친척'에 대한 다양한 이야기를 중심으로 활동이 이루어지는 것이 바람직할 것 같다.'

갔고, 그것이 아이들에게는 친척에 대한 관심과 좋은 정서를 갖게 하는 데 도움이 되었다. 이렇듯 진단은 결코 한 번에 단순하게 끝낼 일이 아니다. 그리고 진단의 목표는 아이들의 성장과 발달에 초점을 맞추고 있어야 한다.

(2) 중학년 교육과정 재구성: '우리에겐 촉촉한 감성이 필요해'

외동에다 어릴 적부터 언어적인 의사소통을 주로 하며 자란 아이들이 많았던 4학년 교실에서 있었던 일이다. 충분한 스킨십과 애정 표현이 있어야 할 나이에 혼자 책을 읽고, 또래가 아닌 어른들과 지적인 대화를 주고받으며 자란 아이들 중에서도 특히 부모로부터 감정의 수용을 경험하지 못했던 아이는 다른 사람의 마음을 공감하기가 어렵다. 그 해에는 하필 그런 아이들이 교실에 참 많았다. 그러다 보니 사소한 일도 큰 갈등으로 불거지고 다른 사람을 배려하거나 봐 주는 일 따위는 기대하기 힘들었다. 무슨 문제라도 생기면 마치 저학년 교실처럼 각자 자신의 억울한 사연을 소리 높여 얘기하느라 바빴다.

처음에는 학급회의를 통해 문제를 풀어 가려는 노력을 많이 했다. 물론 약간은 효과가 있었지만 아이들의 마음을 크게 움직이지는 못했다. 입과 머리로 하는 일에는 닳고 닳은 아이들인지라 합리적인 결론에는 도달할 줄 알았으나 그것이 실천으로 연결되지는 않았던 것이다. 즉 몸이 움직이지 않았던 것이다.

그래서 생각한 것이 문학과 예술이었다. 3학년 때 배웠던 리코더를 4학년 때도 꾸준히 불어 보면 좋을 것 같아 아침은 리코더로 열었다. 마음이 따뜻해지는 노래도 많이 찾아 부르고, 수업에서 몸을 만지는 활동을 늘렸다. 어떤 교과 주제를 다룰 때는 항상 관련 있는 음악이나 책을 소개하면서 감성에 호소하는 전략을 택했다.

그게 이유였다고 단언하기는 어렵지만 아이들의 다툼이 점점 줄었고, 교실 분위기는 훨씬 온화해졌다. 어쩌면 갈등 자체를 '악'으로 보던 교사의 태도 변화와 입으로만 가르치려 들던 교수법에 대한 반성 때문에 가능해진 일인지도 모르겠다. 아무튼 그렇게나 목청 높여 싸워 대던 아이들은 알콩달콩 뭔가를 해내며 많은 추억을 만들고 4학년을 무사히 마쳤다.

적절하지 않은 진단은 잘못된 처방을 낳고 그것은 누군가에게 잊히지 않는 상처를 만들기도 한다. 아이들에게 끊임없이 입으로, 머리로만 상대를 이해하라고 가르쳤다면 어땠을까 생각해 본다. 변함이 없는 아이들에게 실망하며 결국 주워 담지 못할 말들을 퍼부어 댔을 것이고, 그건 고스란히 교사와 학생 모두에게 상처로 남았을 것이다. 천만다행하게도 내 곁에는 좋은 선배들이 있어 그 상황에서 적절한 조언을 받을 수 있었고, 그 덕에 나와 아이들 모두 긍정적인 발달을 경험했던 것 같다.

(3) 고학년 교육과정 재구성: 키워드를 '나'로 잡다

새 학년이 시작되기 직전인 2월에 처음 만난 6학년 교사들은, 수년간 산만하고 폭력적이라는 꼬리표를 달고 왔던 6학년 아이들에게 가장 필요한 것이 무엇일지 얘기를 나눴다. 그리고 '나' 자신을 바로 알고, '나'를 온전히 세우고, '나'를 넘어서 남과 함께 살 수 있는 아이들로 키우자는 데 생각을 모았다. 사춘기 시기의 아이들에게 '나'라는 주제만큼 꼭 필요한 주제도 없지만 무엇보다 심성이 부드러워지기를 기대했던 것이다. 〈표9〉는 그렇게 해서 만들어진 연간 교육과정 계획서다.

이 가운데 '나를 찾아 떠나는 여행 I'은 3월 초 문학 집중 수업이었다. 6학년 교육과정 재구성의 핵심 키워드가 '나'이다 보니, 나를 알아 가기 위해서는 먼저 자신을 차분하게 들여다보는(성찰하는 나) 일부터 시작해야 한다고 판단했다. 그래서 3월에는 문학을 통해 '나를 찾아 떠나는 여행'으로 잡아 보았다. 많은 시수를 확보하기 위해 1학기와 2학기 교과서 내용을 묶어 1년 치 성취기준을 3월에 집중 배치했다.

수업 운영은 교육과정 성취기준에 어울리는 활동을 먼저 진행한 후, 마지막에는 항상 '나'로 수렴될 수 있는 질문을 하는 것으로 계획했다. 텍스트 선정은 요즘 6학년 아이들이 공감할 만한 내용이면서 '나'에 관한 이야기를 진술하게 해 볼 수 있는 작품들로 선정했다. 〈표10〉은 문학 수업을 하면서 마지막에 던졌던 질문들이다.

〈표9〉 진단활동에 기초한 고학년 교육과정 재구성 사례

주제		내용
성찰하는 나 · 더불어 함께 살아가는 나 · 도전하는 나	우리들은 6학년	· 3월 초 진단활동과 친교 및 적응 활동 · 국어 · 도덕 · 체육 · 음악 · 창체 통합 활동 · 경청, 화법, 의사소통, 평화적 갈등 해결, 공동체 놀이 등
	나를 찾아 떠나는 여행 I	· 국어(문학) 중심의 국어 · 도덕 · 사회 통합 활동 · 나의 모습을 있는 그대로 이해하고 받아들이기, 자존감 등
	나를 찾아 떠나는 여행 II	· 사회과 중심의 국어 · 도덕 · 사회 통합 활동 · 다른 것과의 관계 속에서 나의 자리와 위치 확인하기: 세계 속의 우리나라, 한국어의 특성 등
	손을 내밀다	· 어울려 사는 삶을 배우는 국어 · 도덕 · 사회 · 실과 통합 활동 · 야영 준비 및 진행, 배려와 봉사, 함께 잘 사는 경제 등
	세상을 향해	· 국어 · 도덕 · 사회 통합의 환경 캠페인 활동으로 사회 참여 수업 · 환경 문제에 관심 갖고 주장 펼치기 및 실천 활동
	다양한 세상	· 세계 여러 나라를 둘러보는 국어 · 도덕 · 사회 · 실과 통합 활동 · 세계 여러 나라 조사, 전시회, 음식 축제, 다양성 이해 등
	함께 사는 우리	· 민주주의와 인권을 배우는 국어 · 도덕 · 사회 통합 활동 · 일상생활에서 배우는 정치와 민주주의, 인권 지킴이 활동 등 · 통일 문제 등
	평화를 꿈꿔요	· 세계 시민이 되기 위한 국어 · 도덕 · 사회 통합 활동 · 평화로운 세상을 꿈꾸며 우리가 할 수 있는 일
	아름다운 마무리	· 전 교과를 통합한 1~2월 교육과정 · 아름다운 마무리의 일환으로 '졸업식'을 준비하는 활동 · 6학년 학생들이 주인이 되는 졸업식을 기획

<표10> 문학 수업(나를 찾아 떠나는 여행Ⅰ)에서 나온 질문들

텍스트	질문
손님 (유은실)	• 내가 너무나 만나고 싶은 손님은 누구(무엇)인가요? • 절대로 만나고 싶지 않은 손님이 있다면 누구(무엇)인가요?
멀쩡한 이유정 (유은실)	• 주인공인 이유정과 비슷한 경험을 한 적이 있나요? • '멀쩡한 ○○○(자기 이름 넣기)'이라는 제목으로 남들은 잘 알지 못하는 나만의 비밀스러운 단점(약점)을 써 봅시다.
좋은 엄마 학원 (김녹두)	• 주인공인 다정이와 비슷한 경험을 한 적이 있나요? • 가족 중에서 '좋은 ○○학원'에 보내고 싶은 가족이 있다면 누구인가요? • '내 얘기를 들어 줘'라는 제목으로 가족에게 하소연하고 싶은 이야기를 적어 크게 읽어(외쳐) 봅시다.
청소녀 백과사전 (김옥)	• 등장인물들 중에서 나와 가장 가까운 사람은 누구인가요? • 나의 이상형은? • 나를 비유적으로 표현한다면 어떻게 표현할 수 있을까요?
소나기 (황순원)	• 나의 첫사랑을 소개합니다. • 내 마음을 두드렸던 내 인생 최고의 문학 작품은 무엇인가 요?

　사춘기 아이들에게 작품 속 캐릭터를 보며 자신을 들여다보는
시간은 의미가 컸다. 그리고 각자의 어려움을 나누며 카타르시스
는 물론 서로를 위로하는 시간을 가지며 자연스럽게 상대를 이해
하고 가까워지는 계기가 되었다.

　이어서 진행한 '나를 찾아 떠나는 여행Ⅱ'는 지리 수업이었는
데, 다른 것과 비교하면서 '나'의 특성이 만들어진다는 사실을 지
리적 내용을 통해 배우는 시간이었다. 사람의 정체성은 다른 것
과 비교하면서 도드라져 보이게 된다. 그래서 다양성은 존중해야
하고, 다양성을 통해 내가 어떤 사람인지를 알 수 있게 된다는 것

을 끊임없이 확인했다.

많은 우려 속에서 최고 학년이 된 그 해 6학년 아이들은 주변의 '예상'을 깨고 아무 탈 없이 졸업을 했다. 졸업식장에서 교사와 학생들이 부둥켜안고 엉엉 울던 장면은 아직도 기억에 생생하다.

적절한 진단과 그에 맞는 활동 계획(교육과정 재구성)을 통해 아이들은 마음을 열고 자신을 차분히 들여다보는 시간을 가졌다. 그러면서 자연스럽게 남을 이해하게 되었고, 갈등을 건강하게 처리하는 힘도 생긴 것 같았다.

통지는 어떻게 할까?

최혜영

1) 통지 방법

흔히 통지라고 하면 문서로 받는 통지표를 떠올리게 된다. 그러나 통지 방식은 그게 전부가 아니다. 아래의 예에서 볼 수 있듯이 상담은 아주 중요한 통지 방법 중 하나다. 특히 아이의 성장과 발달을 돕는 평가라는 관점에서 더욱 그러하다. 아래의 예는 2016년 서울위례별초등학교 학교설명회 자료 중 일부다. 이 학교는 통지표 배부와 상담 형태의 통지를 병행하는 방식을 취했다.

상담형 통지		통지표 배부	
봄	가을	여름	겨울
• 문서로는 하기 힘든 다양한 이야기 주고받기 • 학교에 대한 요구를 자연스럽게 표현하는 장 • 봄 학기: 부모님의 이야기 듣기 중심 • 가을 학기: 교사의 관찰 내용 중심		• 관찰한 사실이나 특성을 그대로 기술 • 결과보다는 변화 과정을 중심으로 기술 • 교과 및 사회성, 협력성 등을 고루 기술 • 학부모의 도움이나 요구 사항 등도 기록	
※ 1학년은 여름 학기에 상담형으로 진행			

2) 통지표 양식

문서 형식의 통지표로 가정에 통지를 하는 경우 점수나 단계 등을 체크하여 보내는 방식도 있으나, 서열화를 지양하고 아이의 발달을 지원한다는 측면에서 기술식 통지를 하는 것이 좋겠다. 보통 NEIS 시스템을 활용하는 경우가 대부분이겠지만 더 바람직한 통지를 고민하는 학교들도 많다. 다음은 내가 2014년에 6학년 담임을 하면서 내보낸 통지표 양식이다. 앞부분에는 교육 과정의 성취기준이나 학년에서 재구성하며 중점적으로 수업한 내용, 학생의 발달 상황 등을 전체적으로 담았다. 단순히 교육과 정을 안내하는 것을 넘어 학교의 교육활동이 어디에 목적을 두고 이루어졌는지 등을 알릴 수 있다. 그리고 아이 한 명 한 명의 특성은 마지막 부분에 구체적으로 적어 주는 방식을 취했다.

나의 학교생활 이야기

서울강명초등학교   6학년   ○반   ○번   이름 ○○○

과목	배움 활동 내용
국어	• 문학 집중 수업을 통하여 작품의 갈래적 특성과 비유적 표현 및 인물 간의 갈등을 이해하고 서로 감상을 나누어 보았습니다. • 다양한 매체에서 조사한 내용을 정리하여 요약하는 글을 써 보았습니다. • 관점이나 의도가 명확하게 드러난 글을 읽고, 글쓴이의 주장과 근거의 타당성과 적절성을 파악해 보았습니다. • 관람 예절을 지키며 연극 관람을 하였습니다.
사회 도덕	• 우리나라의 자연적 특성과 인문적 특성을 이해하고 정리해 보았습니다. • 경제 관련 자료를 수집하여 이를 분석하고 그 의미를 파악해 보았습니다. • 학급 구성원으로서 책임 있는 행동의 의미를 알고 이를 실천하려 노력하였습니다. • 배려의 중요성을 알고 생활 속에서 실천하려 노력했습니다.
수학	• 각기둥과 각뿔의 구성 요소와 성질을 알고 전개도를 그리는 활동을 하였습니다. • 원주와 원의 넓이를 구하는 방법을 이해하고 구하는 활동을 하였습니다.
...	...

창의적 체험 활동	● 학급회의를 통하여 합리적 문제해결과 자치 능력을 기르는 활동을 하였으며, 자율적으로 동아리를 구성하여 동아리 활동에 적극적으로 참여하였습니다. ● 목공용 도구를 이용하여 나무 수저 만들기를 하며 집중력과 의지를 길렀습니다. ● 주요 3화음을 익히고, 3부 합창을 부르며 소리의 어울림과 아름다운 조화를 경험하였습니다.

(○○)이의 학교생활

매사에 적극적인 ○○이는 어떤 일이든 믿고 맡길 수 있는 믿음직스러운 학생입니다. 강한 성취 동기와 자신에 대한 믿음으로 어떤 일이든 두려움 없이 대면하는 편이며 특유의 섬세함으로 성공률 또한 높습니다. ….

우리 아이 학교생활

서울강명초등학교   6학년   ○반   ○번   이름 ○○○

교과 교육 활동

6학년은 사춘기로 막 진입한 아이들이 자신의 정체성을 찾아가기 위해 혼란과 어려움을 겪는 시기입니다. 오후 수업이 늘고, 과목도 많아져 학습에서의 어려움도 겪지만 또래문화의 강한 영향을 받으며 친구 문제로도 고민이 많은 때입니다. 하여 감정을 다루는 법, 평화적으로 갈등을 해결하는 방법을 배워 가고 있으며 아름다운 하모니를 느낄 수 있도록 합창과 리코더 합주 등을 지속적으로 하였습니다.

월요일 아침에는 '색깔 있는 월요일'을 운영하였습니다. 학급 친구들과 다양한 소재의 이야기를 나누며 서로의 생각 알아 가기, 아이들의 관심사나 학습 내용과 관련 있는 책을 선정하여 함께 읽고 나누는 시간 가지기 등을 통해 마음을 가꾸고 다듬는 활동을 꾸준히 하였습니다. 또, 텃밭을 가꾸며 자연스럽게 생태적 감수성을 키울 수 있었습니다.

6학년에서는 작년에 배운 지구의 역사에 이어 우리나라의 역사를 1년 동안 배우게 됩니다.

…

그리고 여러 과목을 통합하여 운영한 교실 야영을 통해 아이들끼리 밥도 지어 먹고 잠도 자면서 자립심을 키울 수 있었습니다. 짧은 시간이긴 하지만 아이들에게는 잊지 못할 소중한 추억이 되었을 것입니다.

　　매우 원칙적이면서도 주변의 어려운 친구를 보면 누구보다도 먼저 잘 도 와주는 ○○이는 마음이 따뜻한 아이입니다. 다만 겉으로 드러나는 표현에 서 간혹 부정적인 경우가 있으니 진심과는 다르다는 점을 잊지 말고 한 번은 걸러서 들어 줘야 합니다. 기계류에 관심이 많고 고장난 물건을 잘 고치는 ○○이는 농사를 지어 본 경험이 있어 텃밭 가꾸기에서도 우리에게 많은 도 움을 주었습니다. ….

3) 통지 문구

　　통지를 상담 형태나 통지표 어떤 것으로 하든지 가장 힘든 부 분은 내용일 것이다. 내가 아는 그대로 솔직하게 다 써도 되는 것일까? 아니면 잘하는 내용 중심으로 긍정적으로 써 줘야 하는 것일까? 어떻게 써 줘야 내 마음을 전달할 수 있을까? 이처럼 통 지표를 쓸 때마다 교사들은 고민을 많이 한다. 교사라면 누구나 겪는 이런 갈등과 고민에 대해 분명한 대답을 내놓을 수는 없지 만 통지에 대한 고민을 앞서 했던 학교의 사례를 통해 조금은 방 향을 잡지 않을까 생각해 본다. 다음은 서울강명초등학교 평가 업무추진반(task force team)에서 정리한 내용을 발췌하여 손본 것이다. 강명초는 평가와 통지를 고민하면서 학교 자체적으로 평가 업무추진반을 꾸렸다. 다음은 2012년 평가 업무추진반이 정리한 통지표의 유형이다.

① 관찰한 사실이나 특성을 그대로 기술한 경우
장점이 많은 친구임에도 자신의 장점보다는 다른 사람의 장점을 더 크 게 보면서 힘들어할 때가 있습니다. 또래에 비해 어른스럽고 의젓하다 는 평가를 많이 듣는 ○○이는 모둠 활동에서도 대표 역할을 많이 하며 따르는 친구들이 많습니다.

② 도움을 구체적으로 요청하거나 표현한 경우

언어 분야 기본기는 이후 학습에서 매우 중요하기 때문에 평소 충분한 독서와 일관된 주제로 길게 대화를 나누는 담화 상황을 만들어 주는 것이 필요합니다. 어린아이들을 예뻐하고 돌보는 것도 좋아하기 때문에 흥미를 살려 유아교육 쪽을 고민해 보는 것도 좋을 것 같습니다.

③ 변화나 과정을 기술한 경우

올해 누구보다도 많이 성장한 ○○이는 성격이 밝아지고 친구 관계에서의 적극성이나 학업 성취도 모두 눈에 띄게 좋아진 친구입니다. 가정에서의 따뜻하고 좋은 관계가 자연스럽게 ○○이의 내면의 힘으로 나타난 것 같습니다.

④ 협력성을 강조한 경우

친구들에게 설명하는 것을 좋아하며 친구들도 ○○이에게 도움을 요청하는 경우가 많습니다.

⑤ 이미지나 시적으로 표현한 경우

옳은 일을 추구하려는 열망이 하늘로 길게 자라는 대나무를 닮았습니다. 과감함이 있어 부담스러운 일에도 쉽게 도전하고 그 결과로 멋진 추억을 쌓으면서 행복을 만들어 가는 스타일입니다.

⑥ 특수교육 대상 학생의 경우

○○이는 이제 학용품에 쓰인 친구들의 이름을 보고 그 주인을 정확히 찾아 줄 수 있을 만큼 자랐습니다. 과학 수업 내용에 어울리는 책을 교사에게 추천할 정도로 인지적 측면에서의 성장도 느꼈습니다. 가을 운동회 때는 혼자 힘으로 1km나 되는 거리를 힘차게 뛰었습니다.

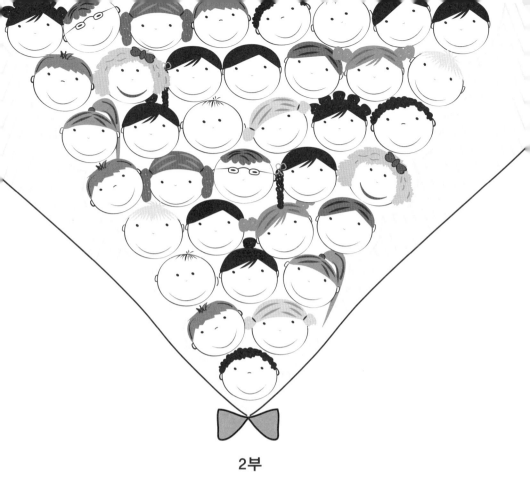

2부

초등 평가 혁신의 실제

초등학생 어린이의 발달을
돕는 평가

오정희

'평가'라는 말을 들으면 머릿속에 무엇이 떠오르는가? 아직까지도 '평가' 하면 시험을 떠올리고, 시험에 따른 성적으로 학생들을 변별하여 등위나 석차를 파악하고 경쟁을 부추기며, 지필시험의 변별력을 과도하게 강조하고 있는 것이 현실이다. 또한 그동안의 서열화 경쟁 교육 체제는 학생들의 창의성과 자주성을 억압하고 인권과 행복을 침해하여 왔다. 교사들이 학창 시절 경험했던 평가는 대부분 지필시험 위주의 일제고사형 중간고사와 기말고사였다. 학부모들 역시 일제고사식 점수로 평가받는 것에 익숙해, 수행평가나 서술형으로 되어 있는 평가로는 아이들에 대한 정확한 정보를 알기 어렵다면서 학교에 선다형 지필시험 실시를 요구하기도 하고 학원에 의존하는 현상을 보이기도 한다.

이러한 현상은 일제강점기의 학생 평가 방식에서 그 근원을 찾을 수 있다. 일제강점기 학생 평가의 가장 큰 특징은 초 · 중등학교에서 학생들의 전 과목 평균점수에 따라 석차를 매기는 상대평가를 도입해 그 '석차'를 진급, 진학, 취업 등에 활용한 것이었다. 석차 도입은 '학력에 따른 민족 분할 정책[1]'에 따라 학교의 '교육적 기능'보다 '사회적 선발 기능'을 더욱 강화하고, 함께 지내는

---

1. 일제강점기 '학력에 따른 민족 분할 정책'은 식민지 지배의 전형적인 전략의 하나로 학력에 따라 민족의 분할을 도모하여, 높은 학력을 가진 자가 낮은 학력을 가진 자를 대리 통치케 함으로써 식민 지배를 용이하게 하기 위한 것이었다. 서열 위주의 상대평가는 동료 학생들 간의 협동학습을 저해하고 민족공동체 의식을 파괴하며 기회주의적이고 이기주의적인 개인을 양산하기 위한 것이었다.

동료 학생들을 경쟁 혹은 투쟁 대상으로 보게 함으로써 반일, 항일운동에 대한 관심을 약화시키기 위한 목적으로 시행됐다. 특정 집단에서의 상대적인 서열을 말해 주는 석차를 제시하는 일은 개항 이전의 전통 교육은 물론이고 일제강점기 이전 개화기 교육에서는 찾아볼 수 없다.

최근 진보 교육감의 탄생과 더불어 전국적으로 많이 생긴 혁신학교에서 교육과정과 수업 혁신에 대한 고민을 진지하게 시작하면서 교육 현장에 새로운 바람이 불기 시작하였다. 수업을 통해 어린이들의 전면적 발달을 돕도록 하는 것에 집중하면서 평가에 대한 철학이 전환되고 있다. 학생 평가는 학생의 인권과 직결된다. 평가 방식에 따라 학생들의 생활 전반이 달라진다. 평가 방식은 학생들의 학습뿐 아니라 일상생활 전반에 영향을 미친다. 따라서 헌법이 보장하는 교육받을 권리를 단순한 취학의 권리뿐 아니라, '올바른 내용을 교육받을 권리, 올바른 방법으로 교육받을 권리, 그리고 올바른 평가를 받을 권리'를 포함하는 것으로 보아야 한다.

바람직한 평가는 어린이의 성장과 발달을 돕는 것이어야 한다. 어린이들을 서로 비교하는 점수나 등급으로 나타내는 평가보다는 어린이 한 명 한 명의 발달 과정에 관심을 갖는 평가가 되어야 한다. 한 교실 안에 존재하는 학습자들 저마다의 다양한 능력 차이, 학습 속도의 차이, 각기 다른 흥미와 관심사 등을 최대한 고려하면서 학습자들의 상대적인 우열이 아닌, 개별 학습자들의 성장과 발달에 관심을 두고 평가하는 것이 바람직하다. 또한 평가를 할 때는 어린이의 인격성을 고려해 한 명도 소외되지 않고 자신감을 갖도록 안내해야 하며, 평가를 통해 실패감을 맛보는 어린이가 생기지 않도록 주의해야 한다. 또한 한 명도 소외되지 않는 평가가 될 수 있도록 학급 안에서 더 배려를 받아야 하는 특수교육 대상자나 배움의 속도가 느린 어린이를 평가하는 데에도 새로운 접근이 필요하다. '매우 잘함', '잘함', '보통', '노력 요함'으로 등급을 매기는 것보다는 다양한 성장의 흐름이 있는 어린이들의 특성을 인정하고 고려한 평가를 통해 어린이 한 명 한 명의 발달에 중심을 둔 평가가 되어야 한다.

1. 초등학교 1학년 발달 특성과 우리 교육

(1) 1학년 어린이들의 발달 특성[2]

1학년은 유치가 빠지고 영구치가 나오는 시기이며, 몸의 균형이 덜 잡혀 잘 넘어지고, 친구들과 잘 부딪쳐 다툼이 자주 생긴다. 손과 눈의 협응력이 발달해 가는 과정이므로 선을 긋고 글자, 수를 쓰는 학습활동이 신체 발달과 인지 발달 모두에 도움이 된

---

2. 《초등 교육을 재구성하라》(에듀니티, 2013)의 〈어린이의 성장과 발달을 돕는 초등교육과정〉 중 1학년 어린이들의 발달 특성을 기본으로 우리 학교 어린이들의 발달 특성과 사회·문화적 환경을 고려한 발달 특성을 보충하여 정리하였다.

다. 세상과 나를 하나로 보기 때문에 자기중심적인 면이 강하고, 상상과 사실을 혼동하며, 직접 겪고 보고 들으면서 세상을 이해하고 모방을 통해 규칙과 질서를 배워 나간다. 그래서 교사가 늘 해야 할 것과 하지 말아야 할 것에 대해 상황마다 설명하고 행동으로 익히도록 안내할 때 세상을 안정적으로 이해할 수 있다. 수업 상황에서도 활동에 대해 친절하게 안내해야 한다. 친구 관계는 성별과 관계없이 짝이나 가까이 있는 친구들과 스스럼없이 이야기하고 놀면서 친해지는 편이다. 그렇지만 혼자 있는 것도 어색해하지 않고 교사를 통해 세상과 소통하고 자기 만족감을 느끼는 시기이기도 하다.

여러 활동을 통해 낱말과 어휘를 익혀야 하는 시기이므로 말놀이나 전래동요 등을 체계적으로 익히는 활동이 필수적이다. 수 감각이나 공간 감각을 익히는 다양한 활동도 고민해야 한다. 신체활동을 활발하게 하는 것이 여러 기능 발달과 연관되므로 수업 시간, 놀이 시간에 신체활동을 많이 할 수 있도록 유도한다. 특히 학교 운동장이나 학교 주변에서 뛰어놀면서 감각적으로 익히는 활동이 필요하다.

이 시기에는 사물, 자연과 접하면서 느끼는 것이 감각이자 생각으로 발현되므로 활동에 몰입할 수 있고, 이 과정에서 보고 느낀 것을 자기 수준에서 표현할 수 있도록 해 줘야 한다. 이때 주의할 것은 감각적으로 표현한 자체를 받아들여야지 '너는 어떠니? 무엇을 보았니? 어떻게 보았니?' 등 '네 생각이 뭐냐'고 다그치는 것은 오히려 어린이들의 사고를 위축시킬 수 있으므로 주의한다.

이러한 1학년 어린이들의 일반적인 발달 특성과 더불어 요즘 어린이들이 자라 온 환경과 상황을 고려해 학년 교육과정을 계획해야 한다. 요즘은 많은 부모가 태교부터 시작해 어릴 때부터 독서나 언어 교육을 무리하게 시키거나 카드 학습을 지속적으로 시키는 등 일방적이고 편중된 선행 학습을 많이 시킨다. 한글을 해득했다고 해서 어릴 때부터 혼자 책을 읽게 하거나 사고의 여유를 주지 않고 끊임없이 시각, 청각만 자극하는 TV나 교육용 영상에 많이 노출시키는 것에 비해 몸을 움직여 활동하게 하는 시간은 턱없이 부족하다. 그 결과 일상생활에 필요한 기초 기능이 부족하고, 몸을 사용하는 능력이 미숙하며, 심하면 초독서증이나 유사 자폐증이 나타나기도 한다.

초등학교 1학년은 새로운 것에 호기심이 많고 작업을 즐기는 시기이지만, 과도한 선행 학습으로 인해 학습에 흥미를 갖지 못하거나 부모의 과잉 보호 결과 남에 대한 배려가 부족해 교실에서 여럿이 함께 학습하는 것에 거부감을 느끼는 어린이가 많은데, 심한 경우 소아 우울증을 보이는 어린이도 있다. 또 스스로 활동을 계획하고 실행하여 성취감을 맛보는 경험이 부족한 어린이도 많다. 컴퓨터 게임이나 스마트폰 이용 시간이 길어짐에 따라 사람과 직접 소통하면서 알아 가는 즐거움을 잃은 어린이도 많다. 특히 요즘은 초등학교 입학 전 2~3년간 영어 학원에 다니거나 어릴 때부터 과도한 사교육과 선행 학습에 노출된 어린이의 비율이 높다 보니 손을 이용한 조작 활동이나 몸 근육을 사용하는 힘이 약하고, 이야기를 듣고 소통하는 능력, 사회적 관계 맺기 등에서 어려움을 겪는 비율이 높은 편이다. 한글 교육을 국가가 책임지지 않고 각 개인의 몫으로 넘기면서 초등 입학 시기부터 출발점이 다른 현상이 심각하게 나타나며, 점수 받기 경쟁이 되어 버린 받아쓰기와 시험에 너무 일찍 노출된 점도 학년 교육과정을 만들 때 반영할 사항이다.

(2) 1학년 교육과정의 문제

1) 초등학교 1학년부터 시작되는 시험 스트레스, 받아쓰기

현재 1학년 국어 교과서를 보면 교사가 불러 주는 낱말을 바르게 쓰는 활동은 1학년 2학기-㉮ '2. 바르고 정확하게' 단원에 나온다. 국어 1학년 2학기-㉯ '8. 생각하며 읽어요' 단원에서는 글자와 소리의 관계 알아보기를 통해 바르게 읽기에 대한 공부를 시작하게 된다.

> **공원에** 있는 시계탑 **앞에서** 재민이와 만나기로 하였다. 그런데 재민이가 30분이나 늦게 왔다. 재민이는 어머니 **심부름을** 하고 오느라 늦었다고 말하였다.[3]

---

3. 국어 1학년 2학기-㉯ '8. 생각하며 읽어요' 단원의 본문 내용 중 굵은 고딕으로 쓴 부분이 바르게 읽어야 하는 낱말이다.

하지만 우리나라 대부분의 초등학교 1학년 교사들은 빠르면 4월부터 받아쓰기를 실시하고 있다. 누리과정에는 '한글에 대한 흥미를 갖게 한다'는 내용은 있지만 직접적으로 한글을 가르친다는 내용은 없다. 그런데 초등학교에 입학하자마자 겪는 큰 어려움이 알림장 쓰기와 점수 경쟁으로 치닫는 받아쓰기이다 보니, 유치원에서도 받아쓰기와 알림장 쓰기를 초등학교 입학 준비 과정으로 실시하고 있는 실정이다.

이런 문제점을 해소하고자 전라북도 교육청은 2015년 3월 초등학교 1학년에 대한 받아쓰기나 알림장 쓰기 등을 자제해 줄 것을 일선 학교에 당부했다. 받아쓰기와 알림장 쓰기는 문자 해득을 전제로 한 것으로, 학생과 학부모에게 학습 부담감을 주는 것은 물론 학교생활에 적응하는 데도 어려움을 줄 수 있다는 이유에서였다. 아울러 각종 전달 사항을 인쇄물이나 휴대전화 문자, SNS 등을 통해 학부모에게 안내하도록 했다. 또 받아쓰기도 학생 평가로 인식해 스트레스를 유발할 수 있고, 단순 암기 학습으로 국어에 대한 흥미 저하 등을 고려해 6월 이후 실시해 줄 것을 요청했다. 그리고 국어 교과서에 제시되어 있는 한글 교육 27차시를 꼭 확보해야 한다는 것과 초등 1학년 담임교사를 대상으로 기초 문해력 향상을 위한 문자 지도 방법 연수 추진 계획도 함께 발표했다. 충청남도 교육청도 2016학년부터 입학 초기 적응 교육 (23차시) 및 국어 수업 시간(27차시)을 활용해 한글 교육 시간을 최소 50차시 이상으로 늘리고, 초등 1학년 담임교사 전체를 대상으로 한글 수업 개선 연수를 실시하며, 입학 초기 알림장 쓰기 및 받아쓰기 금지 등의 대책을 마련하고 있다.

받아쓰기의 궁극적인 목적은 글자를 익히는 것이다. 그런데 듣고 쓰는 연습을 해서 한글의 기초를 다지는 받아쓰기가 언제부터인가 점수 잘 받기 경쟁으로 치닫고 있다. 불러 주는 말을 듣고 바르게 쓰기라는 원래 목적에 맞지 않는, '외워서 쓰는 시험'이 된 것이다. 교사가 받아쓰기 급수[4]에 맞춰 내용을 미리 알려 주면 집에서 열심히 외우고 연습해 와서 그대로 쓰는 식이다.

(11급)									
4. 기분을 말해요									
1	네	소원이		무엇이냐	?				
2	듣는		사람을		바라보며		말해.		
3	자신	있게		말하고		싶어요.			
4	말끝을		흐리면		안	된단다.			
5	부끄러워하지			않고					
6	말을	잘		하고		싶어요.			
7	또박또박		큰		소리로		말해요.		
8	친구들을			바라보며					
9	자신	있게		말해요.					
10	알아들을		수		있게		말해요.		

(12급)									
4. 기분을 말해요									
1	나는		곰놀이를		좋아해.				
2	재미있는		내		얼굴				
3	으악	!	큰		곰이다	!			
4	큰		곰이	내		공을		가져갔어	!
5	나는		너무너무			화났어	!		
6	아기		곰을		데리고		온다	!	
7	왜		그러지	?					
8	아하	!	다		같이		곰놀이	!	
9	행복해요.			화나요.					
10	무서워요.			슬퍼요.					

〈그림1〉 초등학교 1학년 받아쓰기 급수: 대부분의 학교에서는 이러한 받아쓰기 급수장을 인쇄해 미리 가정에 배부하고 연습하게 한 후 받아쓰기를 하고 있다.

하지만 이런 외워 쓰기식 받아쓰기는 효과도 별로 없을뿐더러 문제점이 많다. 가정에서 부모님과 함께 연습할 여건이 되지 않는 학생들에겐 불리한 시험이 될 수밖에 없는 교육 불평등이 발

---

4. 원래의 뜻(능력이나 기술 따위의 높고 낮음에 따른 등급 또는 그런 수준)에 맞지 않게 교과서 단원별로 내용을 추출해 편의상 급수라는 이름을 붙인 것이 많고, 초등학교 1학년 발달 특성에 맞춰 받아쓰는 능력을 고려한 받아쓰기 급수제를 실시하지 않고 있는 것이 현실이다.

생하고, 음운 인식 능력이 부족한 아이들에겐 그냥 '보고 그리기'가 될 가능성이 높다. 또한 학교에서 충분히 학습하거나 연습하지 않고 가정에서 연습하도록(외우도록) 해 학생과 학부모에게 학습 부담감을 주는 것도 큰 문제다. 함께 공부하고 익히는 시간을 갖고 그것을 점검하는 과정으로 교사가 불러 주는 말을 바르게 받아쓰는 활동을 한 후, 틀린 것에 대해 또다시 되돌아보며 공부하는 시간을 갖지 않고 단순 외워 쓰기로 전락한 받아쓰기는 점수 경쟁에 불과하다. 아이들은 자신의 점수와 친구의 점수를 비교하며 우월감을 갖거나 자신보다 점수가 낮은 친구를 비난하기도 하고, 틀려서 점수가 낮게 나올까 봐 두려움을 갖기도 한다. 학부모가 갖는 부담감과 스트레스도 이와 비슷하며, 받아쓰기 연습을 시키다 자녀와 갈등을 빚기도 한다.

가정에서 부모님과 함께 미리 ①번 받아쓰기 급수 표 자료를 이용해 연습한 후 받아쓰기에서 다 맞았다 하더라도, 시간이 조금 흐른 후 같은 낱말이 들어 있는 문제를 미리 연습시키지 않고 ②번 자료를 주고 해결하라고 하면 이미 맞았던 낱말도 틀리는 경우가 많다. 또 평상시 글쓰기 활동에서도 틀리게 쓰는 경우가 많은 데서도 알 수 있듯이, 외워 쓰기식 받아쓰기는 국어 사용 능력을 향상하는 데에 크게 도움이 되지 않는다.

〈표1〉 국어교육에 도움이 되지 않는 받아쓰기

(1) 놀이터 (2) 옛날에 (3) 얼굴을 닦고 (4) 숙제가 (5) 과일이 많은데 (6) 일기를 썼습니다. (7) 늦어서 (8) 알림장을 (9) 누렇게 (10) 살았습니다. ① 받아쓰기 급수 표	1. 다음 글을 읽고 틀린 글자를 바르게 고쳐 써 봅시다. 　　다람이는 토순이랑 노리터에서 놀다가 너무 느저서 꾸중을 들었습니다. 엄마께서 숙제도 마는데 언제 다 할 거냐고 화를 내셨습니다. 다음부터는 늦지 않게 집에 와야겠다고 생각했습니다. 　　다람이는 손을 씻고 밥을 먹었습니다. 그리고 이를 닥고 그림일기를 써씀니다. (1) 노리터 → _____　　(2) 느저서 → _____ (3) 숙제 → _____　　(4) 마는데 → _____ (5) 닥고 → _____　　(6) 써씀니다 → _____ ② 틀린 글자 바르게 쓰기

2) 국가가 책임지지 않는 모국어 교육

우리나라는 전 세계 많은 나라 중 거의 유일하게 모국어 문자교육을 공교육에서 책임지지 않는 나라다. 한국교육과정평가원이 초등학생 2635명을 대상으로 초등학교 입학 직후 국어 능력 현황을 평가한 결과, 80% 이상이 19개 문항 중 16개를 맞혔다. 10명 중 8명의 아이들이 한글을 어느 정도 익히고 초등학교에 들어온다는 말이다(구영산, 〈초등 입문기 학생들의 국어 능력 연구〉, 《교육과정평가연구》 16권 2호, 2013). 국어 교육과정은 이를 전제로 짜였다. 7차 교육과정에서 한글 익히기에 배당된 시간은 1년 중 6시간에 불과했고, 2007 개정 교육과정에서는 14시간, 2011 개정 교육과정에서는 27시간으로 늘었지만 그조차 충분치 못하다. 7차 교육과정이 도입된 이후 아이들이 학교에서 한글을 배우지 않게 되면서 학부모들에게 한글은 학교에서 배우는 게 아니라는 인식이 고착화됐다. 그리고 이는 한글 사교육 시장을 키운 원인이 됐다. 그런데 여전히 교육부 교육정책 개발 담당자는 "2015 개정 교육과정 초등학교 저학년 국어 교과서를 만드는데 현재보다 난도를 낮춰야 할지 등에 대한 학자들의 논쟁이 많다. 격차가 워낙 심하기 때문이다."라고 말하고 있다. 국가가 모국어 교육을 책임지지 않은 채 정책적으로 모국어 교육의 출발점이 어딘지 모르고 우왕좌왕하면서 학부모에게 그 책임을 떠넘기고 있는 것이다.

아이들은 초등학교에 입학하자마자 알림장을 쓰고, 1학년 교과서는 첫 장부터 어려운 단어와 문장이 등장한다. 교육과정이 한글 해득을 전제로 편성되어 있어 한글을 익히지 않은 아이들은 입학과 동시에 '부진아'로 낙인찍힐 수밖에 없지만 교사들은 따로 가르칠 시간과 여력이 없다. 한글은 모든 학습의 토대가 되는 중요한 교육인데도 국가에서 한글 교육을 책임지지 않으면서 그 부담은 고스란히 가정으로 돌아갔다. 학부모들이 공교육에 대한 신뢰 부족으로 한글 사교육[5]을 시키다 보니 영유아 한글 사교육 시장은 이미 포화 상태이고, 한글을 처음 시작하는 연령대도 매년 낮아지고 있다. 가정이나 사교육으로 한글 교육을 받을 수 없는 아이들은 공교육에서 자신의 모국어를 제대로 배울 기회조차 얼

---

5. 학부모들은 주로 학습지로 한글 공부를 시킨다. 가장 먼저 선행 학습과 사교육으로 만나는 것이 한글 교육 학습지인 셈이다.

지 못하는 것이 현실이다. 초등학교에 입학하면서부터 아이들의 출발점은 이미 너무 다르지만, 학교는 이 최소한의 출발점을 같게 만들어 줄 수 있는 상황도 아니다. 이렇게 선행을 하고 온 아이들로 인해 학교의 한글 교육은 더 부실해지는 악순환이 계속되고 있다.

이에 반해 취학 전 모국어 문자 교육을 엄격하게 금지하고 있는 유럽 여러 나라의 교육정책은 시사하는 바가 크다. 특히 핀란드의 경우 취학 전 문자 교육을 법으로 금지하고 있는데, 취학 전 문자 교육이 아이들의 집중력을 해친다는 것이 그 이유다. 오랜 비판을 받고 교육부는 2015 개정 교육과정에서 한글 교육 시간을 45시간으로 늘렸다고 선전하고 있다.

2. 우리말 우리글 교육

(1) 출발점을 같게 하는 1학년 국어교육

1학년 교육과정에서 가장 중요한 것은 모국어 교육(우리말, 우리글 교육)이다. 한글을 제대로 익히지 못한 30%의 아이들을 배제한 7차 교육과정 초등 저학년 교과서는 2000년부터 2008년까지 9년간 적용됐고, 현재 적용되고 있는 2011 개정 교육과정 역시 여전히 20%의 아이들을 배제하고 있다. 그렇다면 현재 교육과정은 한글을 제대로 익히지 않고 입학하는 20% 남짓 아이들을 어떻게 가르칠까? 엄훈 청주교육대학교 교수(교육학)는 "무시와 무지라는 베일에 가려져 있다."고 말했다. 안 보고 못 본다는 말이다. 현재 국가 차원의 공교육에서는 누가 한글을 알고 오는지, 글을 이해하는 능력은 어떤지 등 체계적으로 '읽기에 문제가 있는 아이들'을 발견하는 시스템이 마련돼 있지 않다. 그리고 아직도 전체 교육과정을 관통하는 읽기 발달 기준이 없다. 학년별 혹은 발달단계에 따라 배워야 할 공식적인 어휘 목록조차 없다. 읽기 발달에 대한 기초 연구를 통해 교육 당국 차원의 명확한 기준을 만들고, 이에 맞는 교육 과정이 개발되어야만 한글 공교육은 정상화될 수 있다. 이러한 어려움에도 초등학교 1학년을 가르치는 교사라면 적절한 교육을 통해 아이들의 '출발점'을 같게 만들어 주는 것에 관심을 가져야 한다. 일단 출발점이 같지 않으면, 시간이 지나면 지날수록 격차가 더 커질 수밖에 없기 때문에 초등학교 1학년 시기에 출발점을 같게 만들어 주는 교육과정을 편성해 운영해야 한다. 아무리 많은 아이가 한글을 배우고 오더라도 기초부터 차근차근 가르쳐야 한다.

초등학교 1학년의 입학 초기 적응 활동 기간에 학교생활을 원만하게 시작하고 적응하도록 도우면서 학습자의 학습 능력 출발점의 차이를 최소화하기 위해서는 한글 홀소리와 닿소리를 날마다 꾸준히 익히기, 이야기 읽어 주고 몸으로 표현하기, 시(노래)와 놀이 등을 통해 우리말, 우리글에 대한 이해와 활용 능력을 높이는 것에 중점을 둔 학년 교육과정을 편성해야 한다.

(2) 국어 성취기준과 학년 교육과정 재구성

2011 개정 국어 교육과정의 읽기와 쓰기 1·2학년군 성취기준은 다음 〈표2〉와 같다.

〈표2〉 2011 개정 국어 교육과정의 읽기와 쓰기 1·2학년군

영역	성취기준
읽기	1 글자의 짜임을 이해하여 글자를 읽고, 읽기에 관심을 가진다. 2 낱말과 문장을 정확하게 소리 내어 읽는다. 3 의미가 잘 드러나도록 글을 알맞게 띄어 읽는다. 4 글의 분위기를 살려 효과적으로 낭독하고 읽기의 재미를 느낀다. 5 글의 내용을 자신이 겪은 일과 관련지어 이해한다. 6 글을 읽고 중요한 내용을 확인한다.
쓰기	1 글자를 익혀 글씨를 바르게 쓴다. 2 자신의 생각을 문장으로 정확하게 표현한다. 3 대상의 특징이 드러나게 짧은 글을 쓴다. 4 자신의 주변에서 일어난 일에 대한 생각을 글로 쓴다. 5 인상 깊었던 일이나 겪은 일을 글로 쓴다.

이 중 1학년 교육과정을 편성할 때 모국어 교육과 관련해 주안점을 두어야 할 점은 다음과 같다.

첫째, 1학년에서는 말하고 듣는 활동을 충분하게 해 주어 자연스럽게 문자 학습으로 이어지도록 하며, 적어도 한 학기 동안은 한글 익히기에 중심을 두어 전 교과에서 국어 수업을 한다는 생

각으로 우리말과 우리글에 집중해 지도한다. 초등학교 1학년 때 한글을 제대로 익히지 않으면 그 학생의 이후 언어 학습은 사실상 진전될 수 없고, 언어 학습뿐 아니라 일반 학습에도 심각한 손해를 끼치기 때문에 모든 교과 활동에서 우리말, 우리글 교육이 이루어질 수 있도록 한다.

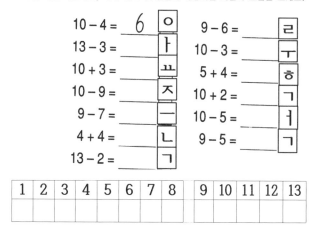

※ 다음 식을 계산하고, 아래 숫자 밑 빈칸에 해당하는 자음과 모음을 쓰세요.

〈그림2〉 수학 시간에 활용한 자료: 계산 결과에 따른 자음과 모음 쓰기로 낱말 만들기

둘째, 홀소리와 닿소리, 간단한 문장부호, 표기와 소리가 다른 경우 등의 기초 문법과 의미 단위로 띄어 읽기, 여러 가지 말놀이를 통해 어휘 수를 늘려 갈 수 있도록 한다. 1학년은 문학작품과 친해지는 초보적인 독서 시기이므로 교사가 읽어 주거나 어린이가 소리 내어 읽는 방법 등을 활용해 책에 관심과 흥미를 갖게 한다.

1) 한글 익히기 시간 충분히 확보하기

교사는 다음과 같은 내용을 1학년 학생들에게 가르쳐야 한다.

- 한글 낱자(자음과 모음)의 이름과 소릿값을 알고 정확하게 발음하고 쓰기
- 글자의 짜임을 알고 낱말을 소리 내어 읽기
- 받침이 없는 글자, 받침이 있는 글자를 만들고 소리 내어 읽기
- 낱말과 문장을 정확히 소리 내어 읽기
- 자음자와 모음자로 낱말 만들어 놀이하기
- 여러 가지 말놀이, 글놀이를 활용하여 한글 익히기

2) 소리 내어 읽기

음독(낭독)은 눈으로 글을 정확하게 보고, 입으로 읽고, 소리를 귀로 들으며, 생각은 그 글에서 말하고자 하는 바를 따라가는, 인간의 여러 감각을 동시에 자극하는 학습 방법으로 뇌의 지구력과 생각하는 힘을 길러 준다. 낭독 능력을 바르게 기르면 묵독을 통해 글의 내용을 넓게 이해하고 깊이 있게 음미할 수 있다. 요즘 어린이들은 소리를 내어 읽기에서 다음과 같은 문제를 가지고 있다.

- 입을 충분히 벌리지 않고 읽어 발음이 불명확하며 소리가 작다.
- 아무 데서나 호흡을 하거나 자세가 좋지 않다.
- 덧붙여 읽거나 빼고 읽는 등 부정확하게 읽는 곳이 많고, 더듬거나 되풀이하여 읽는다.

— 띄어 읽기가 되지 않는다. 즉 글자만 읽고 뜻을 파악하지 않는 경우가 많다.

교사는 1학년 학생들이 바르게 소리 내어 읽을 수 있게 다음과 같이 지도하면 좋다.

— 교사가 읽어 주면 소리 내어 따라 읽는다.
— 읽는 방법에 변화를 주어 재미를 느끼도록 한다(남녀 번갈아 가며 한 문장씩 읽기, 모둠별로 돌아가며 한 문장씩 읽기, 짝꿍과 협력하여 돌아가며 한 문장씩 읽기, 한 사람이 한 문장씩 돌아가며 읽기).
— 대화문은 말하는 이의 심정을 생각하며 읽는다.

3) 삶을 가꾸는 글쓰기

흔히 1학년은 받아쓰기로 국어 능력을 가늠하기도 하는데, 맞춤법보다 중요한 것은 의사표현을 얼마나 할 수 있느냐에 있다. 받아쓰기를 잘 한다고 해서 자기표현에 뛰어난 것은 아니다. 교사나 부모가 받아쓰기와 맞춤법에 집착하면 아이들은 자신의 생각을 표현하는 것을 두려워하게 될 수 있다. 따라서 외워서 쓰는 받아쓰기보다 자신의 삶을 표현할 수 있도록 가르치는 일에 집중하는 것이 바람직하다. 글을 쓸 때 틀리고 맞고는 그다음 문제다.

글을 쓰기에 앞서 읽기와 말하기 교육을 충분히 해야 한다. 서울상현초등학교의 경우 창의적 체험활동(자율활동)으로 진행하고 있는 월요 아침 모임과 하루닫기 시간, 학급 어린이 다모임 시간을 활용해 일상 생활을 바탕으로 해 자신의 생각을 충분히 말하는 시간을 갖는다. 이러한 활동을 바탕으로 간단하게 한 문장 글쓰기부터 시작해, 자신이 쓰고 싶은 만큼 글쓰기를 하는 과정으로 교육하고 있다.

3. 학부모는 평가의 협력자

(1) 교육평가의 동반자

학교교육 활동에서의 평가란 어린이의 모든 행동, 즉 인지적, 정의적, 심동적 행동의 성취 정도를 일정한 기준에 비추어 어린이가 지닌 능력이나 특성의 가치를 판단하는 활동이나 과정을 말한다. 즉 평가는 평가를 통해 평가의 대상인 어린이가 교육목표를 교수-학습활동을 통해 얼마나 도달했는지를 파악하고, 학습에 대한 장단점을 파악해 이를 교사가 교수-학습에 피드백하는 과정을 뜻한다. 국가수준 교육과정 총론에는 모든 학생이 교육의 목표를 성공적으로 달성하기 위한 교육의 과정으로 평가가 이루어져야 한다고 말하고 있다. 평가의 목적은 측정을 통한 서열화가 아닌 아이들의 성장과 발달을 돕는 데 있다. 그러기에 어느 한 시점에서 이루어지는 단선적인 평가가 아니라 성장과 발달 중심 평가, 과정 중심 평가여야 하며 수업 과정에서, 또는 한 학기나 1년의 시간이라는 긴 호흡으로 이루어져야 한다.

교사, 어린이, 학부모는 교육의 주체다. 학교는 어린이의 전면적 발달을 목표로 하기 때문에 학부모의 도움과 관심이 필요하다. 학부모는 어린이들의 학습 과정이나 모습에 관심을 갖고 있다. 그러나 학부모들이 수업 시간마다 어린이들의 모습을 보러 학교에 오는 것은 불가능하기 때문에 교사가 어린이들의 학교생활을 학부모에게 알려 주는 것이 좋다. 과열 경쟁을 하지 않도록 하는 동시에 평가가 교육과정과 수업을 왜곡하지 않는 범위 내에서 어린이의 학업성취에 대한 정보를 학부모에게 구체적으로 제공하는 것이 좋다.

학부모에게 어린이의 학교생활 모습을 알려 주는 방법은 다양하다. 가장 많이 하는 방법으로 알림장이 있다. 학부모는 알림장을 통해 그날그날의 학습내용과 과제를 통해 학급 모습을 알 수 있다. 또 학급 신문, 학급 누리집 등을 통해 학습 장면, 학습활동 결과물, 학교생활을 알 수 있다. 이러한 방법들은 학급 어린이 전체에게 똑같이 안내되는 것들이다.

어린이의 특성을 고려한 개별 안내 방법도 있다. 알림장, 유선 소통, 이메일 소통 등이 그것이다. 이런 방식은 교사와 학부모 간에 이해와 신뢰가 기본이 되어야 한다.

교사가 학급 어린이 전원에게 안내하는 방법과 개별 상담을 하는 방법을 넘어서 어린이의 발달을 이끌어 갈 수 있는 소통의 문화를 만들어 가기 위해 학습목표 도달 과정, 학교생활 모습을 안내하는 것이 바람직하다. 그리고 학부모는 어린이의 발달을 돕는 협력자로서의 역할을 담당할 필요가 있다. 그러기 위해서는 일상적 소통의 방법도 중요하며 어린이의 전면적 발달을 돕기 위한 협의 시간이 필요하다. 학기 초 학부모총회[6]에서 그 해 어린이의 성장의 목표를 무엇으로 할 것인지 교사와 학부모가 진지하게 논의하는 과정도 필요하다. 또한 학습을 진행하는 과정에서 어린이들이 겪는 고비를 학부모와 교사가 협력하여 잘 넘길 수 있도록 학급 학부모 모임을 만들어 운영할 수도 있다. 교사가 교육하고 평가한 의도를 학부모가 제대로 이해하기 위해서는 교사, 학부모 간 소통이 중요하다. 특히 교사의 교육철학이 잘 전달되지 않으면 어린이의 전면적 발달을 목표로 한 학급 운영이 자리 잡을 수 없게 되기 때문이다.

(2) 학급 학부모 다모임으로 학부모와 소통하기

교육은 학교에서만 이루어지는 것이 아니다. 교육 활동의 든든한 동반자이며 도움을 받아야 하는 학부모와의 관계를 잘 풀어 가기 위해서는 학부모와 긴밀하게 소통이 이루어지도록 신뢰 관계를 돈독하게 쌓아 가야 한다. 학부모와의 만남이 정성스럽고 기쁠 때 그 관계가 더욱 돈독해질 수 있기 때문에 교사는 자신의 교육관

---

6. 학부모 단체 회원을 뽑는 것이 주된 활동이 되어 부담스러워하는 학부모 총회 대신 학년 교육과정 설명회, 학급 교육과정 설명회를 개최하거나 학급 학부모 모임을 만들어 서로 소통하며 협력해 학급 문화를 만들어 가는 학교가 늘어나고 있다.

이나 교육과정, 1년 동안의 학급의 삶에 대해 어떤 방법으로 학부모와 소통할 것인지 진지하게 생각해 봐야 한다. 다음은 내가 고민 끝에 선택해서 시행한 1학년 학급 학부모 다모임을 소개한다.

1) 학급 학부모 다모임 진행 과정[7]

① 학부모 첫 모임 공지

6월 13일 목요일 오후 6시와 6월 14일 금요일 오후 2시, 두 차례로 나누어 학부모 다모임이 개최된다고 알렸다.

〈표3〉 알림장을 이용한 다모임 일정 의견 수렴과 공지

※ 다음 주에 민들레반 학부모 모임을 갖고자 합니다. 모임 날짜는 2013년 6월 13일(목)과 14일(금)로 계획하고 있는데 오후 2시와 6시 중 어느 시간대가 더 좋을지 의견을 구합니다. 아래에 표시해서 7일(금)까지 어린이 편에 보내 주세요.

어린이 (   )
부모님 (   )

---

(1) 오후 2시가 좋아요. (   )
(2) 저녁 6시가 좋아요. (   )
(3) 참석하기 어렵습니다. (   )

제1차 민들레반 학부모 다모임 개최 안내

1. 일시
   (1) 오후 모임 : 6월 14일(금) 오후 2시
   (2) 저녁 모임 : 6월 13일(목) 오후 6시
2. 장소 : 민들레반 교실
3. 안건 :
   (1) 1학년 배움살이에 필요한 학부모의 지원
   (2) 민들레반 학부모 다모임 안내

---

7. 서울상현초등학교 민들레반 사례

② 학부모 다모임 진행

1차 모임은 2회에 걸쳐 진행되었고, 이후 학부모 다모임은 전업주부인 어머니들의 양해를 구해 매달 한 번씩 진행하되 가족의 저녁 식사를 해결할 수 있도록 저녁 7시에 시작하는 것으로 정했다. 2차 모임에서는 학부모들의 다수 의견으로 학급 증설과 교실 증축에 관한 문제를 안건으로 정했다.

학부모 다모임 진행도 교사나 어린이 다모임처럼 사회, 기록을 학부모가 자발적으로 하는 것으로 계획했으나 선뜻 나서는 분이 없어 담임교사가 진행했다. 학급운영비로 간단한 다과를 준비했다. 다모임 회의 시작 전까지 학부모들은 오는 대로 삼삼오오 모여 서로의 안부를 나누거나 자녀 책상과 사물함, 뒤 게시판을 살펴보기도 했다.

담임교사가 인사를 하고 학부모들과 근황을 나누었다. 학부모 다모임에 참석한 분들이 모두 돌아가며 한 사람씩 하고 싶은 말을 한 다음 학교교육 활동 또는 학교 상황에 대한 공지사항을 안내하고 질의응답을 하는 시간을 가졌다. 한 달 동안 진행했던 교육 활동과 다음에 할 교육 활동에 관한 내용이었다. 회의를 마치면서 수공예 등 명예 교사가 필요한 교육 활동이 예정된 경우 함께 배워 보는 시간을 갖기로 했다. 이날 학부모 다모임 결과를 정리해서 다음 날 어린이를 통해 가정으로 보냈다.

〈표4〉 2차 민들레반 학부모 다모임 결과 공지

1 담임 이야기

※ 방학 과제 확인 결과와 소감

— 오카리나: 운지법, 바른 음정, 텅잉주법에 대하여 점검한 결과 1학기 말과 비교하여 월등하게 실력이 향상된 어린이가 18명 정도였고 나머지는 비슷하거나 발전이 없는 어린이도 다수 있었습니다. 개인 지도를 원하는 어린이는 아침열기 시작하기 전에 오카리나를 가져오면 됩니다.

— 줄넘기와 후프: 몸의 여러 근육과 신경이 고루 발달할 수 있도록 몸을 움직이는 놀이로 1학기 동안 꾸준히 해 왔던 줄넘기와 후프 돌리기의 경우 손과 발의 협응 능력이 부족하거나 리듬을 익히지 못해 발전이 더딘 어린이가 10명 정도(남자 어린이가 대부분임)로 많은 편이어서 2학기에도 지속적인 관심과 지원이 필요합니다.

— 글씨 쓰기: 대부분의 어린이들이 4월 실력으로 되돌아가서 적응기로 편성했던 개학 첫 주에 집중 연습을 하여 겨우 방학 전과 비슷한 수준으로 맞춰 놓았습니다. 그래서 원래 계획했던 2학기 글씨 쓰기 계획(띄어쓰기, 들여쓰기 등을 포함하여 문장 바르게 쓰기)을 수정하여 1학기처럼 낱말 단위의 글씨 바르게 쓰기를 계속할 계획입니다. 다만 8칸에서 10칸으로 바꿔 글씨 크기를 조금 줄여서 쓰는 연습을 합니다.

— 소감: 가정에서 부모님께서 많은 사랑과 관심으로 보살피고 지원을 하셨겠지만 방학 동안에 흐트러진 생활 습관과 학습 습관을 바로잡는 데 시간이 필요함을 절실하게 느꼈고 우리 학년 선생님들 회의에서 적응 기간을 갖기로 한 것이 현명한 결정이었음을 깨닫게 되었습니다.

(중략)

〈 집담회 〉

(특별한 안건이 없어서 자유롭게 이야기를 나누는 집담회 형식으로 진행하였습니다.)

※ 아무리 1학년이지만 오후 시간에 계속 놀리기만 해도 될까요?

— 어린이들은 놀면서 많은 것을 배우고 그렇게 배운 것이 이후 공부하는 과정에서 어려움을 만나게 되더라도 한 걸음 더 나아갈 수 있는 힘으로 작용합니다. 쉬는 시간과 노는 시간이 있어야 창의성이 길러짐은 물론 학업성취 능력도 우수해집니다. 대신 1학년부터 스스로 공부하는 습관을 길러 줄 수 있다면 그것이야말로 가장 큰 성과입니다. 그 일은 부모님만이 해 줄 수 있습니다.

(이하 생략)

학부모들은 학부모 다모임을 통해 교사는 어떻게 아이들을 가르치는지, 아이들은 무엇을 배우는지를 알게 되는 등 교사와 민주적 소통을 나눌 수 있다. 이것은 교사와 학생, 학부모가 함께 성장하고 발달하는 계기가 된다.

다모임에 참석한 학부모들 대부분은 교육 주체로서 교육 활동을 지원하려는 의사를 적극 나타냈다. 학급 학부모 다모임에서 가장 중요하게 진행했고 의미 있었던 것은 '한 달 동안 진행했던 교육 활동, 다음에 할 교육 활동 안내와 질의응답'이었다. 교육 활동에 대한 자세한 안내와 활동 결과물을 학부모들이 직접 살펴보면서 이야기를 나누었기 때문에 초등 1학년 학부모가 겪는 어려움을 교사와 공유할 수 있었다. 그리고 일반 학교와 다르게 운영되는 혁신학교의 교육 내용, 교육철학과 교육방법에 대해 교사와 학부모가 가지고 있는 서로 다른 생각을 나눌 수 있는 소중한 시간이었다. 시험을 보지 않는 것에 대한 불안감, 받아쓰기를 하지 않으면 국어 공부는 어떻게 하는지, 아이들이 쓸데없이 시간을 낭비하지 않으려면 학원이나 학습지, 방과 후 학교 프로그램을 많이 해야 하는 건 아닌지, 놀이에 대한 생각이나 영어 교육 등등이 주로 등장한 논의거리였다. 학부모들은 한 달에 한 번씩 만나서 서로 소통하는 시간을 가지면서 평가에 대한 관점을 함께 다지고, 교사가 어떻게 아이들을 교육하고 평가하는지에 대한 구체적인 정보를 접하면서 학교 교육을 신뢰하기 시작했다. 학급 학부모 다모임 횟수가 거듭될수록 담임교사의 교육철학과 교육방법에 대한 이해가 깊어졌고, 시험을 봐야 학력이 향상된다는 오해에서 벗어나게 되면서 함께 학급 문화를 만들어 갈 수 있었다. 이 기간 담임 교사로서 나는 필요하면 학부모와의 개별 상담을 통해 교육 활동 전반에 대해 소통하고 평가 내용을 함께 성찰하며 개인의 발달 특성에 맞는 피드백 과정을 가졌다. 이렇듯 학부모 다모임을 통해 교사가 지속적으로 오랫동안 관찰하며 평가한 결과를 바탕으로 어린이의 성장과 발달을 지원하기 위한 학부모의 역할에 대해서도 이해가 깊어졌고, 다양한 교육 활동에 학부모들이 교육의 주체로 설 수 있는 계기가 되기도 했다. 다음은 학부모 다모임에서 나누었던 받아쓰기에 대한 학부모들의 이야기를 학부모들이 직접 정리한 내용이다.[8]

다모임에서는 아이들의 한 달 학교생활에 대한 구체적인 이야기를 보면서 들었다. 전체 교육과정 맥락에서 그 달의 학습 목표와 아이들이 '얼마나 성취했는가?'가 아니라 '무엇을 어떻게 배우고 있는가?'를 공부했다. 그리고 이 과정을 통해 우리는 흔히 혁신학교라 하면 공부를 안 시킨다고 생각하지만, 안 시키는 것이 아니라 더 나은 방법으로 제대로 시키고 있다는 것을 알게 되었다. 예를 들어, 누군가가 '받아쓰기 시험'에 대한 고민을 이야기했다. "일곱 살 때까지 잘해왔던 아이가 초등학교에 와서 받아쓰기시험을 안 보니 요새는 엉망이 되었다."는 것이다. 이런 이야기를 학부모들 사이에서 소소하게 말하다 보

8. 서울형혁신학교학부모네트워크, 《행복한 나는 혁신학교 학부모입니다》, 맘에드림, 2014

면, 아마도 걱정과 염려로 결국에는 혁신학교에 대한 불신으로 결론이 날 수 있을지도 모른다. 그러나 다모임은 이런 걱정을 객관화, 공론화해서 답을 찾아가는 데 도움이 되었다.

"이 아이에게 필요한 것이 정말 받아쓰기 시험일까요?"

"일곱 살 때 잘 썼는데 지금 틀린다면 그 당시 정말 알고 썼던 걸까요?"

"외워서 한 것을 계속 유지할 수 없다는 것이 밝혀진 것이 아닐까요?"

"제대로 알도록 하려면 어떻게 해야 할까요?"

이런 질문에 대한 생각을 서로 말하면서 교사와 다른 학부모들은 나름의 답을 찾아갔다. 그리고 우리들은 민들레 반에서 받아쓰기 시험을 안 보는 대신 '바르게 읽기'를 집중하여 가르치고, 국어수업 시간에 놀이처럼 바르게 쓰기 공부를 하고 있으며, 알림장이나 '날마다 자란다'라는 글쓰기 공책의 글 중 틀린 낱말이 있으면 바르게 고쳐주어 글쓰기를 지도하고 있다는 것을 알 수 있었다. 이런 과정은 혁신학교에 대한 이해를 높이고, 혁신학교의 교육 활동과 가정교육의 연계를 가능하게 만든다고 본다. 어렵지만 고민을 드러내 놓고 말하면서 아이 지도에서 '자율'과 '방임'에 대한 부모 나름의 울타리를 만들 수 있었다.

3) 학급 학부모 다모임에 대한 학부모들의 생각

"우리 아이들의 학교생활과 엄마들이 느끼는 아이들의 성장 과정을 서로 얘기하면서 공감할 수 있어서 좋았습니다."

"아이가 학교에서 어떻게 생활하고 있는지 궁금할 때나 아이의 행동 중 어떻게 지도를 해야 할지 모를 경우에 부담스런 개인 학교 방문이 아닌 자연스런 교사-학부모 다모임으로 이야기를 나눌 수 있어 만족스러웠다."

"우리 엄마들도 1학년 민들레반이 되어 한 달에 한 번씩 아이 자리에 앉았습니다. 엄마들과는 아이들 키우며 어렵고 궁금했던 내용들을 공유하고 배울 수 있었습니다. 그리고 아이 자리에 앉다 보니 서랍과 사물함에서 나오는 낙서장부터 교실에 전시되어 있는 활동 작품들을 둘러보는 것 또한 큰 재미였습니다. 선생님께서는 아이들이 지난 한 달 동안 무엇을 했고, 앞으로 무엇을 배워 나갈지 알려 주셨고 덕분에 막연했던 궁금증이 해소되었습니다. 저는 다모임에 다녀와서 남편에게 아이의 학교생활에 대해 더 많은 이야기를 전해 줄 수 있고, 남편은 퇴근 후 아이와 짧은 시간 동안 좀 더 구체적인 대화를 나눌 수 있었습니다."

"선생님께서 '우리' 학교, '우리' 교실, '우리' 아이의 특수성을 바탕으로 올바른 교육 방향을 제시해 주셔서 교육 안에서 방황하던 저에게 큰 도움이 되었습니다."

"'내 아이가 정말 행복한 학교생활을 하고 있구나. 참된 부모가 되려면 이렇게 해야 하는구나. 학교의 운영 방침은 이런 거구나.' 하는 것들을 모두 느끼고 배울 수 있었다. 다모임…. 스승과 부모의 진정한 소통의 자리."

"편안하고 자유로운 분위기가 좋았습니다. 토론을 통해 교육에 대한 여러 엄마들의 마음속 이야기를 들을 수 있었고 서로 다른 관점을 이해할 수 있게 되었습니다. 우리 학교를 위해 학교의 구성원으로 목소리를 낼 수 있다는 것이 만족스러웠고 자부심도 느껴졌습니다.”

“학교와 가정이 동반자적 관계를 이어 나가며 긴밀한 협력을 할 수 있는 가장 바람직한 방법입니다. 학부모는 학교와 학급 운영에 도움을 주고 싶지만 방법을 몰라 안타까웠고 교사는 가정에서도 교육의 일관성이 지켜지기를 희망한다는 걸 알게 되었습니다.”

4. 평가 통지

(1) 평가의 관점

초등학교 1학년 때부터 지나치게 공부를 강요당하는 데다 성적이 낮으면 자신감을 잃어버리기 때문에 이 시기에는 자아 존중감을 잃지 않도록 해 주는 것이 좋다. 어린이들은 부모와 교사가 자신을 어떻게 평가하느냐에 따라 자아 존중감과 자신감을 키워 갈 수도 있고 자신의 능력을 믿지 않는 자신감 없는 아이로 자라날 수도 있다. 초등학교에 입학한 지 얼마 되지도 않았는데 자신은 수학을 못 한다며 수학이 싫다고 말하는 어린이도 있다. 이는 취학 전 이미 많은 수학 시험을 보면서 받은 점수가 낮았기 때문에 자신은 수학을 못 하는 아이라고 생각하는 것이다. 설상가상으로 아직도 일제고사형 중간고사와 기말고사를 실시하는 학교가 많은데, 심한 경우 초등학교 1학년에서 통합 교과까지 포함하여 시험을 실시하는 곳도 있다.

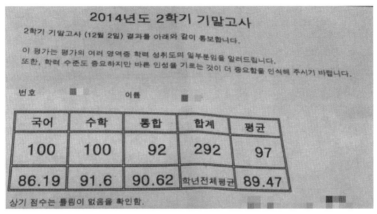

〈그림3〉 한 초등학교의 1학년 2학기 기말고사 통지표 사례

교과	국어	수학	바른 생활	슬기로운 생활	즐거운 생활	평균
성적	74	82	82	79	90	81.40

성취수준 점수	우수학력		보통학력		기초학력
	100~90점	89~80점	79~70점	69~60점	59점 이하
국어	142명	37명	19명	4명	

〈그림4〉 한 초등학교의 1학년 2학기 기말고사 통지표

학교생활을 처음 시작하는 초등학교 1학년 수준은 천차만별인데, 일률적으로 정해진 공부를 강요받고 일률적인 기준에 의해 평가를 받다 보면 어린이들은 학습에 흥미와 동기를 잃을 뿐 아니라 자신감도 잃어버릴 수 있다.

따라서 초등학교 1학년에서의 평가는 수업과 구별해 따로 하지 않고 수업 시간, 노는 시간 등 어린이들의 모든 학교생활을 지속적으로 관찰하고 수업 시간에 수행하는 발표, 문제 풀이, 작품을 완성해 가는 과정, 꾸준히 연습하는 태도 등 여러 가지 능력을 바탕으로 평가를 하는 것이 좋다. 평가를 하는 이유는 공부한 내용을 얼마나 이해하고 있는가를 확인하기 위해서이며, 그 결과가 덧셈은 잘 하는데 뺄셈은 못 한다고 나왔다면 뺄셈을 잘 할 수 있도록 교사가 어떻게 돕느냐를 위한 자료로 활용하려는 것이다. 그렇기 때문에 성취기준에 따라 세분화된 평가목표를 수립하여 차시 수업 중심의 평가를 하거나 시험지를 활용한 평가를 하는 것이 아니라 학년군 성취기준을 바탕으로 한 단원 전체의 과정 혹은 한 학기, 길게는 1년 전체의 과정에서 평가를 해야 한다. 즉 단위 수업 시간에 나타난 결과를 피드백 자료로 활용해 어린이 개개인의 성장과 발달을 지원하고 긴 흐름으로 오랫동안 관찰을 해야 하는 것이다. 또한 관찰의 목적은 이해이지 객관성 같은 것을 얻기 위해서가 아니다. 어린이를 보고 이해하는 것은 공감의 행위이며, 잘 가르치기 위해 교사가 해야 할 핵심 과제 중 하나다.

(2) 평가 결과 통지

평가 통지표는 교사가 어린이에게 주는 피드백에 불과하다. 이

교과	영역	평가 내용	평가
국어	문법	한글 낱자(자모)의 이름과 소릿값을 알고 획순에 따라 바르게 쓰기	○
	듣기·말하기	여러 사람 앞에서 소개할 내용을 자신 있게 말하고 바른 자세로 듣기	◎
	문학	글과 그림을 관련지으며 그림책을 읽고 내용의 흐름을 이해하기	○
	읽기	의미가 잘 드러나도록 문장 부호의 쓰임에 알맞게 글을 띄어 읽기	◎
	쓰기	그림일기의 형식에 맞게 기억에 남는 일을 그림일기로 쓰기	◎
수학	도형	모양의 특징에 따라 여러 가지 물건들을 분류하기	◎
	확률과 통계	자신이 정한 기준에 따라 물건을 분류한 후 분류 기준 설정하기	◎
	수와 연산1	합이 9 이하인 덧셈과 한 자릿수의 뺄셈하기	◎
	수와 연산2	50까지의 수를 세어서 쓰고 두 가지 방법으로 읽기	◎
	측정	물건의 무게, 넓이, 들이를 비교하여 비교하는 말로 표현하기	◎
바른생활	학교와 나	교통안전 규칙을 알고, 안전하게 등·하교하기	◎
	봄	생명의 소중함을 알고 주변의 생물을 아끼고 보호하기 위한 방법 실천하기	◎
	여름	우리 집의 규칙을 소개하고, 상황에 알맞은 인사예절을 바르게 실천하기	◎
슬기로운 생활	학교와 나	친구에 대해서 알고 싶은 것을 조사하여 소개하기	◎
	봄	봄이 되어 달라진 모습을 설명하고 봄의 모습과 겨울의 모습 구별하기	◎
	여름	여름방학 동안 하고 싶은 일을 생각하여 계획 세우기	◎
즐거운 생활	학교와 나	학교의 모습과 학교생활의 특징을 찾아 다양하게 표현하기	◎
	봄	내가 살고 싶은 집을 창의적으로 꾸미고 친구들에게 소개하기	◎
	여름	협동하여 여름 축제를 준비하고 친구와 어울려 즐겁게 참가하기	◎

〈그림5〉 초등학교의 1학년 1학기 통지표 사례.
4단계 평가: ◎매우 잘함 ○잘함 △보통 ×노력 바람

피드백은 각각의 어린이를 대상으로 한 일종의 교사(교단) 일기 정도로 생각해서, 어린이들이 흥미를 갖고 자신이 진정으로 원하는 것이 무엇인지 스스로 찾을 수 있도록 조언하고 어떤 점에 좀 더 집중하면 좋을지에 대해 제언을 하는 정도로, 어린이 개인의 학습과정에 대한 개별 보고서로 작성하면 좋을 듯하다. 그리고 1 년에 최소 한 번 정도는 학부모를 직접 만나 어린이의 전면적 성장과 발달에 대한 상담을 하는 것도 좋다.

현재 전국적으로 많이 사용하고 있는 '교무 업무 시스템'을 활용한 통지 방법에 대해서도 성찰이 필요하다. 학생의 발달 상황을 서술하게 되어 있는 학생생활기록부와 달리, 대부분의 학교에서는 통지표 통지 방식을 각 교과마다 영역별로 단계형 평가를 해서 4단계 혹은 3단계로 구별하여 표시하는 방법을 채택하고 있어 측정 평가로 불필요하게 시간을 소모하는 경우가 많다. 이런 4단계 평가가 일상화되면서 어린이들은 통지표를 받자마자 평가 결과를 확인하여 '매우 우수'가 몇 개 나왔는지 살펴보고 다른 친구들 것과 비교한다. 교사는 의도하지 않았지만 경쟁을 하는 상황이 벌어지는 것이다.

리투아니아에서는 '항상(N)', '자주(D)', '종종(K)'이라는 세 단어로 아이들의 학습 결과를 표현한다. 품성, 모국어, 수학 세 영역으로 나누어서 기록하는데, 모국어를 예로 들면, 다시 다음과 같이 8개 항목으로 기록된다.

- 자신의 생각을 분명하게 표현할 수 있다.
- 분명하고 정확하게 읽는다.
- 다양한 장르의 작품을 읽고 소개한다.
- 글로써 생각을 생생하게 표현한다.

- 바르고 예쁘게 글자를 쓴다.
- 문법 규칙을 안다.
- 문법 규칙을 적용할 수 있다.
- 정보를 활용한다.

이러한 8개 항목에 대해 '항상(N)', '자주(D)', '종종(K)'를 표시하는 것이다.

프랑스에서는 '습득', '습득 중', '미습득' 3단계로 구분하며, 간혹 사소한 시험들은 20점 만점으로 점수를 주고 있기도 한다. 최근에 프랑스에서는 점수제 폐지 운동이 전개되고 있다. 점수를 매기는 것은 학생들의 학업 실패를 더욱 강조하면서 자신감을 잃게 하며, 경제협력개발기구(OECD)에 가입한 다른 나라 학생들보다 프랑스 학생들이 실수에 대한 두려움이 많고 학교에서는 불안하고 결과에 대해 예민하다는 이유 때문이다.

어린이들의 전면적 발달에 중점을 둔 평가라면 그 결과 통지에 대해서도 적절한 방법을 찾아야 한다.[9] 학습 준비성, 협력성, 참여도, 자발성, 과제 해결력, 이해력, 표현력 등의 기준을 정해 두고 한 학기, 1년 동안 관찰한 것 중 의미 있는 것으로 기술해야 한다.

또 평가를 할 때는 어린이들의 전면적 발달의 관점에서 기술되

---

9. 단위 학교 교육과정위원회와 학업성적관리위원회 회의를 거쳐 단계형 평가를 하지 않고 서술형으로 평가하는 것으로 결정하면, 통지할 때 어린이들의 전면적 발달 관점에서 기술하여 통지할 수 있다.

어야 함을 원칙으로 하고 다양한 방식을 연구해야 한다. 평가 통지 횟수가 많고 평가한 내용이 길다고 해서 도움이 되는 것은 아니다. 학부모와 학교의 소통 문화가 일상적으로 자리 잡게 되면 평가 안내문과 횟수는 크게 중요하지 않다. 어린이들의 학교생활에 대해 학부모와 계속 소통하면 평가 양식은 점점 간결하고 비주기적 형태로 변하게 될 것이다. 평가 통지 내용도 어린이의 전면적 발달을 담아 낼 수 있도록 끊임없이 고민하여 변화를 추구해야 한다.

평가 통지문을 통해 수행하는 과제를 정리하면 다음과 같다.

① 평가 통지문에 어린이가 도달한 성취기준과 발달 정도를 기술하여 안내한다.

② 평가 결과는 단정적인 것보다 잠재력에 중점을 두어 안내한다.

③ 어린이의 행동을 지나치게 꼼꼼히 서술하기보다는 성장과 발달의 관점에서 서술한다.

④ 관찰의 기준은 학습 준비성, 협력성, 수업 참여도, 자발성, 과제 해결력, 이해력, 표현력, 종합력 등으로 하되 어린이에게 두드러지게 나타나는 점을 기술한다.

⑤ 학년별, 급별 특성에 맞는 성적 통지 양식을 학교 자체에서 개발한다. 평가 통지 양식은 어린이의 성장과 발달을 위한 자료이다. 따라서 교사에게 업무 부담이 과중되는 문서 작업은 지양한다.

(3) 평가 통지의 실제 사례

통지 양식과 내용은 상현초등학교 교육과정위원회에서 학년별
로 자율적으로 정하도록 하였다. 우리 학년에서는 동학년 협의회
에서 1학기 통지 방식을 정하였다. 통지표는 B4 용지를 반으로
접어 4면으로 만들었는데 그 내용은 표지, 1학기 배움살이 안내,
어린이의 자기 평가, 통지 내용에 대한 학부모 안내와 교사의 발
달 제언 등으로 구성하였다.

평가는 모든 어린이들이 교육목표를 성공적으로 달성하기 위
한 교육의 과정(過程)으로 실시하는 것이다. 따라서 평가를 잘 하

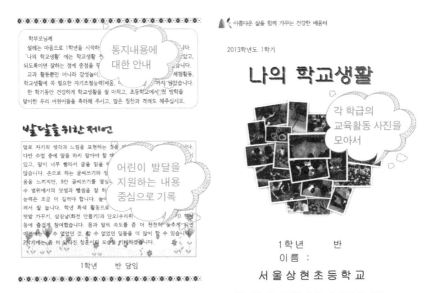

〈그림6〉 서울상현초등학교의 2013학년도 1학기 통지표. 표지(오른쪽)와 통지 내용에 대한
안내(왼쪽 위) 및 '발달을 위한 제언'(왼쪽 아래)으로 이루어져 있다.

서울 상현초 1학년 1학기 배움살이

영역	활 동 내 용
국어	- 듣는 이를 고려하여 자신의 기분이나 느낌을 말로 표현하기 - 한글 낱자(자모)를 알고 정확하게 발음하기 - 낱말과 문장을 정확하게 소리 내어 읽기 - 글자를 익혀 글씨를 바르게 쓰기
수학	- 50까지 수의 순서를 이해하고 수의 크기 비교하기 - 10보다 작은 ... ... - 주변에서 ... 려 가지 모양 만들기 - 구체물의 길 ... ...내기
통합	- 학교 안에 ... ... 이용하기 - 교통안전규칙 ... - 교실과 주변 ... - 씨앗을 심어 ... - 계절(봄, 여 ... - 계절(봄, 여 ... 참여하기 - 가족 간에 ... 일을 조사하여 발표하기 - 집에서 아끼 ... 양한 방법으로 표현하기 - 스스로 공부 ... - 생활 속에서 에너지를 절약하는 방법을 알고 실천하기
아침열기 · 하루닫기	- 다양한 아침열기 활동(아침 모임, 오카리나, 몸을 깨워요, 책 읽어주기, 시 읽기, 도형놀이와 칠교놀이)에 참여하여 몸과 마음을 깨우기 - 하루닫기에 참여하여 하루 일을 돌아보고 생각하는 성찰의 시간 갖기
놀이시간	- 30분간의 자유로운 놀이시간을 통해 친구와 우정을 쌓고, 몸과 마음을 골고루 기르기
계절의 흐름으로 여는 한해살이	- 세시풍속 활동(삼짇날과 단오 행사)에 참여하여 조상들의 지혜를 배우기 - 숲 체험을 통해 계절의 변화를 느끼고 오감 발달시키기 - 텃밭 가꾸기와 식물 기르기를 통해 생명의 소중함을 느끼고, 수확의 기쁨 맛보기
감성놀이	- 흙놀이를 통해 흙의 다양한 특성을 익히고 표현에 대한 자신감과 예술적 감각 기르기 - 다양한 악기체험을 통해 계이름을 익히고, 오카리나의 운지법을 익혀 연주하며 음악적 감수성 기르기 - 수공예를 통해 소근육을 발달시키고, 생활에 필요한 작품을 만들어 보는 기쁨 맛보기
배움	(경청) 허리를 반듯하게 세우고 바른 자세로 다른 사람의 이야기를 귀 기울여 듣기 (발표) 바른 자세로 서서 발음을 분명히 하여 알맞은 목소리로 또박또박 말하기 (주의집중) 학습 활동 중 바른 자세로 앉아 활동에 집중하며 주어진 시간 동안 과제 완수하기
다스림	(정리정돈) 책상과 의자, 사물함과 책상 서랍 바르게 정리하기
어울림	(교우관계) 친구들과 사이좋게 지내며, 문제가 발생하면 대화를 통해 갈등 해결하기

교과 영역뿐 아니라 학교생활의 전반적인 교육 활동 내용을 간단하게 기록함.

〈그림7〉 서울상현초등학교 1학년 1학기 배움살이 예

나의 1학기를 돌아보아요.

영역	활동 내용
국어	(
수학	(
통합 (학교 봄 가족 여름)	(((
아침열기 · 하루닫기	'아침열기' 활동 ~ 있었어요.
놀이시간	(하였어요.
배움 · 다스림 · 어울림	1학년이 되어 스스~ 1학년 1학기 학교~

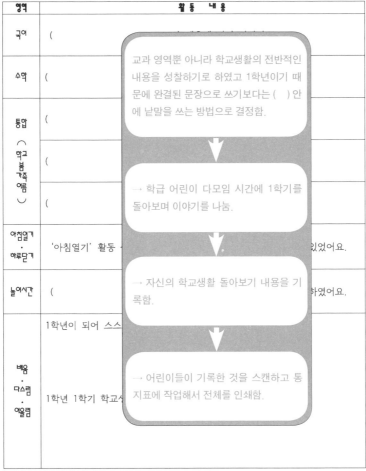

교과 영역뿐 아니라 학교생활의 전반적인 내용을 성찰하기로 하였고 1학년이기 때문에 완결된 문장으로 쓰기보다는 ( ) 안에 낱말을 쓰는 방법으로 결정함.

→ 학급 어린이 다모임 시간에 1학기를 돌아보며 이야기를 나눔.

→ 자신의 학교생활 돌아보기 내용을 기록함.

→ 어린이들이 기록한 것을 스캔하고 통지표에 작업해서 전체를 인쇄함.

〈그림8〉 서울상현초등학교 1학년 자기평가 양식

기 위해서는 수업이 잘 되어야 한다. 각 교과별, 단원별 특징을 분석해 어린이들의 성장과 발달을 도모할 수 있는 수업을 하는 것이 중요하며, 또한 평가를 왜 실시하며, 무엇을 지향하는 평가인지 목적을 분명하게 인식하는 것이 필요하다. 좋은 평가에 대한 고민은 자연스럽게 수업을 어떻게 해야 할까를 고민하게 만든다. 그 고민이 나를 교사로 바로 설 수 있게 만들 것이다.

[참고문헌]

교육부, 《교육과정 총론》, 2013

교육부, 《교육과정 총론 해설서》, 2013

백순근, 《일제강점기의 교육평가(한국교육사고 연구 논문7)》, 교육과
학사, 2003

서울형혁신학교학부모네트워크, 《행복한 나는 혁신학교 학부모입니
다》, 맘에드림, 2014

윌리엄 에어스, 《가르친다는 것》, 홍한별 옮김, 양철북, 2012

초등교육과정연구모임, 《행복한 혁신학교 만들기》, 살림터, 2011

초등교육과정연구모임, 《초등 교육을 재구성하라》, 에듀니티, 2013

한국교육네트워크 엮음, 《일제고사를 넘어》, 살림터, 2011

박수진, 〈한글 모르는 교실〉, 《한겨레21》 제1031호, 2014. 10. 8

평가를 넘어 아이들의 삶으로

손유미

1. 평가로부터 시작된 이야기

초등 교사가 된 지 벌써 14년째다. 지금의 학교에서는 초빙 기간을 보태 8년째 몸담고 있고, 4학년 때부터 6학년이 되어서까지 3년째 담임을 맡고 있는 우리 반 아이들도 중간에 전학 온 두 명을 빼고는 병설유치원 때부터 봐 오던 아이들이다. 3년 동안 연이어 한 학년씩 올라가며 아이들을 담임하는 것은 교직에서 흔한 일이 아니다. 그 시간들을 겪으며 3년 동안 한 명 한 명 아이들이 성장하는 모습을 더욱 자세히 들여다볼 수 있었다. 밖으로 드러나는 성장뿐만 아니라 안으로 깊어지는 성장도 생생한 이야기가 되어 고스란히 다가왔다. 이는 지금까지 지내 온 학교가 2012년 강원도 혁신학교인 강원행복더하기학교가 되면서부터 학교에서의 내 삶이 그 전과 전혀 다르게 흘러간 덕분이다.

학교를 바꾸긴 해야 할 텐데 어디서부터 시작해야 할지 몰라 현장학습이며 계절학교며 하고 싶었던 것을 모조리 하느라 바쁘기만 하고 막막함이 가시지 않았던 혁신학교 첫해, 교육 활동의 중심인 수업을 바꾸기 위해서는 결국 평가가 바뀌지 않으면 안 된다는 결론을 내리게 되었다. 수업은 잘 하고서 은연중에 수십 년간 이어진 선다형 중심 기말고사에 대비하고 있는 우리의 모습과 마주하게 된 것이다.

그즈음 당시 강원도 교육청에서 학교 혁신 정책의 일환으로 일제식 학력평가를 전면 폐지(2012년)하고 교사별 상시 평가제(2013년)에 이어 행복성장평가제(2014년부터 현재까지)를 도입하여 적극적으로 평가를 바꾸려는 시도를 하게 되었다. 처음에는 평가 자체에 매달리긴 했어도 그다음 해부터는 평가를 넘어 수업을 고민하게 되었고, 더 나아가 교육과정을 바라보게 되었다. 그결과 평가를 수업에 녹여 내려는 시도 끝에 수업에도 변화가 일어나고 관련 있는 내용끼리 통합해서 평가를 하면서 교육과정을 재구성해 교사 교육과정을 세우는 단계에까지 오게 되었다.

서툴지만 과감했던 도전과 정책적 뒷받침으로 가장 힘든 부분을 덜 아프게 긁어 낼 수 있었다. 더구나 이 모든 과정에는 나 혼자만의 말과 행동이 있었던 것이 아니다. 함께 고민하고 이야기를 나누었던 학교 안팎 선생님들의 집단지성과 뜨거운 협력이 깊게 깔려 있었다. 여러 차례 협의하고 수십 번 연수를 하면서 교육철학을 단단히 하였고, 이를 통해 평가의 철학을 다지면서 교실에서 실천할 수 있었다.

그런데 해가 거듭될수록 능숙해지는 것은 다양한 평가 방법이나 수업의 기술, 교육과정 재구성의 기법들만이 아니었다. 관찰에 중점을 두고 아이들 편에 서서 평가를 하다 보니 아이들을 이해하게 되고, 나를 돌아보게 된 것이다. 그리고 어느 순간 삶이 보이기 시작했다. 아이들이 어떤 삶을 살고 있는지 보고, 어떤 삶을 살고 싶어 하는지 듣기 시작했다. 그리고 과연 나는 아이들의 삶을 있는 그대로 보려고 했는지 생각했다.

아이들이나 선생님들이나 학교에서 보내는 시간은 앞으로 겪게 될 삶에 대한 연습이 아니라 삶 그 자체다. 학교에서의 삶을 전체로서 보지 못하고, 학교는 잠시 머물러 가는 시간과 공간이라는 생각에 그 삶에 소홀했던 것인지도 모른다. 미래를 위한 준비를 멈추고 오늘의 삶의 든든한 바탕 위에서 건강하게 성장하며 내일을 꿈꾸도록 하는 것이 결국은 평가, 아니 교육을 하는 목적이다.

이 글은 2012년부터 지금까지 5년 동안 겪은 평가에 대한 이야기를 정리한 것이다. 그래서 2007 개정 교육과정과 2009 개정 교육과정의 기술이 모두 나타난다. 6학년을 중임해 이미 졸업한 아이들의 이야기도 있지만 3년을 연임한 지금 아이들의 이야기도 여러 해에 걸쳐 담겨 있다. 그 이야기 속에는 아이들과 나의 성장 과정이 담겨 있는데, 교육 활동의 마침표로 생각하던 평가로부터 이야기가 시작되고, 그것은 다시 '왜 평가를 하는가, 왜 교육을 하는가?'에 대해 근본적인 질문을 던지게 하면서 다시 우리를 성장케 하였다.

2. 그 흔한 평가의 내용과 방법

평가를 바꾸어 가면서 가장 많이 받은 질문은 '교사들이 평가를 바꾸는 데 가장 많이 어려워하는 것이 무엇이냐?'는 것이다. 내가 생각하기에 교사들이 가장 어려워하는 것은 무엇을, 어떻게 평가하느냐는 것이었다.

교사의 전문성은 교과서'를' 가르치는 것이 아니라 교과서'로' 가르치는 데 있다. 교과서는 교육목표를 달성하기 위해 교사가 선택적으로 활용하는 도구이므로 교사는 교과서의 내용을 100% 전달해야 하는 것은 아니다. 따라서 교과서를 평가에 활용하는 문제는 사실 그다지 중요하지 않다.

교과서(혹은 지도서)에 제시된 단원 목표와 (차시별) 학습목표 및 성취기준은 다르다. 교과서는 성취기준을 구체화한 것인데 교과서 연구, 집필, 심의와 같은 편찬 과정에 따른 특정 의도와 체계를 바탕으로 단원 목표와 학습목표가 좀 더 분절적으로 나타나며 성취기준과 다른 특성을 지닌다. 그래서 교과서가 아닌 성취기준에 근거해 평가할 것과 평가하지 말아야 할 것을 구분하여 평가할 필요가 있다. 다만 국가 수준 교육과정 또한 비판적 읽기가 필요하다.

교육과정의 성취기준을 분석하는 데 앞서 무엇보다도 중요한 것은 각 교과와 교과 영역에 대한 이해다. 교육과정 총론 평가 활동에는 "학교는 다양한 평가 도구와 방법으로 성취도를 평가하여 학생의 목표 도달도를 확인하고, 수업의 질 개선을 위한 자료로 활용한다."고 나와 있다. 교과와 영역을 바로 보게 되면 의도적으로, 양적으로 다양한 평가 방법을 지향하지 않더라도 그 특성에 맞게 결과적으로, 질적으로 다양한 평가를 하게 된다.

　예를 들어 국어의 경우 대부분 영역에서 말보다는 글로만 평가하는 경우가 많다. 교과서와 평가지에서는 듣거나 말하는 것도 모두 써야 하는 것으로 습관적으로 요구해 왔다. 영어도 다른 외국어를 학습할 때와 마찬가지로 실제 활동을 통해 언어 기능을 익히고 그 과정에서 평가를 해야 하는데 현실은 전혀 그렇지 않은 상황이다. 수학에서는 평가가 수학적으로 '생각하는 능력'이 아니라 수와 연산에만 집중된다. 그래서 다섯 개의 영역이 있음에도 수와 연산 영역을 잘하지 못하면 수학을 못하는 아이로 낙인찍는다. 수와 연산 영역을 어려워해서 수학을 포기하고 수학적으로 생각하는 능력까지 포기하는 것을 막기 위해서는 영역에 따라 아이의 특성에 맞는 평가가 필요하다.

　사회나 과학에서도 주로 단순 지식을 묻는 평가가 많다. 그러나 이들 교과는 탐구가 본질이다. 사회현상을 탐구하기 위해 여러 자료를 수집하고 해석하도록, 자연현상을 탐구하기 위해 대상을 관찰하고 실험을 하게 하고 평가를 해야 한다. 음악, 미술, 체육도 마찬가지다. 예술 교과군과 체육에서는 지식 및 기능 평가만을 중시하는 관점을 지양해야 한다. 이론적 이해를 평가해야 한다는 관념으로 표현, 활동, 생활 교과의 본질에 맞지 않는, 별도의 이론 평가를 하는 경우가 많다. 또는 나타난 결과만 가지고 아이를 보는 결과 평가를 지양해야 한다. 표현의 과정에서 아이들은 안으로 다양한 생각과 문제에 부딪힐 수 있다. 그래서 교사는 과정을 봐야 한다. 이는 생활 교과인 도덕과 실과도 마찬가지다.

(1) '탐구'에 충실한, 사회 교과 평가

● 성취기준: 5 · 6학년군 '지리'
‐ 우리나라 자연적 특성(기후와 지형 등)의 변화를 말할 수 있
  다.

● 수업 및 평가 활동

〈그림1〉 지형도를 보며 자연적 특성 알아보기

사회 시간에 지형도를 살펴보며 우리나라의 자연적 특성 중 지
형에 대해서 파악하는 활동을 할 때였다. 아이들에게 각자의 지

형도를 보더라도 모둠에서 함께 이야기를 해 보고 지형도를 보고 알게 된 것을 칠판에 써 보도록 했다. 그리고 아이들이 칠판에 쓴 내용은 '맞다, 틀리다'로 정리하지 않고, 쓴 내용이 맞으면 맞은 대로, 틀리면 틀린 대로 지형도 등의 자료에서 근거를 찾아 이야기하도록 했다.

그런데 한 아이가 쓴 '독도는 거의 평지다'라는 내용이 예상치 못한 논란을 불러일으켰다. 독도가 평지라고 쓴 아이에 따르면, 등고선의 색깔이 초록일 경우 평지에 해당하는데 지도에는 초록색으로 표시가 되었다는 것이다. 그런데 다른 아이가 사진을 보면 분명 독도는 바위산으로 이루어졌다고 말했다. 나로서도 양쪽 주장이 다 맞는 것 같아 헷갈리기 시작했다. 그러다 한 아이가 지도 한쪽에서 범례를 찾아냈다. 지도마다 다르지만 해발고도 100~200m까지는 초록색, 즉 평지에 포함된다는 것이다.

아이들은 지도에서 읽어 낸 사실이 아니라 이미 선행 학습으로 알고 있었던 지식에 대해 맞고 틀림을 가르려고 말로만 따지며 싸우는 것이 아니라, 자료를 충실히 읽어 내고 그것을 바탕으로 판단하며 탐구해 나갔다. 사회과에서 다루는 지식을 주로 선다형으로 평가하고, 정답인가 아닌가를 물었던 지난 시간에서는 만날 수 없는 소중한 장면이었다.

(2) '수학으로 생각하는 힘'을 기르는, 수학 교과 평가

1) 활동적으로 수학하기

● 성취기준: 3 · 4학년군 '확률과 통계'
— 실생활 자료를 수집하여 막대그래프로 나타낼 수 있다.

〈그림2〉 막대그래프를 그려 서로의 키 비교하기

● 수업 및 평가 활동

수학 시간에 자신이 막대그래프의 막대가 돼 서로 키를 비교하는 활동을 해 보았다. 막대그래프의 특성상 비교를 해야 하는 상황이었기 때문에 아이들의 동의를 얻어야 했는데 싫어하는 아이는 없었다. 아이들은 먼저 화이트보드에 어떻게 막대그래프를 그릴 것인가 이야기를 나누었다. 가로축과 세로축에 들어갈 내용을 정하면서 대강의 형태를 잡고, 교실 바닥에 보드마카를 이용해 그려 나가기 시작했다.

그런데 눈금을 표시해야 하는 과정에서 문제 상황을 만나게 됐고, 의도하지 않았던 수학 토론이 벌어졌다. 문제가 되는 것은 바로 눈금의 간격이었다. 눈금의 간격을 1㎝나 2㎝로 하려니 너무 많은 눈금을 그려야 했고, 5㎝나 10㎝로 하자니 키 차이가 별로 나지 않는 아이들도 있어서 정확하게 표시할 수 없었던 것이다. 거듭 이야기한 끝에 모두의 키를 표시해야 하니 눈금 간격을 좁게 하기로 했는데, 발끝부터 눈금을 표시하며 머리 쪽으로 올라오다 보니 힘들다고 호소하는 목소리가 나왔다. 필요 없는 부분은 생략했으면 좋겠다는 이야기가 나왔고, 이어지는 토론 끝에 아이들은 나름대로 물결선의 필요와 개념에까지 접근하게 되었다. 교사는 아이들이 자료를 막대그래프로 표현하기 위한 기초를 이해하고 있는지를 알 수 있었고, 덩달아 문제 상황에 놓인 아이들이 문제를 풀어 가는 과정도 볼 수 있었다.

2) 교실 밖에서 수학 하기

● 성취기준: 6학년 '측정'
 ─ 원의 넓이 구하는 방법을 이해하고, 이를 구할 수 있다.

● 수업 및 평가 활동

〈그림3〉 반지름을 구해 운동장에 원 그리기

수학 시간에 운동장에 직접 3.14㎡의 원을 그리는 시간을 가져 보았다. 교실에서 이미 3.14㎠의 원을 그려 보고 밖으로 나온 상황이었다. 굳이 운동장에서 활동을 하게 된 것은 아이들이 평가지에서 벗어나 직감적으로 원의 넓이를 이해할 수 있는 기회를 주기 위함이었다.

아이들은 원의 넓이에서 반지름을 찾아내고 나서 원을 그렸는데, 그 과정에서 같은 주간에 배웠던 태양의 고도 측정 방법과 혼동해 이미 반지름만큼 잘라 놓았던 실을 막대의 아래쪽이 아니라 위쪽에 올리는 실수를 하였다. 그리고 막대의 아래쪽에는 수직임을 증명하는 직각자를 두어야 하는 것도 생각하지 못했다. 수학과에서 연산이 빠지고 측정 활동에 집중하는 것이 처음이었기에 충분히 이해할 수 있는 상황이었다. 나 역시 평가를 혁신하기 위해 애를 쓰면서 평가지와 수업 기술에서 벗어나 교육과정을 공부하기 시작했으니 말이다. 교육과정 수학과의 교수 · 학습 방법에 따르면 "구체적 조작 활동과 탐구 활동을 통하여 학생 스스로 개념, 원리, 법칙을 발견하고 이를 정당화하게 한다."고 하였다.

〈그림4〉 운동장에 원을 그리고 넓이 구하기

다음 활동으로 아이들은 동계 올림픽 종목인 컬링의 하우스를 그려 보며 계산기로 원의 넓이를 계산하였다. 교육과정 수학과 평가에는 "수학 학습의 평가에서는 선택형 위주의 평가를 지양하고 서술형 평가, 관찰, 면담, 자기평가 등의 다양한 평가 방법을 활용하여 수학 학습에 대한 종합적인 평가가 이루어질 수 있게 한다. 수학 학습의 평가에서는 평가하는 학습 내용과 방법에 따라 학생에게 계산기, 컴퓨터, 교육용 소프트웨어 등의 공학적 도구와 다양한 교구를 이용할 수 있는 기회를 제공한다."고 명시되어 있다. 아이들은 측정 영역을 학습하는 중이었고, 영역의 특성에 맞게 측정 활동을 할 수 있도록 계산기를 활용한 것이다.

이는 연산의 부담에서 벗어나 원의 넓이를 구하고, 원의 크기를 직감적으로 느끼며, 정확한 수치로 비교하는 활동에 집중하기 위함이었다. 만약 수와 연산 영역을 동시에 평가하고자 한다면 계산기를 활용하지 않아도 되지만 수와 연산에 자신이 없는 아이들은 측정 과정과 결과에 다가가기 전에 좌절할 수도 있다.

다음에 나오는 표는 평가의 관점을 바로 잡고 흔들리지 않기 위해 과거에 일목요연하게 썼던 이원목적분류표와는 다른 방향에서 간단하게 작성해서 활용하던 평가표다. 중요하게 생각했던 내용은 성취기준에 따른 평가 관점이었다. 아이에 대해 자세한 내용을 길게 쓰기보다는 그때그때 있는 그대로 본 것을 낱말이나 구의 형태로 기록하거나 반대로 있는 그대로 보기 위한 수단으로 활용했고, 수업 활동 중에 활동을 분석해 피드백하거나 나중에 과정과 결과를 정리할 때 활용했다.

교과	수학	영역	측정	단원	5. 원주율과 원의 넓이		
성취 기준	원주와 원의 넓이 구하는 방법을 이해하고, 이를 구할 수 있다.						
평가 관점	1. 기본 개념과 원리, 측정 방법에 대한 이해를 바탕으로 활동하는지 관찰한다. 2. 계산기를 쓰게 하여 측정 활동에 집중할 수 있도록 돕는다. 3. 다양한 공간을 활용하여 실제의 길이, 넓이에 대한 감각을 기를 수 있도록 한다.						
		관찰 내용			분석 내용		비고
1	김 ○ ○						

(3) 움직임의 '의미'를 살리는, 체육 교과 평가

● 성취기준: 3·4학년군 '도전 활동'

　― 더 나은 동작을 수행하기 위한 기본 기능을 익히고, 정확
　　하고 아름다운 동작을 표현할 수 있는 방법을 실천한다.

　― 동작 도전 활동에 참여하면서 어려움이나 두려움을 극복
　　하여 자신 있게 표현할 수 있는 '용기'의 개념을 이해하고
　　이를 기른다.

● 수업 및 평가 활동

　체육 시간에는 동작 도전 활동으로 평균대 위에서 자신이 정

한 동작을 수행해야 할 때가 있었는데, 막상 평균대에 오르고 보면 그 높이가 아래에서 보던 것보다 더 높게 느껴지고 폭도 좁아 많은 아이가 당황해할 만큼 평균대 위에서 동작을 취한다는 것이 쉬운 활동은 아니다.

〈그림5〉 평균대 위에서 균형 잡기

그런데 한 아이가 이미 목표한 동작을 성공적으로 수행했음에도 어려운 동작에 계속 도전했고, 처음에 자신이 성공했던 동작보다 더 어렵고 힘든 동작을 완성하는 것이었다. 이 아이의 계속되는 도전을 보면서, 동작의 실패와 성공 여부를 떠나 동작 도전 활동에 '도전'하는 것이 성취기준에도 맞는 평가 관점이 아닐까 하는 생각을 하게 되었다. 이 수업과 평가 활동을 통해 도전 활동의 의미를 곱씹어 보고 교육과정을 다시 읽어 보며, 어렵고 두려

운 상황에서 발휘하는 용기보다 결과적으로 성공 여부에 더 초점
을 맞추었던 내 평가 관점을 돌아보았다.

(4) 표현에 담긴 '마음'을 읽는, 미술 교과 평가

1) 표현의 과정 살펴보기

- 성취기준: 5 · 6학년군 '체험: 지각, 표현: 주제 표현'
  - 주변 대상을 탐색하여 느낌과 생각을 다양한 방법으로 나
    타낸다.
  - 다양한 주제를 탐색하여 자유롭게 표현한다.

- 수업 및 평가 활동

〈그림6〉 자연 속에서 주제를 찾는 색 찾기

자연에서 다양한 재료를 찾아 주제를 표현하는 활동을 한 적이 있었는데, 교실에서 도화지 위에 평면으로 나타내다 보니 친환경적이지 않은 글루건을 사용하게 되고 남은 자연물들은 쓰레기가 되어 버렸다. 그래서 자연물은 자연 속에서 저절로 흩어져야 한다는 데 생각이 미쳤고, 자연 속에서 하는 활동이 오히려 더 의미가 있을 것 같아 날씨 좋은 날을 잡아 학교 주변 바닷가로 나가게 되었다. 아이들은 바닷가에서 찾을 수 있는 여러 자연 재료를 찾아다니며 각자가 표현하고 싶은 주제와 맞춰 가기 시작했다.

　　한 아이는 조개껍데기와 시든 바다풀들을 양껏 모으더니 사람의 얼굴을 표현했는데, 얼굴이 완성되어 가는데도 한참을 더 조개껍데기를 찾아 넓은 바다를 헤맸다. 나중에 보니 검은 눈동자와 빨간 입술을 표현하기에 알맞은 색깔이 있는 조개껍데기를 찾으러 그 넓은 바닷가를 헤매고 다닌 것이었다.

〈그림7〉 자연 속에서 주제에 맞는 장소 찾아 표현하기

또 한 아이는 같은 조개껍데기와 바다풀을 가지고 해파리를 표현하는데, 비교적 단순한 형태를 표현하는 듯 보였는데도 이리 놓았다 저리 놓았다 고민을 했다. 가까이 가서 보니, 바다풀을 그냥 모래 바닥에 놓았을 때와 바위틈의 물이 고인 곳에 놓았을 때 해파리의 느낌이 완전히 달랐다. 바다풀이 물 위에서 나풀거리는 덕에 해파리의 느낌을 충분히 풍부하게 살릴 수 있었던 것이다.

이 두 아이의 모습에서 활동 결과물만을 가지고 하는 평가가 얼마나 단선적일 수 있는지 깨닫게 되었다. 아이들의 모든 것을 결과만으로 볼 수 없다는 것을 다시 한 번 생각하게 되었다. 배우는 과정에 있는 아이들의 모습을 더 자세하게 살펴야 하며, 어떤 생각과 고민을 하고 있는지, 아이들의 활동은 어떤 의미를 가지는지, 어려움은 없는지를 보아야 하는 것이다.

2) 다양하게 그림 읽기

- 성취기준: 5·6학년군 '감상: 미술사'
  - 미술의 시대적·지역적 특징을 알아보고 문화적 전통을 이해한다.

- 수업 및 평가 활동
그동안 미술 수업에서 풍속화를 다루다 보면 김홍도와 신윤복의 작품에만 한정되어 있었는데, 그래서 '어느 시대의 풍습이나 일상생활을 주제로 그린 그림'이라는 풍속화의 사전적 정의와 교육과정의 성취기준에 따라 시대별로 풍속화 작품의 범위를 넓혀 감상하는 데에 수업과 평가의 핵심을 두었다. 그랬더니 선사시대부터 지금에 이르기까지 벽에 새긴 그림은 물론이거니와 시대의 일상을 그린 풍속화가 무수히 많아지면서 그 안에 담긴 일상을 읽어 내는 활동이 더욱 활발해졌다. 보통은 교사가 풍속화 몇 작품을 주고 감상하게 하는 데 그치지만 아이들이 직접 학교 도서관에 구비된 책들 속에서 풍속화라고 할 수 있는 작품을 찾아와 이야기를 나누게 하는 것도 좋겠다.

<표2> 미술의 시대적 · 지역적 특성에 대한 평가 사례

미술 교과	7. 우리들의 일상	6학년

※ 다음은 우리나라 각 시대별 풍속화입니다. 그림에서 볼 수 있는 일상의 모습을 쓰세요.

〈그림8〉 [암각화] 울산 반구대(선사시대)

〈그림9〉 [무용도] 무용총 벽화(삼국시대 : 고구려)

3. 평가, 성장의 발판이 되다

(1) 아이 중심의 평가

● 성취기준: 3 · 4학년군 '도전 활동'
 — 더 나은 동작을 수행하기 위한 기본 기능을 익히고, 정확하고 아름다운 동작을 표현할 수 있는 방법을 실천한다.
 — 동작 도전 활동에 참여하면서 어려움이나 두려움을 극복하여 자신 있게 표현할 수 있는 '용기'의 개념을 이해하고 이를 기른다.

● 수업 및 평가 활동
 평가를 할 때 대부분의 교사나 부모들은 모든 아이에게 똑같은 기준을 적용시키는 것이 객관성 면에서 중요하다고 생각한다. 아마도 경쟁적 바탕 위에서 아이들을 비교하는 서열화가 관행이 되어 있어서일 것이다. 그러나 평가가 아이들의 성장과 발달을 돕는다고 할 때 이는 옳은 평가 관점일까?
 뜀틀을 넘으며 동작 도전 활동을 하는 시간이었다. 아이들이 뜀틀의 높이에 상당한 부담을 느끼는 것 같아서 뜀틀의 높이와 방향을 스스로 선택할 수 있게 했다. 뜀틀을 가로로 놓은 것이 힘든 아이들은 유연성이 떨어지는 경우였고, 뜀틀을 세로로 놓았을 때 잘 넘지 못한 아이들은 손으로 뜀틀을 짚은 뒤 버티고 미는 힘이 약한 경우였다. 아이들은 튐틀의 단 수를 높이거나 방향을 바꾸어 보면서 다양하게 도전하는 모습을 보여 주었다.

이야기를 보태어 보면, 보통 이런 형태의 평가를 할 경우 평가하는 날이 정해져 있고 모든 아이가 똑같은 도전 기회를 갖는다. 그리고 평가는 대개 한 번에 그친다. 이것은 과정평가인가, 결과평가인가? 그래서 평가는 아이들과 만나는 모든 순간에 이루어지는 것이어야 하고, 이 수업에서도 튐틀을 처음 만나는 날부터 아이들에 대한 관찰은 이루어져야 한다. 그리고 그 과정에서 아이들을 돕는다는 교사의 역할을 분명히 해야 한다.

(2) 협력 위의 평가

평가에서 흔히 떠올리는 것이 경쟁적 패러다임이다. 경쟁은 배움에 있어 자신보다는 남에게 초점을 맞추어 지나치게 긴장을 하고, 이것이 오히려 성장과 발달을 방해한다. 협력은 하나의 과제를 집단적으로 해결하는 물리적인 개념으로도 볼 수 있지만 각자 활동을 하더라도 함께함으로써 배울 수 있다면 그것도 협력이다. 다음의 두 이야기는 모둠 활동과 개인 활동 속에서 협력이 어떻게 나타나는지, 협력이 어떻게 작용하여 서로의 성장을 돕는지에 대한 것이다.

1) 함께 활동하며 협력하기

●목표 : 5·6학년군 창의적 체험활동 '자율활동'
 － 다양한 협의 및 실천 경험을 통해 문제를 합리적으로 해결
 할 수 있으며, 민주적인 의사 결정의 기본 원리를 익힌다.

●수업 및 평가 활동

수학여행 중에 아이들이 스스로의 힘으로 목적지까지 찾아 가야 하는 과제를 준 적이 있다. 교사는 아이들이 활동하는 동안에는 안전에만 주의를 기울이며 아이들의 활동을 관찰하기만 했고, 어떠한 안내와 개입도 하지 않았다. 한 아이가 관광 안내소에서 지도를 구해 오자, 아이들은 함께 지도를 들여다보며 가야 할 길에 대해 열심히 주장을 하고 합의를 하며 길을 걷기 시작했다. 그런데 해는 뜨거운데 가까운 길을 두고 먼 길로 돌아가게 되는 일이 벌어졌다. 그 순간 교사는 개입의 충동을 느꼈지만 그냥 지켜보겠다는 처음 원칙을 지켰다.

그러자 아이들이 서로의 탓을 하며 짜증을 내는 상황이 벌어졌다. 집단 활동 속에서 늘 일어날 수 있는 일이었다. 아이들은 그늘에 앉아 실패 아닌 실패를 하게 된 까닭에 대한 이야기를 나누었다. 자신의 생각이 맞았다는 아이는 다른 아이들을 설득하지 못한 것을, 더 먼 길을 고집한 아이는 다른 아이의 이야기를 듣지 않은 것을 짚어 내고 결국은 모두가 합의해서 선택한 길이었음을

〈그림8〉 교사의 도움 없이 함께 목적지 찾아가기

인지하면서 갈등이 풀어졌다. 적당한 갈등은 오히려 배울 수 있는 기회를 만든다. 그러니 굳이 갈등을 피할 까닭이 없다.

2) 따로 활동하며 협력하기

- ●성취기준: 5·6학년군 미술 '표현: 조형 요소와 원리'
  - ─ 조형 요소와 원리의 특징을 이해하고 효과적으로 표현한다.

- ●수업 및 평가 활동

미술 시간에 조형 원리를 표현하는 만들기 활동을 하는데, 한 아이가 스티로폼 공과 이쑤시개를 사용해 구조물을 치밀하게 세

〈그림9〉 같은 재료를 가지고 다른 느낌으로 표현하기

우고 있었다. 그 친구의 활동을 지켜보던 다른 아이가 양해를 구하더니 그 친구가 사용하던 재료 중에서 스티로폼 공을 가져갔다. 그러고는 철사를 곡선으로 구부려 스티로폼 공을 불규칙하게 꽂기 시작했다. 같은 재료를 가지고 친구와 다른 느낌으로 표현한 것인데 자신이 세운 구조물 안에서도 주제가 달라졌다. 직선의 '에펠탑'에 자유롭게 등을 달아 유연함이 넘치는 '가로등'이라는 새로운 대상을 표현한 것이다.

그런데 처음부터 스티로폼 공을 사용하던 아이도 옆 친구의 작품을 눈여겨보더니 자신의 구조물 아래쪽에 스티로폼 공을 더 연결하기 시작했다. 구조물을 좀 더 안정적으로 만들기 위해서라고 했는데, 옆 친구의 '가로등'을 보니 삼각형 구도로 되어 있어 안정감을 느꼈다는 것이다.

두 아이는 각기 다른 주제로, 각기 다른 성격으로 활동에 참여하고 있었다. 한 아이가 치밀하고 꼼꼼하게 구조물을 세워 가고 있었다면 다른 아이는 즉흥적이고 자유롭게 표현하고 있었다. 이 이야기는 두 아이를 비교하는 시선으로 바라보자는 것이 아니다. 특징이 다른 개별 활동이지만 어떻게 협력의 관계에서 활동을 펼쳐 갔고, 무엇을 공유했으며, 그것은 어떤 의미인가를 살펴보자는 것이다.

(3) 평가로 완성한 평가

1) 의미를 살리는 평가하기

● 성취기준: 5·6학년군 미술 '표현: 조형 요소와 원리'
　— 조형 요소와 원리의 특징을 이해하고 효과적으로 표현한다.

● 수업 및 평가 활동
미술 시간에 조형 요소에 대한 이해 활동을 하면서 캐릭터를 중심에 놓고 면을 나누어 표현해 보았다. 한 아이가 위쪽에는 보라색 넓은 면으로 나타내고 아래쪽에는 하늘색 가느다란 선을 여러 번 그려 표현하였는데, 이 그림을 놓고 아이들끼리 이야기가 시작되었다. 한 아이가, "위쪽이 아래쪽보다 어두운 색깔인 데다

〈그림10〉 면을 나누어 표현하기

진한 색이라서 가분수 같아."라고 말하자, 그림을 가만히 보고 있던 다른 아이가, "나는 미키 마우스가 물 위를 걷고 있는 것 같은데."라고 말하는 것이었다.

　그렇다면 이 경우, 그림의 처음 의도를 평가해야 할 것인가, 그림의 해석으로 달라진 의미를 평가해야 할 것인가? 그 순간 나는 그림을 그린 아이의 어두웠던 표정이 밝아지는 것을 포착했다. 그림을 그린 의도가 무엇이든 친구들의 이야기를 통해 대상을 다른 시각에서 바라보고 새로운 의미를 찾으면서 얻게 된 기쁨이 컸던 것이다. 성장이란 무엇이며 언제 일어나는 것일까?

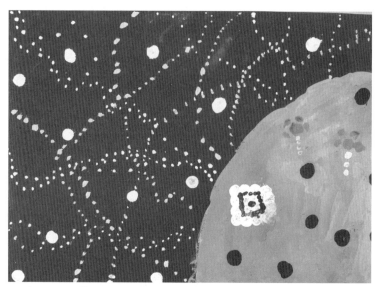

〈그림11〉 점으로 표현하기

2) 평가하지 않는 것으로 평가하기

●성취기준 : 5 · 6학년군 미술 '표현: 조형 요소와 원리'
 ─ 조형 요소와 원리의 특징을 이해하고 효과적으로 표현한다.

● 수업 및 평가 활동

미술 시간에 조형의 요소인 점으로 주제를 표현하는 활동을 한
적이 있다. 그 무렵 국어 시간에는 다 같이 《어린 왕자》 한 권을
처음부터 끝까지 한창 읽고 있었다. 뒤이은 미술 시간에 점으로
표현하기를 하는데 이야기에 푹 빠져 있던 한 아이가 그 배경이

되는 우주 공간을 점으로 나타내기 시작하였다. 그런데 보고 있자니 어린 왕자의 행성을 넓게 면으로 칠하는 게 아닌가.

순간 적잖이 당황해서, 상당한 면적을 차지한 행성에 대해 잘못된 점을 이야기하려던 찰나, 그 아이가 하는 말이 어린 왕자의 행성도 커다란 점이라는 것이다. 아이는 점의 다양한 크기를 생각하여 표현했던 것인데, 그것을 읽어 내지 못한 교사는 성취기준에 맞지 않는 그림이라고 섣불리 생각했던 것이다. 차라리 평가를 하지 않는 것이 더 나은 순간이었다. 오히려 평가를 하지 않음으로써 그 아이를 제대로 평가한 것이니 참 아이러니하다.

(4) 스스로 보고 서로 보는 평가

● 성취기준: 5·6학년군 체육 '경쟁 활동: 영역형 경쟁'
  ─ 팀 동료와 협력하면서 상대편 영역으로 들어가 골을 넣어 점수를 얻는 영역형 경쟁의 의미와 특성을 이해한다.
  ─ 영역형 경쟁 활동에 참여하면서 기본 기능(패스, 드리블, 슛 등)을 익힌다.
  ─ 영역형 경쟁 활동의 게임 전략(패스를 통한 공간 이동, 팀 플레이, 수비 등)을 이해하고, 게임 활동에 창의적으로 적용한다.
  ─ 영역형 게임에 참여하면서 팀 전체의 목표를 위해 동료들과 함께 협력하는 '협동심'의 개념을 이해하고 이를 실천한다.

〈그림12〉 축구 경기 후 동영상 함께 보기

●수업 및 평가 활동

체육 시간에는 스포츠 강사와의 협력 수업이 이루어지기 때문에 아이들을 관찰할 수 있는 물리적, 심리적 여유가 더 많아진다. 아이들 다섯 명이 축구형 게임을 하는데, 공수 전환이 자주 빠르게 이루어지곤 했다. 이 과정에서 아이들은 기본 기능은 둘째 치고, 게임의 흐름을 제대로 이어가지 못했다. 그런데 나는 게임 밖에 있었기 때문에 게임의 장면이나 흐름이 더 잘 보인다는 데에 생각이 미쳤다. 그래서 가지고 있던 휴대전화로 동영상을 찍었고, 체육 활동을 마치고 교실로 들어와 함께 동영상을 보기 시작했다.

그런데 교사가 뭐라고 이야기를 시작하기도 전에 아이들끼리

말을 하기 시작했다. 자신이 공을 안 보고 다른 데를 보고 있어서 공을 받지 못했다거나, 사람이 없는 곳에 공을 패스해 아웃이 됐다거나, 공수 전환을 해야 하는 상황인데도 그 자리에 서서 구경하고 있었다거나 하는 이야기들이 쏟아지기 시작했다. 자신에 대한 평가를 하며 반성적으로 게임을 보고 있었던 것이다. 서로에 대한 이야기도 해 가며 전략을 짜기도 했다.

결과적으로 다음 체육 시간에는 움직임은 물론이고 경기의 흐름이 훨씬 더 좋아졌다. 그리고 이것을 계기로 다른 활동에서도 찍은 영상을 그 자리에서 바로 보며 이야기를 나누기도 했다. 아이들은 기회가 주어진다면 언제든지 남의 눈, 특히 부모나 교사의 눈이 아닌 자신의 눈으로 스스로를 돌아볼 수 있다는 것을 확인할 수 있었다.

(5) 평가를 되돌린 평가

- 성취기준: 5 · 6학년군 국어 '쓰기/읽기'
  - 쓰기 과정을 이해하고 과정에 따라 글을 쓴다.
  - 적절한 이유나 근거를 들어 주장하는 글을 쓴다.
  - 읽기 주장의 타당성을 판단하며 주장하는 글을 읽는다.

- 수업 및 평가 활동
평가 문항을 작성할 때 같은 학교 학생들의 활동 결과물을 활용하는 것도 좋은 방법이 될 수 있다. 같이 지내는 아이들의 글이나 그림이 평가 자료가 되는 순간 아이들은 평가에 대한 긴장을 조금이나마 풀 수 있다. 또 함께 겪은 상황이 글과 그림에 담겨 있기 때문에 문제를 빨리 인지할 수 있다. 글과 그림의 수준이 좋으면 좋은 대로, 부족하면 부족한 대로 그 부분을 찾아내고 보태는 유형 등으로 문제를 달리 낼 수 있을 것이다.

(6) 오래 보는 평가

1) 2년의 연임과 성장

- 성취기준: 3·4학년군 미술 '표현: 조형 요소와 원리'
  ― 조형 요소와 원리를 탐색하여 표현한다.

- 성취기준: 5·6학년군 미술 '표현: 표현 방법'
  ― 다양한 표현 방법의 특징을 이해하고 효과적으로 표현한다.

- 수업 및 평가 활동
미술과 수업에서 스테인드글라스 효과를 표현하는 활동을 하고 있었다. 한 아이가 무기를 주제로 골라 표현하고 있었는데 다른 아이들이 자연 친화적인 주제를 선택한 것을 보고는 곤충을 표현하고 싶다며 도화지를 바꿔 달라고 하였다. 그러나 협력 수

※ 다음은 우리 학교 학생이 쓴 논설문입니다. 글을 읽고 글쓴이의 주장과 근거를 찾고, 근거가 적절한지 판단하여 쓰시오.

우리 집 전기세

　며칠 전 전기세가 나오는 날 할머니께서는 우리 집의 전기세가 너무 많이 나왔다고 하셨다. 그래서 나는 전기세가 왜 많이 나오는지 문제의 원인을 알아보고 그 문제에 따른 해결방안도 찾아보기로 했다.

　전기세가 많이 나오는 원인은 여러 가지이다. 생활과 여가 생활에서 전기세가 많이 나가지만 주로 내가 쓰는 전자사전과 휴대폰을 사용한 다음 충전할 시에 전기세가 나간다. 그리고 그 시간도 길고 충전하는 횟수가 많아서 그런 거 같다. 또 컴퓨터도 전기세가 나간다. 나는 컴퓨터를 한 번 켜면 2~3시간 정도는 하기 때문에 전기세가 더 많이 나간다. 그리고 마지막으로 우리 가족이 다 보는 TV이다. 나는 아침, 저녁에 보는 TV이지만 할아버지와 할머니는 거의 하루 종일 TV를 켜놓으니까 전기세가 많이 나올 수 있다. 문제 원인이 이렇게 많다. 하지만 난 고칠 생각도 않고 전기세를 너무 많이 썼다. 이제는 해결방안을 알아보자.

　첫째 휴대폰과 전자사전의 사용을 줄여서 충전하는 시간과 횟수를 줄이면 전기세로 적게 나간다. 만약 전자사전과 휴대폰 사용 시간이 일주일에 약 55시간을 사용한다면 충전하는 횟수는 약 8번이 될 것이다. 하지만 일주일에 35시간을 사용한다면 충전 횟수는 약 4번일 것이고, 충전 시간은 1시간이 될 수 있다.

(중략)

　셋째 TV 시청 시간을 줄이자. 이것은 우리 가족이 항상 켜놓는다. 낮에는 할머니와 할아버지가 TV를 틀어 놓고 밤에는 내가 틀어 놓으니 20시간 정도는 틀어 놓는 거 같다. 예상이지만 이렇게 많이 틀면 전기세가 아주 많이 나간다. 일단 시청하는 동안만 켜고 다른 일을 하려면 TV를 꺼놓고 한다든지 TV 시청 시간을 줄이고 다른 여가생활을 가지면 충분할 것 같다.

　이러한 방법들을 통하여 우리 집의 전기세를 줄였으면 하는 바람이다.

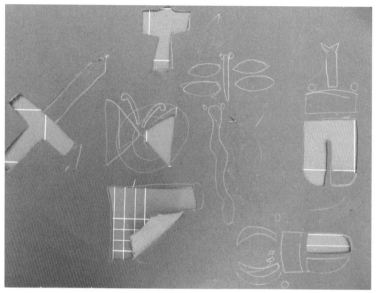

〈그림13〉 표현 주제 바꾸기(형태를 바꾸며 실패를 극복하는 과정)

〈그림14〉 색을 겹쳐 나타내기(실수를 통한 표현 방법 발견)

〈그림15〉 자연물로 자연 표현하기(자연 친화적인 주제의 선택)

업으로 수업을 진행하고 있던 미술 강사는 아이에게 도화지를 바꾸지 말고 무기를 곤충으로 바꾸어 보라고 권하였다. 미술에서 요구하는, 그야말로 창의력을 발휘해야 하는 순간이었다.

이 아이는 오랜 시간에 걸쳐 무기들을 곤충으로 바꾸어 나갔지만 모두 바꾸지는 못하였다. 그러나 미술과 교육은 화가를 만들기 위한 데 목적이 있는 것이 아니므로 활동에서 매번 완벽한 작품을 낼 필요는 없었다. 주제를 바꿔 가는 과정에서 이미 아이가 보인 최선의 노력을 눈여겨보았다. 더 이상의 활동은 오히려 아이가 미술을 싫어하게 만들 것 같아 멈추게 하였다.

그런데 색 셀로판지를 붙이는 다음 과정에서 이 아이는 색을 겹

처 붙이는 실수를 하게 되었다. 그러나 작품을 망쳤다고 생각한 그 순간, 색을 겹쳐 표현하는 효과를 발견하게 되었고, 이를 좀 더 적극적으로 적용해 작품의 느낌이 훨씬 더 풍부하게 살아났다.

이 아이는 다음 해에 미술과 수업에서 작품의 주제를 고를 때 자신이 원해 자연 친화적인 주제들을 선택했고, 〈그림15〉와 같이 따뜻하고 정성이 넘치는 작품을 표현하기에 이르렀다.

주워 온 나뭇가지들을 곡선으로 늘어놓으며 나무의 수직적 본질을 흔들어 놓았고, 이끼의 질감을 살려 보기에도 따뜻하고 개성 있는 옷을 입혔다. 진달래 꽃잎으로 진달래는 물론 그 하늘하늘함을 살려 나비의 날개를 표현하였고, 옆 친구에게 솔잎을 잘라 표현하는 방법을 배워 구름을 띄웠으며, 솔잎으로 표현한 햇살이 너무나 직설적이라 떨어진 수선화 한 송이를 풀방석에 앉히든 살포시 올려놓는 감성을 갖게 되었다.

풀 주변으로 희미하게 늘어진 것들을 정리하지 않은 채 그냥 자연스럽게 내버려 둔 것은 어떤가. 1년 전에는 수영장 라인도 30cm 자를 대고 '똑바로' 그리던 학생이었다. 과연 성장과 발달을 돕는 평가란 무엇일까.

2) 3년의 연임과 성장

● 성취기준: 3 · 4학년군 사회 '일반 사회'

　─생산이 이루어지는 과정을 그림으로 표현하여 설명하고,

노동하는 사람들의 모습을 통해 생산 활동의 중요성을 말할 수 있다.

―사회적 소수자에 대한 편견 및 차별 사례를 찾아보고, 그 원인을 조사하여 소수자 인권 보호 방법을 탐구할 수 있다.

―우리 지역의 문제에는 어떤 것이 있는지 찾아내며, 정치와 경제, 사회, 문화 측면에서 그 문제의 원인을 파악하고 대책을 제안할 수 있다.

● 성취기준: 3 · 4학년군 국어 '쓰기'

―알맞은 이유를 들어 자신의 의견이 드러나게 글을 쓴다.

● 성취기준: 5 · 6학년군 국어 '듣기 · 말하기'

―뉴스를 듣고 자신의 의견을 말한다.

● 성취기준: 5 · 6학년군 사회 '역사'

―홍경래 등 인물 이야기를 중심으로 농민의 성장과 저항에 대해 이해한다.

● 수업 및 평가 활동

지금 담임을 맡고 있는 6학년은 4학년 때부터 연이어 맡아 온 아이들이다. 4학년 사회과 수업 시간에 생산과 노동, 소수자 인권을 주제로 학습하는 시간이 있었고, 짬을 내어 영화 〈카트〉를

〈그림16〉 지역 의료원 문제의 원인과 해결 방안 알아보기

다 같이 보러 갔다. 비정규직 노동자들의 노동 환경 및 부당 해고
를 둘러싸고 노동자들이 저항하는 과정과 이에 대한 기관의 대응
을 다룬 영화였다. 영화를 보고 나서는 국어 시간에 감상을 겸하
여 자신의 의견이 드러나는 글쓰기를 하였다.

　그로부터 몇 주 후, 사회과의 지역 문제의 원인과 해결에 대한 공
부를 하면서 지역의 한 공공 의료원을 찾은 적이 있다. 지역에 하
나밖에 없는 공공 의료원이었기에 이 의료원의 문제는 지역 전체
의 문제이기도 했다. 아이들과 함께 의료원의 사안을 알리는 펼침
막을 보고 벽보를 읽어 보았다. 현장 조사와 면담을 하며 그 안에
서 벌어지고 있는 노사 갈등의 원인과 결과, 해결 방법에 대해서도
알아보았다.

　이듬해 5학년인 된 아이들은 4 · 16 세월호 참사일을 맞아 노란

〈그림17〉 4·16 세월호 참사 기억의 날로 배움 이어 가기

색 배를 접어 큰 리본을 만들어 붙였는데 그 아래에 큰 글씨로 '돈
보다 생명을! 진실을 인양하라!!!'고 쓰는 것이었다. '돈보다 생명
을!'이란 문구는 지난해 지역 공공 의료원을 방문했을 때 커다란 펼
침막에 쓰여져 있던 문구였다! 그것을 아이들은 여전히 기억하고
있었고, 그 의미가 어떻게 이어지는지도 이해하고 있었던 것이다.
지역의 문제가 국가 전체의 문제로 확대되는 순간이었다.

그리고 6학년이 된 아이들은 국어 시간에 여러 뉴스를 듣고
자신의 의견을 말하는 시간을 가졌다. 아이들은 세월호 참사에
관한 뉴스를 보며, 뉴스에서 전하고 있는 사실은 무엇인지, 뉴스
는 어떤 관점을 취하고 있는지, 그 뉴스와 자신의 관련성, 사회적
의미는 무엇인지에 대해 이야기를 나누었다. 이전에는 감정적으
로 사안을 바라보던 아이들은 객관적이고 비판적인 시각을 갖기

시작했고, 그것에 대한 개인적인 의미뿐 아니라 사회적인 의미까지 생각하게 되었다.

4학년 때 영화를 봤던 당시에 한 아이가 내게 질문을 했었다. "선생님, 우린 무엇을 할 수 있어요?" 아이의 이 한 마디는 교사인 내가 학교를 벗어나 학교를 둘러싼 세상에 관심을 갖게 하였다. 그리고 그것은 더 나아가 세상을 바꾸게 하는 일에 참여하게 하는 중요한 계기가 되었다. 나는 그때부터 직업인으로서의 교사의 삶이 아닌 세상을 향해 목소리를 내는 교사의 삶을 살기 시작했다. 아이들처럼 배운 것을 배운 것으로만 끝내지 않고 삶 속에서 행동하려고 노력했다. 아이의 성장이 곧 교사로서의 나의 성장을 가져오게 한 것이다.

6학년이 된 그 아이는 역사 수업에서 조선 후기 농민의 저항에 대한 내용을 공부하며 관군과 홍경래군이 대치하고 있는 상황에 대하여

〈그림18〉 관군과 홍경래군의 대치 장면을 그린 〈순무영진도〉.
사진 출처 : 6-1 사회 교과서 42쪽

"어? 우리 4학년 때 본 '카트'랑 똑같다. 역사는 계속 반복돼."라고 말을 했다. 성장의 힘은 어디에서 비롯되며 어디로 향하는가.

4. 평가로 삶을 보다

평가 혁신은 새로운 발상에서 비롯되거나 특별한 방법적 측면에서 접근해 이루어지는 것이 아니다. 평가 혁신은 교육철학이 바로 서야 가능하다. 그리고 지금, 이것의 평가 활동이 교육의 본질에 맞는 것인지를 따져보는 데서 시작해 배움을 깊게 하는 기회를 보장하는 것으로 완성될 수 있다. 그런 가운데서 아이들은 성장하게 될 것이며, 그것이 바로 '아이의 성장과 발달을 돕는 평가'인 것이다. 지금까지의 논의를 바탕으로 평가의 관점을 다시 짚어 보면 다음과 같이 정리할 수 있다. 평가를 통해 수업을 보고, 수업을 통해 학생을 보자.

누가 교사를 중심으로 하되 교육 활동을 함께하는 모든 주체가
언제 학년을 시작해서 끝날 때까지의 모든 교육 활동 중에
어디서 교육 활동을 하기에 가장 알맞은 장소에서
무엇을 교육과정과 그 안의 성취기준을 중점으로 하여(성취기준의 맹목적 수용보다는 비판적 분석을 통해)
어떻게 수업 장면과 일상생활 속에서 학생들을 자세히, 그리고 오래 보며
왜 배우는 힘을 기르고, 내일의 삶뿐 아니라 오늘의 삶을 위해!

평가에 대한 이야기를 풀어놓으면 풀어놓을수록 드는 생각은 결국 평가를 제대로 하는 것은 아이러니하게도 평가를 하지 않는 데 있다는 것이다. 사실 평가는 의도적이든 비의도적이든 간에 교육과 관련된 시공간에서 끊임없이 일어나고 있다. 공동체 속에서 평가가 이루어지다 보면 절대평가를 지향한다고 해도 상대평가를 하게 되기도 한다. 한 아이에 대한 긍정적인 판단이 다른 아이에게는 부정적인 평가가 되기도 하며, 한 아이에게 부정적인 판단이 다른 아이에게는 긍정적인 평가가 될 수 있다. 개별적으로는 아이를 격려하고 집단적으로는 모범 사례를 부각시키는 칭찬 또한 평가라고 볼 수 있다. 그렇기에 극단적으로는 교사의 존재 자체가 평가하는 사람으로 상징된다. 그 결과 교사와 아이 사이에는 좁혀지지 않는 틈이 존재하며 평가에 따라 그 틈은 더 넓어지기도 한다.

한 아이에 대한 단적인 표현이든 복합적인 느낌이든 간에 뭔가 교사의 시선을 전한다는 것은 어떤 면에서는 위험할 수도 있다. 평가가 긍정적인 변화를 찾아내 지원하기 위한 목적이라고 해도 아이는 평가를 의식하지 않을 수 없으며, 좋지 않은 평가를 받는 것에 대하여 부담을 느낄 수밖에 없다. 이것은 곧 평가가 어떤 면에서는 아이를 주체가 아닌 객체로 만든다는 것을 의미하기도 한다. 반대로 아이의 성장과 발달에 부정적인 요소를 걸어 내기 위해 평가를 한다고 해도 그 요소는 일시적인 것일 수 있다. 그 요소들은 대개 아이 내적인 것에 원인이 있기보다도 아이로서는 어쩌지 못하는 외적인 것에 원인이 있는 경우가 더 많기에 언급할 때는 더욱 신중해야 한다.

이 글이 평가를 하는 것에서 더 나아가 평가를 제대로 하는 것에 대한 이야기로 비춰졌을지도 모르겠다. 그러나 그 안의 숨은 의미는 결국 평가를 하지 않는 것으로 평가의 외연을 넓혀, 학교다운 학교를 가꾸고 교육다운 교육을 하자는 것이다. 지금까지의 평가는 '항상' '잘' 해야 한다는 것이었다. 잘 한다는 것은 무엇인가에 대한 이야기는 미루더라도 늘 잘 할 수는 없지 않은가. 또 그 속에서 말하는 성장은 '위'로의 '팽창'을 말하는 것이다. 마찬가지로 성장이 무엇이냐에 대한 이야기를 당장 하지 않더라도, 그것은 분명 좌우나 아래를 향하지는 않으며 축소를 가리키지도 않는다. 지금을 유지하는 것이나 아래로 향하는 것도 성장의 과정 중에는 매우 당연하게 일어나는 일이며 그 자체로 의미를 가지지만, 거기에 평가가 들어가면 모두가 같은 곳을 향해 달려가게 되고 질적 성장보다는 양적 팽창에 더 가치를 매기게 된다.

평가로 수업을 바꿔야 하고, 수업을 위해 교육과정을 들먹이며, 아이들의 배움을 통한 성장과 발달을 강조하다 보니 이야기가 너무 길어졌다. 결국은 판단을 내리기보다는 그들을 있는 그대로 바로 보고, 그들의 성장을 지켜봐 주어야 한다는 이야기를 하고 싶었다. 아이들에게 필요한 것은 타자와 타인 사이에 팽팽한 긴장감을 부르는 명백한 판단이 아니라 함께 삶을 살게 하는 따뜻한 시선이다.

교과 전담 수업으로
학생 발달 지원하기

홍순희

교과 전담제는 교과의 전문성을 살려 수업할 수 있고 담임에게 는 수업 부담을 덜어 주는 효과가 있다. 담임교사는 교과 전담 교과에 대한 관심을 갖기 쉽지 않아 학생들이 어떤 수업을 받고 있는지 잘 모르는 경우가 많다. 그러나 교과 전담 교사와 동학년 교사 간의 협력이 잘 되면 학생의 발달을 지원하고 동학년 교사의 성장을 이끌 수 있다.

교과 전담을 배치할 때, 교사 중심보다 학생들의 발달을 고려 하여 학년 교과 전담으로 운영하면 학생 발달을 지원하는 데 보 다 효과적이다. 학년 교과 전담 교사는 한 학년에 2개 교과를 들 어가는 것으로, 보통 시수를 맞추기 위해 도덕 1시간을 다른 학년 으로 하는 경우가 많은데, 같은 학년에 들어가면 학생들을 진단 하고 발달을 지원하기에 좋다. 또한 담임교사와 교과 전담 교사 간 협력이 잘 이루어질 가능성이 높다.

전에도 교과 전담을 해 보았지만 최근 학년 부장과 업무 전담 을 하면서 교과 전담 교사로서 새로운 경험을 할 수 있었다. 교과 전담으로서 담임교사와의 수업 협의를 통해 학생의 발달에 도움 을 주고 교사 간의 연구 문화가 만들어질 수 있었다.

1. 학교 교육과정을 반영한 실과 수업과 평가

(1) 수업을 위한 기초 진단 및 수업 관점

한 해 수업을 준비하면서 가장 중요한 것은 교사와 학생의 상황이다. 학교와 지역사회의 여건에 따라 수업은 다르게 구현되는데, 수업을 하기 전 교사와 학생들의 상태를 진단하고 학교와 지역사회의 요구를 반영해 수업을 계획한다. 교과의 특성과 학생들의 지역적 특성, 수업에 대한 요구 조건을 진단하여 수업을 계획하는 것이 먼저다.

내가 근무하고 있는 초등학교에서 교육과정을 재구성할 때의 큰 원칙을 정리하면 다음과 같다.

〈교육과정 재구성의 대원칙〉

- 교과서 중심에서 교육과정 중심으로 운영
- 운영 시기, 활동 내용 등을 아이들의 발달과 흥미, 지역 여건 등을 고려
- 교과 교육과 생활교육을 하나로 보는 총체적 교육 지향: 학교에서 배운 것이 학생의 삶에서 녹여지는 교육
- 자연의 변화를 느끼고 정서와 감수성을 풍부하게 하며 몸으로 직접 배우는 기회 마련
- 체험학습과 교육 여행은 교과 학습과 연계해 의미 있게 진행

● 평가는 수행 과정, 변화 모습, 정서적인 면 등을 고루 보면서 학생의 성장을 실제적으로 지원하는 데 목적을 둠

〈실과 수업을 위한 진단〉

● 업무 지원 교사로 6학년 실과 교과 8시간(4개 반), 2학기 도덕 · 실과 수업(12시간)
● 업무지원팀으로 학교 업무 지원에 무게 중심이 있음
● 전년도 8월 개교한 학교로 생태 감수성을 키워 줄 학교 환경 부족
● 도시 지역 학교로 학생들이 텃밭 가꾸기에 대한 경험 부족

〈수업 관점〉

● 생태, 인권, 노동을 실과 수업의 기조로 함
● 진로 교육은 특정 단원에서 지도하는 것보다 전 영역에서 지도
● 체험 중심 수업
● 주지 교과에서 주눅 든 학생들에게 자신감을 길러 줄 수 있는 수업
● 나눔을 실질적으로 실천할 수 있는 기회 제공

(2) 학교 교육과정과 실과 수업 흐름도

진도표나 수업 흐름을 계획할 때 고려해야 할 것이 학교 교육

과정이다. 학교행사를 교과 및 학년 교육과정과 연계하면 행사의 의미와 결과가 훨씬 효과적이다. 학교행사를 계획할 때도 전체 교직원 협의회를 통해 행사를 할 것인지 말 것인지부터 논의해야 한다. 교장, 교감, 부장 교사나 담당 교사가 행사를 확정해서 반영하던 문화에서 교육과정평가회 및 교직원 회의를 통해 교사들의 의견을 반영하는 방향으로 학교 교육과정을 운영하길 바란다.

다음 표는 학교 교육과정을 실과 교과 교육과정에 반영한 사례다. 개교 학교의 특성을 살려 지역 교육지원청과 지방자치단체(지자체) 등에서 하는 텃밭 관련 지원 공모 사업에 참여해 모종과 화분 등을 지원받아 수업에 활용했다. 학교 중점 활동인 도농 교류 계획은 실과 교육과정과 직접 연계되므로 1·2학기에 반영해 별도 행사로 치러지지 않게 했다.

또한 지역 교육지원청과 수의사 협회에서 진행하는 동물 수업으로 교육과정을 운영할 수 있도록 지원받아 운영하기도 했다. 교육청과 각 단체에서 운영하는 다양한 수업 중에서 교육과정을 분석해 수업 효과를 높일 수 있는지 판단하고 프로그램을 선정해 교육과정에 편성, 운영하는 것이 바람직하다. 지나치게 외부 지원 프로그램이나 협력 수업을 편성, 운영하면 학년 교육과정의 큰 흐름이 깨져 학생, 교사 모두 진도 나가기에 허덕일 수 있다.

〈표1〉 2015년 실과 교과 수업 흐름

시기	활동 내용	지원 내용 및 기타 사항	학교, 학년 교육과정 및 행사
3월	6. 진로 탐색 1. 쾌적한 주거환경과 자원의 관리 - 정리 정돈 및 시간, 용돈 관리		
4월	2. 생활 속의 동물과 식물 - 채소 심고 가꾸기	지방자치단체에서 화분, 모종 지원	식목일 행사 현장학습
5월	2. 생활 속의 동물과 식물 - 생명 존중의 관점 갖기 - 수의사와 함께하는 수업(반려동물에 대한 이해) - 채소 가꾸기(오이, 고추, 상추 관리)	시청과 수의사 연합 수업 지원	봄 단기 방학
6월	4. 건강한 식생활의 실천 - 단오절과 연계 교육(수리취떡 만들기) 5. 창의적인 의생활의 실천 - 장명루 만들기, 펠트 소품 만들기	도농 교류 농촌 마을과 연계	모내기
7월	2. 생활 속의 동물과 식물 - 절기 김치 담기(오이소박이) - 농촌 마을 체험 학습(옥수수 따기 체험활동)		6학년 농촌 마을 체험 학습 (도농 교류 마을) 여름방학식
8월 ~ 9월	3. 생활과 전기, 전자 - 형광등 갈기 - 전동드릴 사용해 소품 만들기 5. 건강한 식생활의 실천 - 밥을 이용한 요리하기(밥 짓기부터 요리하기까지) - 빵을 이용한 요리하기(식빵을 이용한 요리하기)	5학년 음식 만들기 수업으로 실과실을 함께 사용하기 위해 수업 순서 교체함	
10월	4. 창의적인 의생활의 실천 - 아우 인형 만들기 - 인형 이름 정하고 입양 보낼 준비하기	도농 교류 농촌 마을과 연계(학교 축제를 추수 행사와 겸함)	추수 행사 및 학생 축제 가을 단기 방학
11월 ~ 12월	4. 창의적인 의생활의 실천 - 뜨게질의 기초 및 공 만들기 - 목도리 또는 핸드폰 가방 만들기		겨울방학식
2월	2. 나의 진로 - 진로 탐색 후 파워포인트로 졸업 영상 만들기		졸업식

(3) 수행평가 계획

평가를 계획할 때는 학기 단위로 평가 계획을 세우기보다 연간 계획을 수립하는 것이 좋다. 학기별로 중점을 두고 지도할 것을 고려해 평가 계획을 세우면 학생들의 성장과 발달을 지원하는 것이 수월하다.

학교에서 평가할 성취기준을 정할 때 먼저 각론에 제시된 성취기준을 보고 교사가 학생들과 중점적으로 지도할 것을 고려하여 성취기준을 정한다. 교육부에서 자료로 보급한 핵심 성취기준 그대로 반영할 필요는 없다. 핵심 성취기준도 각론의 성취기준을 재구성한 하나의 자료로 읽기를 바란다. 수업에 대한 성취기준은 교사가 학생과 학교의 여건을 고려해 다음과 같이 재구성해 정할 수 있다.

〈수행평가 계획에서 고려 사항〉

가. 교과 교육과정 성취기준 분석하기

나. 학년별 교과별 평가 영역 정하기

다. 평가 영역에 맞는 성취기준 재구성하기

라. 선정된 성취기준을 평가하기 위한 방법 정하기

마. 평가할 때 관찰할 관점 정하기

바. 평가 영역은 1년 단위로 평가함 ― 학기별로 너무 많은 영역을 평가하면 학생의 변화를 관찰하기 어렵기 때문에 1년

단위로 평가하는 것이 바람직함

사. 학생들에게 서열을 드러내는 작업하지 않기

　— 총점, 평균, 등수, 그래프식 통지 지양

　— 시험지 맞은 개수, 점수 기록 지양

아. 수행평가 계획은 반드시 학년에서 논의 후 계획하기(교과 교사 포함)

〈표2〉 생태 영역 연간 평가 계획

영역	관련 단원	성취기준	평가 방법	평가 시기
듣 · 말	2. 토의의 절차와 방법 6. 말의 영향 3. 상황에 알맞은 낱말 9. 추론하며 읽기	토의, 토론의 절차와 방법을 알고 일상 생활의 문제를 적극적으로 참여하여 해결한다.	관찰	1 학기
읽기	1. 인물의 말과 행동 4. 작품에 대한 생각 9. 추론하며 읽기 10. 글쓰기의 과정 12. 문학에서 찾는 즐거움	글의 내용을 추론하며 글의 짜임에 따라 글을 요약한다.	관찰	1 학기
	2학기	여러 가지 독서 방법을 알고 책 읽기를 즐겨 한다.	관찰	2 학기
쓰기	2학기	적절한 설명 방법을 사용하여 대상의 특징이 드러나게 글을 쓴다.	관찰 글쓰기	2 학기
문법	2학기	낱말이 상황에 따라 다양하게 해석됨을 이해하고 띄어쓰기, 발음과 표기가 혼동되기 쉬운 낱말을 바르게 쓴다.	글쓰기 관찰	2 학기
문학	1. 인물의 말과 행동 4. 작품에 대한 생각 11. 여러 가지 독서 방법 12. 문학에서 찾는 즐거움	작품을 읽고 인물의 생각에 대한 자신의 생각을 말과 글로 표현한다.	관찰 글쓰기	1 학기

(4) 텃밭 가꾸기 생태 수업 계획과 실제

1) 성취기준과 평가

수업을 기획하기 위해 실과 교육과정에 제시된 성취기준과 평가기준으로 제시된 핵심 성취기준을 살펴보았다.

〈'생활 속의 동식물 이용' 성취기준〉

생활 속의 동식물을 이용한 다양한 활동의 의의와 종류를 알고, 가꾸고 돌보는 방법과 과정을 이해하여, 실제 생활에서 이용할 수 있는 능력과 태도를 기른다.

(가) 꽃이나 채소 등과 같은 생활 속의 식물 가꾸기 방법과 과정을 이해하고, 실제 생활에 필요한 꽃이나 채소 등을 가꾸어 이용할 수 있다.

(나) 생활 속의 동물을 돌보는 방법과 과정, 또는 성장 과정을 이해하고, 애완동물이나 경제동물을 실제 생활에 이용할 수 있다.

우리 학교 학생과 지역사회의 여건을 고려한 평가 계획은 두 단원을 통합해 실제 학생들의 성장 발달에 연계되는 내용으로 세웠다.

〈표3〉 생태 영역 연간 평가 계획

영역	단원	성취기준	평가 방법	평가 시기
기술 생활	2. 생활 속의 동물과 식물 5. 건강한 식생활의 실천	채소를 직접 재배하고 수확하여 김치를 담 가 보고 일에 대한 소중함을 알 수 있다.	관찰 실습	봄, 여름

2) 수업목표

'텃밭 가꾸기를 통한 생태 감수성 키우기, 영양소를 이해하고 바른 먹거리에 대한 생각의 전환을 위한 요리하기, 생활에 필요한 기초 기능을 익히는 과정에서 일에 대한 바른 가치관 세우기'에 중점을 두어 수업을 계획하였다.

3) 수업과 평가

6학년 학생들에게 생태 감수성을 키워 주기 위해 실과 수업 중 채소 재배 수업을 최소 한 학기 동안 지속하도록 재구성하였다. 텃밭을 가꾸는 것이 어느 한 시기에 끝나는 것이 아니라, 한 학기 또는 1년의 긴 흐름에서 지속적인 과정으로 운영하여, 채소를 재배하는 것이 어떤 것인지 체감할 수 있도록 하였다.

도시에 사는 학생들은 생활 속에서 텃밭을 경험하기 어렵고, 노동에 대한 가치 판단도 어려운 상태다. 따라서 한 번의 현장학습에서 체험활동으로, 재미로 하는 수업을 지양하도록 하였다. 채소를 재배하는 것은 한두 주나 한 달 정도의 경험으로는 충분하지 않으며, 최소 한 학기 정도 길게 가꾸어 봐야 채소를 재배하면서 노동의 소중함을 알 수 있고 텃밭 가꾸는 경험을 제대로 해

볼 수 있기 때문이다.

● 식목 행사와 꽃 심기

학교 행사로 식목 행사가 있었다. 6학년 학생들은 나무 상자 화분을 통학로 가장자리에 옮기는 것부터 수업으로 하였다. 지금 수업을 다시 한다면 학생들에게 어느 곳에 배치하면 좋을지 물어 보고 했으면 좋았겠다는 생각이 든다. 그때 수업을 할 때는 상자 화분을 통학로로 옮기고 흙이 흘러내리지 않게 상자 바닥에 깔개를 깔고 흙을 채우는 것부터 시작했다. 각각의 텃밭 상자에 흙을 4포대씩 넣고 1년초 꽃을 심었다.

20kg 흙 포대 4개씩 교문에서 화분까지 옮기는 것이 무척이나 힘이 들었다. 흙을 옮기는데 여학생과 남학생 구분 없이 화분 하나에 다섯 명씩 배당하여 흙을 나르게 했더니, 나름대로 역할 분담을 잘 하는 모둠이 있는가 하면 우르르 몰려다니며 친구들끼리 소란스러운 모둠도 있었다. 학교 주무관한테 부탁해 끌개를 빌려와서 한꺼번에 나르는 모둠도 있었다. 학생들에게 안전상의 주의를 주었다면 교사가 너무 자세하게 방법을 알려 주지 않는 것이 좋다. 학생들이 해야 할 일을 나름의 방법으로 할 수 있는 여지를 주는 것이 좋다. 누가 흙을 많이 옮겼고 누가 덜 옮겼는지 따지는 모둠도 있었다. 학생들이 갈등을 해결할 수 없을 때는 개입하고 해결될 것 같으면 그냥 지켜보는 것이 좋다. 흙을 모두 나르고 꽃을 심을 때, 학생들은 언제 싸웠냐는 듯 모두 잊고 열심히 포

트에서 꽃모종을 빼서 심고 물을 주었다. 학생들 대부분은 흙 만지는 것을 좋아했으나 몇 명은 흙이 더럽다거나 손이 더럽혀지는 것을 싫어하기도 했다. 그때 야단을 치지 않고 먼저 흙을 만지고 활동하는 시범을 보이자 흙 만지는 것을 두려워하던 학생이 흙을 만지며 꽃을 심었다. 학생들이 꽃을 심으면서 꽃 이름도 궁금해하고 꽃이 예쁘다며 다 심고 나서는 기뻐하는 모습도 보였다.

꽃을 심고 다음 날 아침부터 학생들이 기쁜 마음으로 물을 주는 모습을 보았다. 아이들이 심은 화분마다 각자 이름표를 꽂아 주었더니 책임감을 갖고 물을 주기 시작했다. 아침마다 물을 주니 꽃이 눈에 띄게 자라는 모습을 볼 수 있었다. 다른 학년 학생들도 통학로를 다니면서 꽃을 보며 이야기하는 모습이 자주 관찰되었다. 6학년 학생들은 자기 반 화분의 꽃이 좀 더 자랐으면 하는 마음으로 물을 주었다. 다른 학년 중에서도 꽃에 물을 주는 학생들이 있었다.

● 상추 심기와 옥수수 심기

꽃 심기에 이어서 상추 모종 심기를 하였다. 상추 모종과 화분은 지자체의 지원 공모 사업에 신청하여 받았다. 화분 하나에 세 명이 상추 모종 8개씩 심었다. 교실에서 심는 방법을 설명하고 운동장에 나가 직접 심었다. 학생들은 어린 상추를 보며 애기 같다고, 귀엽다고 말하기도 하였다. 상추 모종을 보고 상추 뿌리가 다치지 않게 포트에서 어떻게 빼야 되는지 등을 묻기도 했는데,

상추 심기 활동을 싫어하는 학생은 없었다. 상추를 다 심고는 서로 물을 주겠다고 했다. 상추를 심고 1인당 옥수수 알을 2알씩 나눠 줬다. 7월에 농촌 마을 체험학습에서 옥수수 따기를 한다. 단순히 옥수수를 따는 활동으로 끝나지 않도록 학생들에게 옥수수가 자라는 과정을 학교에서 관찰할 수 있는 기회를 제공해 주기 위해 옥수수를 심은 것이다. 운동장 끝 나무가 있는 곳에 잔디를 조금 걷어내고 옥수수 2알씩을 심었다. 옥수수 씨를 받은 학생들이 이 씨에서 정말 옥수수가 달리냐고 묻기도 하고, 옥수수 알이 이빨 같다고도 하고 너무 작다고도 말했다. 학생들은 옥수수를 먹어 보긴 했어도 심어 본 적은 없다며 신나서 옥수수를 심었다. 학생들은 수업을 하는 동안 상추 모종과 옥수수 씨를 보며 감탄했는데, 모종을 심고 서로 물을 주겠다고 하는 모습이 보기 좋았다. 단 한 명도 모종과 옥수수를 심을 때 투덜거리지 않았다.

● 상추 수확하기

아침마다 당번을 정해서 물을 주기로 하였다. 텃밭 관리는 잠시 관심을 갖지 않으면 채소가 바로 반응을 보인다. 방과 후 수업이 끝나고 집에 갈 때 매일 물을 주고 가는 학생들이 생기기 시작했다. 그리고 상추를 언제 따 갈 수 있는지 묻기도 했다. 첫 상추수확을 할 때 상추 잎을 따는 방법을 알려 주었다. 상추 중간을 따면 대가 웃자라서 상추를 먹기 힘들어진다고 알려 주었다. 설명을 하고 운동장에 나가서 모둠별로 상추 잎을 따도록 했다. 학생들 대부분은 상추 잎을 잘 땄으나 몇 명이 상추 중간에 달린 잎을 땄다. 학생들을 다시 모이게 해서 상추 따는 방법을 한 번 더 설명했다. 설명은 알아들었으나 실제 상추를 딸 때 바르게 하지 못하는 경우가 있다. 이럴 때는 반복해서 설명해 주었다. 화가 나기도 했으나 도시에서 자란 학생들이 그 정도면 잘 하는 것이라고 스스로 위로하기도 했다. 세 명이 화분 하나씩 관리하는데, 오늘은 첫 번째 학생이 상추를 가져가기로 했다. 상추 잎을 땄는데 상추가 또 자라냐고 학생들이 묻는다. 상추를 한 가득 품에 안고 좋아하는 학생, 다음을 기다리는 학생 등…. 교사로서 학생들에게 기대감을 주는 수업은 행복하다.

학생들이 상추 잎을 모두 따서 더 이상 자랄 수 없게 되자 상추 모종 10여 개를 더 구매하였다. 학생들과 대만 남은 상추를 뽑아내고 그 자리에 새로 구매한 모종을 심었다. 새 상추 모종을 심은 학생들이 반 친구들에게 상추를 잘 따라고 잔소리를 했다고 한다. 교사가 시켜서가 아니고 스스로 상추가 잘 자랐으면 하는 마음에서였을 것이다.

●오이 심고 먹어 보고 오이소박이 담기

상추 심기와 더불어 오이 모종을 심고 지지대를 세워 주고 가꿨는데, 드디어 오이도 달리기 시작했다. 오이가 쑥쑥 자라자 학생들이 오이에 관심이 많아졌다. 오이가 하나둘 달렸을 때 하나 따서 15개로 잘라 모두 먹어 보았다. 아이들은 오이를 키워서 먹어 본 경험은 처음이라면서 좋아했다. 다음 시간에 오이 밭에 가서 오이를 찾아보라고 했더니 오이가 안 보인다고 했다. 오이 잎 뒤쪽과 노끈에 매달린 것을 알려 주었더니 제법 오이가 달린 것을 찾아내는 아이들이 늘었다. 이렇게 학생들의 눈에 안 보이던 것을 볼 수 있도록 해 주는 것이 수업이다.

텃밭에서 수확한 오이 몇 개와 시장에서 오이를 더 구매해 오이소박이를 담그기로 했다. 실과 수업이라고 맥락없이 떡복이 같은 것을 만드는 경우가 많은데 우리는 직접 키운 오이로 오이소박이를 담갔다. 오이소박이 만드는 법은 인터넷과 부모님께 물어서 요리 방법을 알아보기로 아이들과 약속했다. 실습 날 오이를 씻고 양념을 버무리면서 파와 양파를 썰었다. 양파, 파를 썰고 고춧가루를 섞자 실습실 안이 온통 매운 냄새로 가득 찼다. 학생들 사이에 "우리 엄마가 이렇게 김치를 담근 거였어. 너무 매웠겠다.", "아이구, 우리 엄마 힘들었겠네."와 같은 대화가 오갔다. 오이소박이 속으로 넣을 것을 서로 먹여 주며 맛을 보거나 간을 보는 학생도 있었다. 오이소박이를 담그는 동안 교사에게 김치가 맛있다거나 파를 써는 방법을 알려 달라고 하는 학생도 있었다. 학생들이 하는 말을 주의깊에 듣고 적절한 반응을 보이면 학생들의 생각이 변화하고 있다는 것이 느껴진다. 아이들은 오이소박이를 다 담근 다음 자기 것을 몇 개 담아 담임 선생님께 선물하고 청소를 하였다. 지난주 떡볶이를 만들자고 해서 마음이 조금 상했는데 학생들에게 마음을 표현하지 않아서 다행이란 생각이 들었다. 순간의 감정을 표현하기보다는 기다리면 학생들이 더 좋은 것을 제안하기도 한다는 것을 경험하게 되었다.

●농촌 마을 현장학습

학기 초 농촌 마을로 현장학습을 가기로 담임교사와 교과 교사들 간 회의를 통해 정했다. 농촌 마을에 가서 옥수수 따기를 체험하기 위해 실과 시간에 옥수수를 심고 가꿔서 그런지, 농촌 마을에서 옥수수를 따면서 옥수수 심고 거름 줄 때의 힘든 노동 과정을 설명해 주자 아이들이 적극적으로 옥수수를 따는 모습을 보였다. 학교에서 옥수수를 직접 심어 본 것이 현장학습에서 좀 더 효과가 있었던 듯했다.

●1학기 수업을 돌아보는 수업 시간

한 학기 수업을 마무리하면서 학생들에게 자기 수업을 되돌아보게 했다. 한 학기 동안 수업 내용을 검토해 보고 자기 자신의 수업 참여 모습을 스스로 평가해 보고 정리하는 시간은 중요하다. 다만 수업 되돌아보기를 할 때 글로 잘 표현하지 못하는 학생들이 있다. 남학생 몇은 수업에 열심히 참여했지만 글로 표현하는 능력은 다소 부족했는데, 이런 경우 그 학생을 온전히 이해하기는 어렵다. 따라서 자기평가서는 그 동안 교사가 관찰한 것을 보완하는 정도로 반영하는 것이 좋다.

학생들이 한 학기 동안 수업한 것을 되돌아보는 시간에 필요한 자기평가서 양식 역시 교과별로 할 수도 있지만 전 교과 활동 내용을 간단히 정리하고 자기평가는 단계형 또는 서술형으로 할 수 있다. 수업 되돌아보기는 학생들이 자신을 되돌아보는 정도면 좋다. 조심할 것은, 이러한 자기평가가 교사에게 업무로 느껴지지 않는 범위 내에서 하면 좋겠다.

수업을 마무리했을 즈음, 생태적 감수성이나 일에 대한 가치는 쉽게 생기지 않는다는 것을 알았다. 긴 호흡으로 수업을 하면서 변화에 집중하지 않으면 학생들이 변화한 모습을 놓치거나 방해할 수도 있다. 텃밭 가꾸기 수업을 하면서 학생들의 변화를 단순히 3단계로 표현할 수 없다. 텃밭 가꾸기를 하는 태도가 어떻게 변해 가는지 살펴보면서 학생들에게 적절한 반응을 보이며 학생들의 성장을 돕는 것이 바로 평가이며 수업이다. 또 텃밭 가꾸기 활동에 소극적인 학생들의 태도를 관찰하면서 적절한 역할을 부여하며 수업에 참여시키고 변화할 때까지 기다려 주는 것도 아주 중요하다. 긴 호흡으로 지켜보다 보면 시간이 지날수록 관심을 갖고 수업에 참여하는 모습이 보인다. 한 시간 안에 학생들의 변화가 일어날 것이란 착각은 하지 않았으면 한다.

4) 수업 후의 변화

텃밭 가꾸기를 하면서 학생뿐 아니라 교사 역시 변화한 것을 느꼈다. 학교 교육과정 평가를 할 때는 학생들의 변화뿐 아니라 학교 및 교사의 변화까지 공유한다면 2학기나 다음 해 학교, 학년 교육과정 편성에 도움이 될 수 있다.

●학생의 변화

실과 수업 시간에 무엇을 할지 물어보는 학생이 많아졌다. 수업 시간에 하고 싶은 것을 제안하는 학생도 늘었다. 예를 들어 김장을 하고 싶다거나 음식 만들기, 채소 가꾸기 등을 하자고 제안했다. 텃밭에 있는 작물을 관찰하고 스스로 물을 주는 학생도 늘었다. 생명을 존중하는 발언이 늘어나는 것도 피부로 느꼈다. 상추, 오이, 모 등과 같은 소재로 이야기하는 학생도 늘었다. 재배물에 대해 이야기하는 학생, 씨앗을 갖고 싶어 하는 학생도 늘었다. 해마다 텃밭 동아리 활동을 하는 학생도 늘어났다.

●학교 및 교사의 변화

교정이 텃밭과 텃논으로 둘러싸였다. 채소가 자라는 모습을 모든 학생에게 보여 줌으로써 그들의 생태적 공간 및 생태적 감수성을 자극했다. 주무관, 숙직 기사, 보안관 등도 텃밭 가꾸기를 잘 도와주고 있다. 수업 시간이나 놀이 시간에 교정을 산책하며 작물의 이름을 아이들에게 알려 주는 교사도 늘고 있다. 텃밭에서 일어나는 일에 대해 알려 주는 교사, 텃밭 분양받는 방법을 물어보는 교사도 늘었으며, 우리 학교에 와서 벼의 포기 번식, 오이의 성장 등 새롭게 알게 된 것이 많아졌다고 말하는 교사들도 나타나기 시작했다. 2학기에 텃밭에 심을 채소에 대해 이야기하며 제안하는 교사가 많아져서 2학기엔 전 학년에 텃밭을 분양하게 되었다. 텃밭을 소재로 이야기를 하는 교사들이 늘었다.

5) 평가 결과 기술 및 소통 작업

교과 전담 교사들은 교과 수업 내용을 학부모들과 소통하는 데 많은 어려움이 있다. 그래서 수업을 되돌아보는 학생들의 자기평가서와 간단한 안내지를 만들었다. 수업 장면을 찍은 사진을 포함한 글을 쓰고 학부모에게 의견을 달라는 양식을 만들어 각 가정에 보내고 학부모의 회신문을 받았다.

"텃밭 가꾸기를 통해 수확한 채소로 오이소박이를 담가서 가족들과 함께 먹으니 더 맛있고 즐거운 식사 시간이 되었습니다. 2학기에도 요리 시간이 있었으면 합니다."

"추석 맞이 송편 만들기도 좋은 경험이 될 것 같습니다. 오이소박이 너무 맛있었습니다. 항상 좋은 내용으로 수업해 주셔서 감사합니다. ○○이도 실과 시간의 재미난 이야기를 많이 하니 보기 좋습니다."

"○○가 실습하면서 온 식구가 맛있는 떡, 호박, 오이 등 푸짐하게 잘 먹었습니다. 자연과 함께하고 아이들과 실질적으로 김치 담그기 등을 해 보는 게 쉽지 않은데 좋은 경험을 한 것 같아 좋습니다. 고생하셨습니다."

학생들과 한 수업 결과는 통지표에 기록했다. 평가 통지를 할 때는 수업 시간이나 활동 과정에서 학생 한 명 한 명의 모습을 관찰하여 기록하는 것이 바람직하다. 특별한 지도와 반복적인 지도를 받은 학생들에 대해서는 섬세한 관찰 결과를 통지할 수 있다.

〈표4〉 생태 영역 평가 통지 사례

이름	학기 말 교과 종합 의견	비고
백○○	학기 초 수업 참여를 소극적으로 하였으나 텃밭 가꾸기 과정을 통해 물 주기와 상추 따기 등의 역할을 잘 하였으며 텃밭 동아리 활동을 통해 자신감이 높아지고 있으며 등·하교 시간에 자발적으로 물을 주고 있음.	수업 시간 특별한 지원을 받은 학생들
이○○	학기 초 텃밭 가꾸기의 여러 활동을 할 때 멀리서 지켜보는 모습이 자주 보였으나 바느질로 소품 만들 때 촘촘한 바느질로 인형을 만들어 친구들로부터 긍정적인 반응을 받고 자신감을 보이기 시작함.	
박○○	상추 심기와 옥수수 심기를 할 때 흙을 만지는 것을 싫어하였으나 꾸준히 텃밭 가꾸기를 통해 채소 가꾸기에 대한 관심과 참여도가 높아지고 있음.	
정○○	친구들의 도움을 받으며 오이소박이 만들 때 오이에 속을 잘 넣어 완성함. 텃밭 가꾸기 활동을 할 때 통합지원반에 내려가야 하나 활동에 참여하겠다고 하며 재배 활동에 참여함.	
김○○	모종 심기, 물 주기, 상추 따기, 오이 따기 등을 통해 일의 즐거움과 힘듦을 몸으로 체험하면서 수확의 즐거움을 느꼈음	무난한 학생

(5) 바느질, 뜨개질 등을 통한 나눔 수업

1학기에 생태 수업에 집중했다면 2학기에는 손 기능을 익혀 인형과 소품 만드는 것을 중점적으로 지도하였다. 지도의 중점은 모두가 작품을 완성하는 것과, 만들기를 통해 나눔을 실천할 수 있도록 하였다.

1) 성취기준과 평가

교육과정 성취기준에 기능 익히기와 환경과 나눔을 생각하는 내용이 있어 이를 재구성하여 평가 계획을 수립하였다. 수행평가는 만들기만이 아니라 나눔을 실천하는 활동까지 통합하여 계획하였다.

'창의인 의생활의 실천' 성취기준
손바느질의 기초를 익혀 간단한 헝겊 용품을 만들 수 있으며, 십자수, 뜨개질 등 바느질 도구를 이용하여 생활용품을 창의적으로 만들어 사용함으로써 환경을 생각하고 나눔을 실천하는 의생활을 한다.
(가) 주머니, 덧소매, 받침 등 간단한 헝겊 용품을 구상, 치수 정하기, 재료 및 용구 준비, 본뜨기, 마름질, 바느질(시침질, 홈질, 박음질), 마무리하기 등 일련의 과정을 거쳐 손바느질로 만들어 봄으로써 생활용품 만들기의 기초 지식과 기능을 익힐 수 있다.
(나) 다양한 바느질 도구를 이용하여 환경을 생각하고 나눔을 실천할 수 있는 헌옷의 재활용, 친환경 수세미, 인형, 아기모자 등의 생활용품을 창의적으로 만들 수 있다.

<표5> 아우 인형 만들기 평가 계획

영역	단원	성취기준	평가 방법	평가 시기
가정 생활	4. 창의적인 의생활	바느질과 뜨개질의 기초를 익혀 아우 인형과 소품(목도리, 가방 등)을 만들어 나눔을 실천할 수 있다.	실습	가을, 겨울

2) 수업목표

인형 만들기나 목도리 만들기 수업은 바느질과 뜨개질의 기능을 익힘과 동시에 수업을 통해 나눔을 실천할 수 있도록 계획했다. 나눔을 실천할 때 1학기에 배운 바느질을 이용해 '아우 인형 만들기'를 하여 학교 축제 기간에 인형을 입양할 수 있도록 시기를 조절하였다. 교과 교사와 담임교사의 협력을 통해 학생들이 모두 인형을 완성할 수 있었다.

11월 말부터 대바늘뜨기를 통해 모자나 목도리를 뜨기로 계획하여 자신이 필요한 것을 직접 만들어 착용할 수 있도록 하였다.

3) 수업 장면

●아우 인형 만들기

아우 인형 만들기 안내를 하면서 학교 축제에 인형을 전시하고 입양할 것에 대해 안내했다. 학생들은 아우 인형이 안 팔릴까 걱정을 많이 했다. 인형을 만들 천에 마름질을 하고 시침질을 하는 과정에서 먼저 작업이 끝난 학생이 다른 학생들을 도와주기도 하였다.

마름질을 하고 다음 시간부터 4시간에 걸쳐 몸통을 바느질하는 동안 집에서 바느질한다고 가져가서 잃어버린 학생들이 네 명 정도 되었다. 여유분의 천을 다시 나누어 주었다. 천을 잃어버렸다고 시무룩해 있다가 여유분 천을 주니 다시 활기를 찾는 모습이 한편으로 귀엽기도 하다. 한 학생이 몸통을 다했다면서 하나를 더 달라고 부탁했다. 천이 남아서 더 주었다. 몸통 바느질을 하는데 꼼꼼하게 하는 남학생이 제법 많이 보였다. 바느질할 때 유난히 힘들어하는 학생이 있어 10땀 정도 해 주었다. 그러고는 바느질하는 것을 지켜보면서 알려 주었다. 다행히 포기하지 않고 끝까지 해냈다.

유난히 바느질 수업을 힘들어하는 학생이 있었다. 매번 바늘을 잃어버리고 매듭을 못 짓고 바늘 땀도 성글고 해서 속으로 화가 부글부글 끓어올랐다. 실과실 교사 책상 바로 옆에 그 학생을 앉히고 바늘에 실 꿰기를 하게 하고 매듭 짓는 법을 알려 주었다. 다행히 세 번째에 매듭을 지을 수 있었다. 문제는 바느질이다. 바늘을 3땀 넣고 바느질을 했다. 학생이 그대로 따라 바느질을 했다.

바로 옆에 두고 바느질하는 법을 알려 주자 속도가 늦기는 하지만 완성할 수 있었다. 먼저 한 학생들은 이미 옷을 만들고 있었다. 이제 이 학생에게 옷 만드는 법을 가르치는 게 문제였다. 옷은 특별한 도안이 없이 가장 쉬운 방법으로 접근했다. 옷소매를 자르면 자연스럽게 치마가 된다. 그러나 이 학생은 남자아이를 만든다면서 바지를 고집했다. 바지를 만들 수 있도록 사인펜으로 헌옷에 바느질 선을 그려 주었다. 이 학생은 포기하고 싶은 마음도 있었겠지만, 주변에서 친구들이 인형을 완성해 가는 모습을 보면서 끝까지 하고 싶다고 했다. 학급에 따라 분위기가 다르긴 하나 전체적으로 인형을 완성하고 싶어 하는 마음이 더 큰 것 같았다. 담임교사가 인형을 완성할 수 있도록 실과 시간에 함께 수업을 하면서 지원해 주었다. 담임교사도 함께 참여해 인형을 만들면서 옷 만들기를 힘들어하는 학생들에게 직접 도움을 주기도 했다. 수업 시간에 완성하지 못한 학생은 담임교사들이 완성할 수 있도록 챙겨 주었기 때문에 모두 완성할 수 있었다.

●아우 인형 홍보하기
인형이 만들어지자 도덕 시간에 학교 축제 때 입양 보낼 아우 인형의 홍보 방법에 대해 의논을 했다. 많은 학생이 홍보 포스터와 선전지를 만들었다. 담임교사와 함께 미술 시간에 만든 포스터를 학교 곳곳에 붙이고 동생들 반에 잠시 들러 안내하는 시간을 가졌다. 학생들은 동생들 반에 가서 설명한다는 것이 신나기도 하고 떨리기도 한가 보다. 다행히 그 전 도덕 시간에 여러 가지 캠페인을 해 봤기 때문에 좀 덜 떨고 다녀올 수 있었다. 저학년 담임교사가 협조적인 반에서는 6학년 학생들이 설명할 때 도움을 받고 꼭 연예인이 된 듯한 느낌이었다며 즐거워했다.
축제 전날 6학년 학생들과 전시실을 만들고 인형을 올려놓았

〈그림1〉 학교 축제 기간에 꾸며 놓은 아우 인형 전시장. 미술 시간에 그린 포스터와 인형이 전시되어 있다.

〈그림2〉 자기가 만든 아우 인형과 포스터를 들고 동생 반에 가서 아우 인형 입양에 대해 홍보를 하고 있는 6학년 학생들

〈그림3〉 6학년 학생들이 만든 아우 인형 전시대

〈그림4〉 아우 인형을 입양한 1학년 학생들

다. 축제 당일 한 시간 만에 모든 인형이 입양됐다. 6학년 학생들은 다소 서툴게 만든 인형을 아우로 입양해 준 동생들에게 감사함을 느끼기도 했고, 축제가 끝나고 자기가 만든 인형을 동생들에게 전해 주는 입양식을 통해 나눔을 실천하는 것이 얼마가 뿌듯한지 체험할 수도 있었다. 아우 인형 만들고 입양 보내기는 학생들에게 몸으로 체험하며 마음을 움직이는 기회를 제공해 준 의미 있는 수업이 되었다. 입양식을 통해 얻은 수익금은 전액 자선단체에 기부했다. 기부된 금액과 단체명은 가정통신문으로 알려 주었다.

● 목도리와 모자 뜨기

대바늘로 코 만들기와 겉뜨기를 배워서 목도리 또는 모자를 뜨기로 하였다. 2주 정도 지나면서 목도리와 모자 모양이 나올 때쯤 대바늘뜨기를 하면서 코를 자꾸 풀어서 목도리나 모자를 만들기엔 시간이 부족한 학생들이 생기기 시작했다. 이 학생들은 겨울 방학식까지 목도리와 모자를 뜰 수 없을 것 같아 과제를 변경했다. 15코로 30cm만 떠서 연결하면 스마트폰 가방이 된다. 코바늘로 떠서 연결하는 것은 교사가 도와주면 된다. 뜨개질을 못하던 아이들도 할 수 있게 과제를 변경해 주었더니 끝까지 해내려는 의지를 보였다. 다행히 방학하기 전까지 모든 학생이 목도리나 모자 또는 스마트폰 가방을 완성할 수 있었다. 학생들의 능력에 따라 적절한 과제를 부여하는 것이 수업과 평가에서 아주 중요하다는 것을 알게 되었다.

4) 수업을 마무리하며

2학기 실과 수업은 인형과 소품을 만드는 시간이었다. 전년도 실과 수업에서 목도리 뜨기를 성공한 학생이 한 반에 한 명 정도밖에 없었다는 이야기를 들었기 때문에 만들기를 할 때는 꼭 완성해서 성취감을 주도록 집중했다. 인형이나 목도리가 잘 안 되는 학생에게는 교사나 친구들이 적극적인 도움을 주어서 전원 완성할 수 있었다. 교과 교사와 담임교사의 협력으로 이뤄 낸 성공이었다.

5) 평가 통지

2학기 동안 수업을 하면서 인형 만들기와 대바늘뜨기로 소품 만들기를 하면서 무난하게 완성한 학생들은 김○○과 같이 통지한다. 수업 시간에 교사나 친구의 도움을 받거나 여러 가지 어려움을 극복했던 학생들은 그 과정을 기술해 주었다. 대부분의 학생들이 김○○과 같을 것이다.

〈표6〉 의생활 영역 평가 통지 사례

이름	학기 말 교과 종합 의견	비고
김○○	교사의 협조를 받아 인형을 완성하였고 완성된 인형으로 입양식에 참여할 수 있었음	수업 시간 특별한 지원을 받은 학생들
이○○	인형을 만들 때 자기 인형을 먼저 완성하고 친구들의 인형을 만드는 것을 도와주었음	
서○○	목도리를 뜨다가 여러 차례 뜨개질 코를 풀었는데도 다시 시도하여 핸드폰 가방을 완성함	
김○○	아우 인형을 완성하여 입양식을 통해 나눔의 기쁨을 체득할 수 있었음 목도리를 대바늘로 떠서 끝까지 잘 완성함	무난한 학생

2. 학년과 협력한 수업

(1) 연간 수업계획 마련하기

진단 내용

　― 교육 혁신 부장으로 6학년 사회 교과 12시간(4개 반) 지원

　― 6학년 동학년 교사들의 수업 협의 활성화됨

　― 6학년 담임교사는 주제 통합 수업 경험이 부족한 신규 및 저경력 교사임

　― 새로운 것에 대한 도전 의식이 강한 동학년 교사군

　6학년의 연간 수업 계획은 학년의 분위기와 저경력 담임교사

의 도전 의지, 20년 이상의 경력을 가진 교과 전담 교사의 수업 협의를 통해 주제 통합을 할 수 있었다. 사회 교과 성취기준에 따라 교과 교사가 수업계획을 안내했고 담임교사가 각 교과별로 통합 가능한 교과를 찾았다. 국어, 미술, 실과, 음악, 도덕, 창의적 체험활동 교과에서 수업할 내용을 찾고 지도 시기를 조정했다. 각 교과별로 수업 내용 및 활동 내용은 다음과 같다.

〈표7〉 주제 통합교과와 수업 내용

주제	세계 여러 나라와 우리나라 그리고 나
교과	주요 활동
국어	자기 생각을 글로 정리하기 글을 중요한 내용으로 간추리기
사회	세계 여러 나라의 자연환경과 문화 알아보기
실과	6대륙 음식을 직접 조리하여 친구들과 나누어 먹기 간단한 바느질로 대륙을 나타내기
미술	세계의 조형물을 입체로 나타내기
음악	다른 나라의 음악을 듣고 감상하거나 따라 부르기
도덕	세계 평화를 위해 내가 할 수 있는 일을 정하고 실천하기 세계를 바라보는 관점을 바꾸기
창체	인터넷 검색을 통해 세계의 조형물을 검색하기 인터넷 검색을 통해 세계의 음식 중에 실제 조리 가능한 레시피를 검색하기

(2) 수행평가 계획

수행평가를 계획할 때, 각 교과의 성취기준을 보고 실제 수업을 할 때 중점을 두어야 하는 것으로 각 교과별 평가를 계획하였다. 주제 통합 수업을 하면서 평가를 하기 때문에 수업이 물 흐르듯 흘러갔으며, 각 교과별로 분절적이지 않았다. 평가를 하면서 담임교사와 교과 교사의 수업 협의가 지속적으로 이루어질 수 있었다.

사회 교과에서는 세계 여러 나라에 대한 정보로서의 지식보다 세계 여러 나라를 이해할 수 있는 관점을 갖는 것을 중점적으로 지도했다. 교육과정에 제시되어 있는 성취기준을 참고해 수행평가를 아래와 같이 계획하고 실시했다.

〈표8〉 사회 교과 수행평가 계획 사례

교과	영역	단원	성취기준	평가 방법	평가 시기
사회 (교과)	지리	2. 세계의 여러 나라들	세계 여러 나라의 자연환경과 생활 모습을 알아보고 지구촌 사람들의 생활 모습을 이해할 수 있다.	관찰 실습	가을
도덕 (담임)	사회, 공동체와의 관계	5. 세계 문화의 다양성	세계 여러 나라 사람들의 다양한 문화를 수용할 수 있는 태도를 가질 수 있다.	관찰	겨울
미술 (담임)	표현	12. 함께 떠나는 미술사 여행	조형물을 만들어 전시회를 만들고 감상할 수 있다.	실습	겨울
실과 (담임)	가정 생활	5. 간단한 음식 만들기	쌀과 빵을 이용하여 한 끼 식사를 만들 수 있다.	실습	겨울

(3) 수업과 평가

1) 수업에서 학생에게 도움 주기

세계 여러 나라를 알 수 있는 수업에 대한 학생들의 기본 흥미도는 높은 편이다. 수업하기 전 학생들에게 세계 여러 나라 특징을 공부하는 수업은 암기 교과가 아니라는 것을 충분히 안내하고 수업도 암기 위주의 수업이 되지 않도록 하였다.

학생들이 배운 우리나라 지형의 특징을 기본으로 세계 여러 지역의 지형의 특징을 알아보기 위해 세계지도 따라 그리기를 두 차례 하였다. 처음엔 세계지도 따라 그리는 것을 힘들어했지만, 세계 여러 나라에 대해 충분히 공부한 다음 다시 지도를 보고 그리기를 하자 상당히 많은 학생이 대륙의 특징을 살려 잘 그렸다.

수업 시간마다 집중하기를 힘들어하는 남자아이가 있었는데, 세계 여러 나라를 공부하고 세계지도를 그리는 시간이 되자 대륙별 크기 비율에 맞춰 지도를 아주 잘 그렸다. 그 아이가 그린 지도를 다른 아이들에게 보여 주자 모두 놀라워했다. 지도를 그린 아이도 자기 자신에게 놀라는 듯했고, 그 이후 수업에 참여하는 태도가 많이 바뀌었다.

대륙별 특징을 알아보기 위해 한 모둠이 대륙 하나씩을 맡아 전문가 집단이 되어 발표 학습을 한 이후 집중 대상 나라를 선정하여 개인 포트폴리오를 만들었다. 학생들이 각자 조사해 온 사진, 자료를 가지고 와서 6시간에 걸쳐 포트폴리오 만드는 작업을 진행하였다. 대부분 학생이 자료를 가지고 왔으나, 자료를 못 챙겨 온 학생에겐 교사가 가지고 있는 자료를 보여 주고 필요하다면 복사를 하거나 컴퓨터로 출력할 수 있도록 도와주었다. 한 남자아이는 교사가 준 자료를 활용해 디자인 감각을 살려 수업에 참여했으며, 대충 만들고 놀려고 했던 한 학생은 다른 친구들이 하는 것을 구경하더니 다른 나라를 시도해 보겠다고 종이를 한 장 더 달라고도 했다.

2) 수업하면서 편견 깨기

엄마가 조선족인 아이가 있었다. 이 아이가 포트폴리오 주제를 중국으로 선정하고 만들고 있을 때, 한 아이가 '조선족이 저지른 살인 사건'에 대해 이야기하면서 중국 사람들의 잔인함에 대해 말했다. 그때 조선족 엄마를 둔 아이 얼굴이 붉어지면서 고개를 숙이는 모습을 보았다.

그대로 두어서는 안 된다는 판단에서, 그때 그 사건을 저지른 사람이 조선족이라는 것은 문제가 아니며, 살인 사건은 어디에서나 일어난다고 이야기하고, 뉴스가 자극적으로 전달되는 것에 대한 문제, 사회의 여러 가지 시스템에서 오는 문제를 다루지 않고 조선족인 것만을 부각시키는 것에 대해 학생들이 동조하는 것이 맞을까라는 이야기까지 하게 되었다.

이야기가 정리되는 과정을 통해 그 아이의 얼굴 표정이 조금 편안해지는 것이 보였다. 조선족 살인 사건을 꺼낸 아이 역시 생각이 변화되는 태도를 보였다. 이후 세계에 대한 편견, 고정관념을 깨려고 수업 시간마다 대화를 활성화시켰다.

수업한 결과를 모아 전시회장을 만드는 것도 설치 미술 수업으로 잡았다. 공간을 어떻게 배치하면 좋을지 등등, 아이들이 고민하고 책상과 의자, 벽면을 활용하여 배치하도록 하였다. 전시회 이후 다른 학년이 써 준 소감문을 보면서 6학년 학생들이 자부심을 갖는 것을 볼 수 있었다.

학기 말에 어린이집 보육 교사가 유아를 폭행한 사건이 언론을 통해 알려졌다. 해당 동영상이 공개되자 임산부라는 교사가 어떻게 그럴 수 있냐고 난리가 났다. 학생들에게 관점의 중요성을 가르쳐 주고자 전체 토의를 하게 했다. 학생들 모두 보육 교사의 폭력성에 집중했다. 잠시 토론을 멈추고 스마트폰으로 다른 나라 유치원과 보육원의 환경에 대해 조사하도록 했다. 우리나라는 보육 교사 한 명이 평균 스무 명의 아동을 맡고 있고, 10시간 이상 근무하는데도 월급은 150만 원 정도를 받지만, 캐나다의 경우 평균 8시간 근무에 250만~290만 원 정도로 근무 여건과 임금에서 차이가 많이 난다는 정보를 공유하면서 아이들의 태도에 변화가 나타났다. 보육 교사를 마녀 사냥식으로 몰고 가는 관점에 문제가 있음을 알게 된 것이다. 보육 교사의 폭력 행위를 옹호하는 것이 아니라, 근무 여건을 비교하면서 좀 더 공정하게 사건을 바라볼 수 있는 시간을 가질 수 있었다.

3) 동교 교사와 수업 바라보기

담임교사들이 학생들에게 대륙별 조형물을 찾게 하고, 모둠별로 재료를 활용하여 조형물을 만드는 수업을 하였다. 어떤 조형물을 찾았는지, 어떤 재료로 만들 것인지, 왜 만들었는지를 충분히 협의하고 만들기로 하였다. 각 반별로 만드는 방법이 다 달랐다. 한 반에서는 학생들이 인터넷으로 조형물을 출력하여 종이접기로 했는데, 원 조형물과 비슷하게 깔끔하게 완성했다. 다른 반에서는 찰흙과 나무젓가락 등으로 만들다 보니 학생들의 노력에도 외형적으로는 깔끔하지 않았다. 그 반 담임교사는 자신의 반 학생들이 만들기 실력이 부족하다며 속상해했다. 그래서 학생들의 준비 과정과 참여도 등을 물어 봤다. 학생들은 열의를 갖고 수업에 참가했는데 담임교사가 완성된 작품을 보고 낮은 평가를 하면 교사 자신은 물론이고 학생들도 속상할 수밖에 없다.

어떤 관점을 갖고 평가하느냐에 따라 결과가 달라진다고 담임교사와 이야기하면서, 수업을 바라보는 관점과 작품을 바라보는 관점에 대해 이야기를 나누었다. 그리고 쉬는 시간 해당 교실에 가서 학생들에게 어떤 작품을 만들었는지 물어 보았다. 학생들이 구구절절 설명을 하는데 생동감 있게 설명을 잘 했다. 서로 자기 작품을 설명하려고 하면서 아이들의 표정이 밝아졌다. 담임교사 역시 표정이 바뀌는 것이 보였다. 담임교사와 교과 교사와의 대화를 통해 수업과 학생들을 바라보는 관점을 조금은 바꿀 수 있는 계기가 되었다.

(4) 학부모와 소통하기

한 달 동안 '세계 여러 나라와 우리나라 그리고 나'라는 주제로 진행한 수업 과정을 학부모 통신문에 담아 안내했다. 사회 수업 시간에 만든 세계 여러 나라 공책과 수업 내용에 대한 간단한 통신문도 함께 가정에 보냈다. 또 수업한 결과를 한 장소에 모아 전시회를 개최했다. 전시회는 전교 학생, 학부모에게 통신문으로 안내되었으며 전시회장까지 만들었다. 5학년 학생들도 내년이 되면 이런 수업을 하냐는 질문을 받기도 했다.

6학년 학생들은 그동안 수업한 것에 대한 자부심에 쉬는 시간마다 전시회장에 가서 자기 작품을 만지고 관람한 소감글을 읽기도 했다. 학부모들은 전시회장에 와서 자녀들의 작품을 감상하고 칭찬했다. 일부 조형물은 통합지원반에 기증해 수업 자료로 활용하기도 했다.

(5) 수업 후 변화

두 달 동안의 프로젝트 수업이 끝났다. 학생들은 물론이고 6학년 담임교사들과 교과 교사 역시 수업을 하면서 많은 행복을 느꼈던 시간이었다. 수업을 하면서 새로운 정보를 알아 간다는 앎에 대한 기쁨과, 실시간으로 보도되는 뉴스를 수업의 소재로 사용해 많은 토의를 하면서 그동안 학생과 교사가 갖고 있던 편견이나 고정관념을 깰 수 있는 시간이기도 했다. 수업 후 학생과 교사의 변화된 모습은 다음과 같다.

1) 학생들의 변화

세계지도나 사회과 부도를 보는 학생들이 늘었다. 세계 여러 나라와 관련된 뉴스도 보는 등 이야기의 주제가 많이 바뀌었다. 세계 여러 나라 프로젝트 수업을 하고 전시회장까지 꾸민 것에 대한 자부심이 생겼다. 혼자서 세계지도를 그리는 아이들이 나타났다. 우리나라뿐 아니라 다른 나라 사람들 역시 자신들이 사는 자연환경에 적응하면서 살아간다는 공통점을 찾고, 다른 나라 문화를 인정하려는 태도도 나타났다. 우리에게 많은 편견이 있었다는 것을 알게 되었다.

2) 교사들의 변화

세계 여러 나라를 주제로 프로젝트 수업을 했다는 자부심이 생겼다. 수업을 바라볼 때 과정 중심으로 수업을 바라보고 평가해야겠다는 생각을 하게 되었다. 주제 통합 수업을 할 수 있게 되었다. 학생을 평가할 때 결과 중심이 아니라 과정 중심으로 학생들의 내면의 변화에 집중해야 할 필요성을 알게 되었다. 학생 평가의 관점이 바뀌면서 문제 학생을 도움이 필요한 학생으로 인식하게 되었다.

〈그림5〉 세계 여러 나라 중 한 나라를 정해서 그 나라 정리하기

〈그림6〉 프로젝트 수업 후 전시회장 만들기

〈그림7〉 대륙별 음식 만들기(담임교사 수업 시간에 실과 교과 교사가 수업을 지원함)

〈그림8〉 아프리카 대륙 전시장

(6) 학생 통지

수업을 하면서 다양한 장면에서 학생들의 배움과 성장이 일어
났다. 대부분 학생은 수업을 하면서 세계 여러 나라에 대한 정보
를 통해 문화의 다양성을 이해하게 되었으며, 내가 몰랐던 나만
의 편견이나 우리나라 사람들이 편견의 많았다는 것을 알게 됐
다. 대부분의 학생은 김○○처럼 통지했는데, 교사와 친구들의
도움을 통해 수업에 참여하게 된 학생들의 평가는 좀 더 구체적
으로 기술했다. 평가 통지에 대해 대부분의 교사는 학생마다 다
른 내용을 써야 한다는 부담감을 갖고 있는데, 관심을 갖고 지켜
본 모습 그대로 쓰면 된다. 간혹 수업 시간 배움으로부터 도주하
려는 학생들을 수업에 끌어들이려는 교사와 학생 간의 역동적인
모습을 기록해 두기도 하지만, 그러한 학생이 각 반에 그렇게 많
지는 않을 것이다.

〈표9〉 주제 통합 '세계 여러 나라와 우리나라 그리고 나' 평가 통지 사례

이름	사회 교과 학기 말 종합 의견	비고
김○○	프로젝트 수업할 때 다른 친구들의 작품을 보고 발표 자료를 만들어 전시회에 참여하였음	수업 시간 특별한 지원을 받은 학생들
이○○	세계지도 그리기를 혼자 해내는 경험을 통해 세계 여러 나라 프로젝트 수업에 관심을 갖고 참여하게 되었음	
홍○○	세계 여러 나라 문화에 대한 토의 활동을 통해 문화적 편견을 갖고 있었다는 것을 알게 되었음	
김○○	세계 여러 나라 프로젝트 수업을 통해 세계의 자연환경에 따른 생활 모습의 관계를 알게 되었음	무난한 학생

3. 학생의 발달을 지원하기 위한 가정-학교 소통 방법

학생들의 발달을 지원하기 위해서는 평가 결과를 통보하는 것에서 나아가 학교 일상의 모습을 가정과 소통하는 것이 더 중요하다. 다양한 방법으로 학부모와 소통하며, 교사의 교육철학을 이해하고 서로 협력할 수 있는 통로를 만들어 갈 수 있다. 소통 방법으로는 학부모 전체를 대상으로 학급 소식을 전하는 방식과 학생과 교사가 대화나 상담을 할 수 있다. 이러한 노력은 모두 학생들의 성장과 발달을 지원하기 위한 목적이다.

(1) 알림장을 통해 소통

알림장은 단순히 숙제만을 안내하는 것이 아니다. 그 속에는 학급에서 진행된 수업 내용과 학습, 학생을 바라보는 교사 철학, 부모 도움 주기, 부모 도움 요청하기, 학교 소식 등이 들어 있다. 하루 동안의 학교생활, 학급 문화나 학급 소식 등을 안내해 학부모에게 교육의 주체로서의 역할을 수행할 수 있도록 도움을 줄 수 있다. 학부모가 학급 문화와 학급 소식을 지속적으로 알게 되면 학교가 자녀에게 요구하는 도움을 적절하게 줄 수 있다. 학생이 발달하는 데 필요한 도움을 가정과 학교에서 받을 수 있는 것이다. 단 주의할 점이 있다. 학교에서 학생이 잘못한 행동을 학부모에게 알려야 할 때에는 전화 통화를 하거나 학부모를 직접 만나 상담하는 것이 더 좋다. 알림장에 써서 보낼 경우 오해가 발생해 감정이 다치는 경우가 종종 있다.

요즘은 클래스팅을 이용해 소통하기도 한다. 클래스팅에 알림장이나 수업 장면을 사진에 담아 올리는 경우가 많은데, 글과 사진으로 담은 정보가 학부모에게 읽혀질 때 교사가 의도한 바와 내용이 달라질 수도 있다. 클래스팅을 할 때도 좀 더 세심한 고민이 필요하다.

(2) 소식지나 편지로 소통

소식지 형태는 다양하다. 학급 학생의 글쓰기 모음을 보내기도 하고 학급 소식지를 보내기도 하며, 학부모-교사 소통 양식으로 하는 등 다양한 방법이 있다. 교사에 따라 달라지기도 한다. 주간학습 형태나 학급 신문, 학급 문집, 학부모 편지 등과 같은 다양한 방법으로 교사가 학부모와 소통하면서 학생들의 발달을 지원할 수 있다. 다소 일방적이라면 소식지 아래에 학부모에게 간단한 의견을 받는 방식으로 해도 소통의 고리를 만들어 둘 수 있어 좋다.

(3) 반 모임, 학년 학부모 모임

학급에서 학급 단위 학부모 모임인 반 모임이나 학년 단위 학부모 모임을 할 수 있다. 반 모임은 학부모와 교사 간 만남을 통해 소통의 한계를 극복할 수 있다는 장점이 있다. 담임교사에게 궁금한 것을 직접 물어보거나 교사의 교육 의도 등을 함께 터놓고 이야기하는 장이 필요하다. 반 모임을 통해 학부모들의 의견을 모아 교사와 함께 드러내서 이야기함으로써 학생들의 성장을 도울 수 있다.

혁신학교부터 시작된 학년 교육과정 설명회는 학부모와 교사가 교육철학을 공유하는 시간으로 유용하다. 학기 초 교육과정 설명회를 통해 의식을 공유하고 함께 생각을 터놓고 이야기할 수 있는 시간을 통해 학부모와 교사가 학생의 발달을 지원하는 시스템을 만들어 갈 수 있을 것이다. 학년 학부모 모임을 처음 할 때는 교사 주도로 움직이는 것이 좋으나 시간이 지나면 학부모 동아리 등의 형태로 운영될 수 있도록 지원해 준다. 학부모도 함께 성장할 수 있는 기회를 제공해 줌으로써 학생 발달을 지원할 수 있도록 하자. 학부모 모임이 자칫 학급의 어느 한 학생을 문제 삼거나 사교육 정보를 공유하는 방향으로 가지 않도록 교사가 학부모 모임에 적극적으로 개입하는 것이 필요하다.

(4) 개별 학생을 지원하는 방법

학교생활을 하다 보면 학습 면이나 일상생활에서 도움이 필요한 학생이 보인다. 학생들을 개별적으로 지원하기 위해서는 교사가 학생들을 제대로 관찰해서 파악하고 있어야 한다. 또한 가족 중에 교사와 소통할 수 있는 한 명이 꼭 있어야 한다. 그러기 위해 평상시 학생을 섬세하게 관찰할 필요가 있다. 또 학부모와도 끊임없는 소통을 통해 원만한 관계를 맺어야 한다. 특별히 문제가 되는 학부모만 담임과 소통하는 것이 아니라 모든 학부모와 소통할 수 있도록 한다.

개인적으로 도움이 필요한 학생은 수업 시간 또는 쉬는 시간에 한마디 말을 해 주는 것부터 따로 개별 상담을 하는 등 다양한 방법으로 도움을 줄 수 있다.

교사가 학생에게 진정성 있는 도움을 주기 위해선 학생들이 학급 안에서 편하게 의사소통을 할 수 있는 학급 문화를 만드는 것이 가장 중요하다. 교사와 학생 간 신뢰가 바탕이 된 조언은 학생과 학부모에게 오해를 일으키지 않는다.

교실에서 수업을 자주 방해하는 학생이 있다면 학생과 학부모 상담을 통해 학생에게 필요한 도움이 무엇인지 진지하게 대화를 하는 것이 필요하다. 교사가 학생과 학부모에게 불편한 이야기라고 꺼려하게 되면 학생이 적기에 필요한 도움을 받을 수 없게 된다.

발표를 힘들어하는 학생에게는 말할 수 있는 기회를 자주 주는 것이 좋다. 발표할 때 유난히 목소리가 커서 반 아이들을 깜짝깜짝 놀라게 하는 아이가 있었다. 큰소리로 말하는 것은 성대에 무리를 주기 때문에 의도적으로 목소리를 낮추고 쉬는 시간에 친구와 말할 때도 친구 가까이 가서 작게 말하기를 연습하라고 지속적으로 알려 주었더니 조금씩 좋아지는 모습을 관찰할 수 있었다. 학생들에게 충고를 할 때는, 충고라는 느낌보다 교사가 진정으로 염려하고 걱정한다는 마음을 전달하는 것이 도움이 된다.

학습에 어려움이 있는 학생들은 수업 시간에 가까이 가서 도움을 줄 수 있다. 또 학생과 따로 시간을 내 이야기를 하는 것도 좋다. 개인 상담을 통해 심리적 문제를 해결하면 수업에 집중할 수 있게 된다. 그러기 위해 교사는 학생들을 세심하게 관찰하여 학생들의 심리 상태를 읽어 낼 수 있어야 한다. 학생 관찰은 교사로서 끊임없이 연구하고 노력하면 노력한 만큼 전문성이 커진다.

(5) 학부모 상담

학생 상담을 통해 해결되지 못하는 문제나 가정에서의 문제가 원인이 되는 것은 학부모 상담을 하면 좋다. 학부모 상담은 학부모와 함께 학생의 성장을 돕기 위해 필수적이다. 학교에서 강제적으로 기간을 정해 두고 하는 방식보다는 비주기적으로 필요할 때마다 하는 것이 더 효과적이다.

좀 더 바람직한 방향으로는 학기 초 학생의 학습 준비와 목표를 정하는 것을 학부모와 함께하고, 학기 말에 어떤 성과가 있었는지 통지표에 적어 보내는 것이 좋다. 학부모가 원하는 경우 상담을 하는 것이 바람직하다. 학교를 방문하기 어렵다면 전화 상담도 적극적으로 하면 좋을 듯하다.

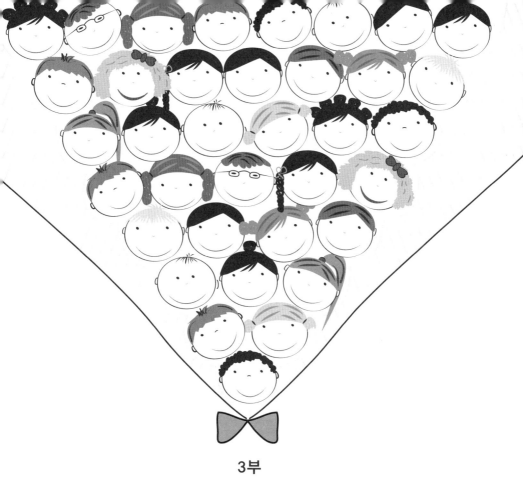

3부

교육평가
정책·제도에 대한 반성

교육부 · 교육청 평가 정책의 문제점과 개선 방안

신은희

2016년, 교육부는 자유학기제 전면 실시와 함께 중학교도 학교나 교과에 따라 수행평가만으로 성적 산출이 가능하도록 학업 성적 관리지침을 개정하였다. 교육부 담당자가 평가 개선 사례로 혁신학교인 선사고등학교 이야기를 자주 한다. 교육부의 성취평가제 사이트에 가면 단답식 평가나 서열화를 위한 평가 정책을 비판하고 있다. 수행평가가 학부모 숙제가 되지 않도록 하겠다고 공언한다.

물론 일제고사 반대 정책이나 학생 성장을 돕는 교육과정과 평가를 실천해 오던 입장에서는 교육부의 발표가 반가울 때가 많다. 그렇지만 실제로 평가 혁신을 추진하는 과정에서 부딪치는 문제가 많은데, 교육부는 발표만 하고 현장의 어려움은 나 몰라라 하거나 방치하기 때문에 많은 학교에서 평가 혁신을 추진하다 다시 옛날로 돌아가는 일이 많다. 교육청도 교육부 공문만 현장에 내려보내거나 교육부 지침을 과잉 해석해 현장을 힘들게 하는 일이 많았다.

이에 이 장에서는 교육부나 교육청의 평가 혁신 정책의 문제점을 알아보고, 평가 혁신을 위해 반성할 일과 해야 할 일을 알아보려고 한다.

1. 교육부의 문제점

(1) 수행평가와 수준별 교육과정

많은 교사가 평가 혁신 정책에 대해 생소해한다. 학교 현장에 가면 교육감이 상황도 잘 모르고 평가 혁신을 밀어붙인다고 이야기한다. 그런데 평가 혁신 정책이 7차 교육과정부터 시작된 것이고, 이미 실천한 학교들이 7차 교육과정을 활용한 것이라고 하면 깜짝 놀란다.

1) 속 빈 강정이 된 수행평가

교육부는 7차 교육과정에서 교육과정을 성취기준 중심으로 개발하고 학교 교육과정, 학년 교육과정, 학급 교육과정을 편성하게 하였다. 평가에서는 일제형 지필시험을 전면 금지하고 수행평가를 실시하라고 했다. 학생의 성장 발달을 위해 학습 과정에 주목하고, 본말이 전도된 평가 정책을 바꾸라고 하였다.

> 평가의 궁극적 목적이 <u>학생의 성장 발달을 돕는 데 있는 것</u>이라면 학습의 과정을 제외한 결과의 측정만으로 평가의 역할을 한정하고 있는 현행 우리의 교육평가는 평가의 진정한 교육적 기능을 이미 상실한 것이라고 볼 수 있다.[1]

---

1. 7차 교육과정 해설서

그런데 현장에서는 왜 평가 혁신을 생소해할까? 이는 수행평가가 도입은 되었지만 교사들이 교육과정 재구성 능력 함양이나 학생 발달을 보는 시각, 수행평가 전환에 따른 학부모 인식 전환 부분에서는 큰 노력을 하지 않았기 때문이다. 학부모들은 수행평가나 교과평가 결과에 따른 서술 내용이 무슨 말인지 모르고 점수가 없는 것을 불편해했다. 이런 불만에 편승해 서울시 교육청 등을 시작으로 일제고사를 부활시키기 시작했다. 급기야 이명박 정부는 미국 NCLB(낙제 학생 방지) 정책을 차용해 기초부진아를 찾아낸다며 전국적으로 일제고사를 보고 학교별 점수를 공개했다. 이런 과정에서 교사들은 수행평가도 하고 일제고사도 봐야 하니 자연스럽게 수행평가는 형식화되고 일제고사에 더 신경을 쓸 수밖에 없는 상황이 되었다.

2) 수준별 교육과정과 수행평가

7차 교육과정에서는 학생 실력에 맞추어 수준별 맞춤 교육을 한다며 수준별 교육과정을 운영했다. 초등은 학급 내에서 시험 점수에 따라 특별 보충 여부가 결정되고 국어 등 4개 교과에서는 심화 보충형 교육과정을 운영하였다. 중등은 수준별 이동 수업을 하였다. 이렇게 실력에 따라 우열이 갈리는 상황에서 성장을 돕는 평가는 문구에 그치고, 실제로는 여전히 점수를 측정하고 점수로 판별하고 줄을 세우는 현상을 고칠 수 없었다. 2007 개정 교육과정에서 수준별 수업으로 용어가 바뀌고 단계형 교육과정을 폐지했지만 여전히 학교는 점수로 좌지우지되는 상황으로 변질되었다.

3) 학력상 방치

2005년을 전후로 학교마다 조금씩 일제고사가 부활하더니 일부 지역에서는 점수에 따라 학력상을 주기 시작했다. 만약 교육부가 이런 현상에 집중하고 관리감독을 했다면 평가 혁신정책을 추진하기가 훨씬 쉬웠을 것이다. 그런데 교육부는 민원에 형식적으로 답변하고 아무런 조처를 취하지 않았다. 2008년 전국 일제고사 이후 강원도나 충북의 일제고사 점수 올리기 파행 정책 때에도 형식적인 공문만 내려보낼 뿐 아무 일도 하지 않았다. 지침이 잘못 적용되면 교육부가 시정명령을 내려야 하지 않을까?

민원 제목 초등학교에서 학력우수상 시상은 합당한 일인가요?
처리 기관 교육인적자원부 접수번호 2AA-0608-011326
처리 부서 초중등교육정책과 (남○○)
신청일 2006.08.07 18:32:05
처리(예정)일 2006.08.08 13:47:41

말씀하신 것처럼 초등학교의 경우 성적 산출은 하지 않는 것이 바람직합니다. 그래서 교육부에서는 초등학교의 경우 과목별로 서술식으로 나타내도록 권장하고 있습니다. 학력우수상을 주는 것은 학생들이 공부를 열심히 하도록 독려하기 위한 방편이라고 생각하는 것 같습니다. 하지만 초등학교의 경우는 이와 같은 방법은 바람직하지 못합니다.

초등학교 성적 관리는 강원도 교육청 학업성적 관리지침에 의거 시행되고 있습니다. 초등학교 및 중학교 성적은 각 시·도 교육청에서 관리하고 있습니다. 문제가 있다고 생각이 들며 이 내용은 강원도 교육청 초등교육과에 진정하시면 좋은 것 같습니다. 감사합니다.[2]

2008년 이후부터는 학력상을 주는 학교가 더 많아졌다. 겉으로는 창의성과 자기 생각을 길러야 한다고 하면서 실제로는 시험을 보고 점수에 따라 상을 주는 상황에서 수행평가는 점점 형식화되거나 한꺼번에 몰아서 하게 되고, 일제고사에 의존하는 파행 현상이 심화되었다. 이렇게 해도 교육부에서는 공문 한 장 달랑 보내고 모른 체하기 때문에 평가 정책은 말 따로 실제 따로 굴러가는 현상이 더욱 심해졌다.

이명박 정부의 일제고사 정책에 대해 현장에서는 강력하게 저항했다. 그러나 교육부에서는 교육부 일제고사와 강원도 일제고사에 선택권을 주거나 시험을 보지 않은 교사들을 해직시켜 평가 정책이 공포의 대상이 되었다. 교육과정(해설서)에 6학년 학업성취도 평가를 표집으로 본다고 했기 때문에 우리나라는 전국 일제고사를 보는 법적 근거가 없고, 강원도도 7차 교육과정기에는 학업성취도 평가권이 시도 교육감에게 없었기 때문에 불법을 저지른 것과 같다. 이런 상황이다 보니 현장에서 학생의 성장을 돕는 평가 정책은 정착할 수가 없었던 것이다.

---

2. 2006년 강원도 효제초등학교 학부모 질의에 대한 교육부 답변 발췌

(2) 2009 개정 교육과정의 문제점

2009 개정 교육과정은 이명박 정부가 수시 개정이라는 이름으로 총론은 2009년에 발표하고, 교과 교육과정은 2011년에 만들어 고시하였다. 7차 교육과정이 수행평가를 강조하였지만 역량 강화나 주변 여건 개선이 미흡했다면, 2009 개정 교육과정은 교육과정 자체에서부터 혼란을 많이 주었다.

1) 무늬뿐인 학년군 교육과정과 평가의 불일치

2009 개정 교육과정은 학교 교육과정 자율화를 내세워 학년별 편제표를 학년군, 교과군 편제로 바꾸고, 성취기준도 학년군으로 제시하였다. 학년군 교육과정대로라면 교육과정을 학년군으로 편제하고 되도록 교사가 연임을 하여 2학년, 4학년, 6학년 말에 전체적인 평가를 해야 한다. 그런데 현실은 학년마다 평가를 하고 다음 학년 교사와 연계되는 시스템도 전혀 마련하지 않았다. 2009 개정 교육과정 설계와 운영에 근본적으로 문제가 생긴 것이다. 교육부는 이를 보완할 방안도 마련하지 않았다. 계속 교육과정과 교과서를 바꾸고 시도 평가, 학교 평가를 통한 경쟁만 부추길 뿐 현장의 역량 강화는 지원하지 않았다. 학년군 연계 교육과정은 일부 혁신학교에서 자발적으로 이루어졌을 뿐이다.

<표1> 충청북도 학년 교육과정연구회에서 2015년 작성한
5~6학년군 수학 연산 영역 성취기준

내용	학습내용 성취기준	5-1	5-2	6-1	6-2
1-3 분수의 곱셈과 나눗셈	1-3-9 분수의 곱셈의 계산 원리를 이해하고 그 계산을 할 수 있다.	6. 분수의 곱셈			
	1-3-10 '(자연수)÷(자연수)'에서 나눗셈의 몫을 분수로 나타낼 수 있다.		3. 분수의 나눗셈		
	1-3-11 분수의 나눗셈의 계산 원리를 이해하고 그 계산을 할 수 있다.		3. 분수의 나눗셈	3.분수와 소수의 나눗셈	

2) 성취기준 남발로 현장 혼란 자초

교육부는 교육과정을 성취기준으로 개발하고 생활기록부에도 성취기준과 성취수준에 따라 평가하라고 하였다. 그 결과 중등 내용 일색이던 생활기록부 지침에 드디어 초등 내용이 들어오기 시작하였다.

<표2> 교육부 생활기록부 훈령 제29호(2014. 1. 16.)*

훈령 제15조	초등학교의 교과 학습 발달 상황은 각 과목별 성취기준에 따른 성취수준의 특성 등을 '세부 능력 및 특기 사항'란에 과목별로 간략하게 문장으로 입력하고, 방과 후 학교 수강 내용(강좌명, 이수 시간 등)을 입력할 수 있다.
<이하 별지9호> 3. 평가의 목표 내용 및 방법	가. 교과 학습의 평가(지필평가 및 수행평가)는 모든 학생들이 교육목표를 성공적으로 달성할 수 있도록 돕기 위한 교육의 과정으로 실시하며, 평소 학교에서 가르친 내용과 기능에 대하여 학생 개인의 교과별 성취기준, 성취수준에 따른 성취도와 학습 수행과정을 평가하는 방법을 적용한다. 나. 성취기준이란 교육과정에 명기된 학년별 교과 목표를 단원별로 상세하게 세분한 지도 목표를 의미하며, 학년별·교과별 성취기준을 설정함에 있어서는 교과협의회를 통하여 교육과정 내용과 교과서 내용을 분석·활용한다.

4. 지필평가 가~라 (현행과 같음)	마. 성적 처리가 끝난 답안지는 성적 산출의 증빙자료로 졸업 후 1년 이상 당해 학교에 보관한다. 다만, 초등학교의 경우에는 시·도 교 육청 학업성적 관리 시행지침 및 학교 학업성적 관리 규정에 따라 보관 기간을 달리 정할 수 있다. 바. 초등학교의 경우 성취기준·성취수준에 따른 성취도에 중점을 두 고 평가가 이루어지도록 한다.
5. 수행평가	사. 초등학교의 경우 수행평가의 중요한 자료는 성적 산출의 증빙자 료 및 수행평가 성적을 기록한 성적일람표는 시·도 교육청 학업 성적관리 시행지침 및 학교 학업성적 관리 규정에 따라 보관 기간 을 달리 정할 수 있다.

※ 현재 법정장부는 학교생활기록부, 졸업대장, 생활기록부 정정대장이다.

그런데 성취기준이란 말을 사용하는 데는 많은데 뜻이 제각기 달라 혼동을 주고 있다. 2011년에 만든 2009 개정 교과 교육과정은 5~6개월 만에 만들어지면서 교육과정 대강화에 따라 성취기준 중심으로 만들고 교과별 해설서도 별도로 만들지 않는다고 하였다. 그러더니 다음 해에 성취기준과 성취수준을 개발하고 연이어 핵심 성취기준을 발표하였다. 2015년부터는 평가는 무조건 핵심 성취기준으로 하라고 하여 현장에서는 일대 혼란이 생겼다. 2015 개정 교육과정에서는 교육과정과 수업, 평가 연계를 강조하고 있다. 그럼 대체 성취기준과 핵심 성취기준은 무엇이 다를까?

성취기준(achievement standards) 교수-학습 및 평가의 실질적인 근거로 학생들이 교과 학습을 통해 성취해야 할 지식, 기능, 태도의 능력과 특성을 진술한 것, 학생들의 도달점 행동이자 평가기준임.

성취수준(achievement level) 학생들이 성취기준에 도달한 정도를 몇 개의 수준으로 구분하고 각 성취수준에 속한 학생들이 무엇을 알고 할 수 있는지를 기술해 놓은 것, 학생들이 수업에서 해당 성취기준에 도달한 정도를 구분하여 기술함

핵심 성취기준 학교급별 교육목표와 각 교과(목)에서 추구하는 교과 교육의 목표를 달성하는 데 보다 중요하고 필수적인 교육 내용을 다루는 성취기준, 핵심 성취기준은 기 개발된 성취기준 중 교수·학습의 효과성 제고를 위해 선정한 성취기준

학업성적 지침의 성취기준(생기부 훈령) 성취기준이란 교육과정에 명기된 학년별 교과 목표를 단원별로 상세하게 세분한 지도 목표를 의미하며, 학년별·교과별 성취기준을 설정함에 있어서는 교과협의회를 통하여 교육과정 내용과 교과서 내용을 분석·활용.

학교에서의 활용 방법(글쓴이 or 지은이) 교과 성취기준이 고정된 것이 아니므로 이를 고려하여 학교 학생 수준, 수업 재구성 내용을 반영하여 학교별로 조금 다르게 설정할 수 있다.[3]

성취기준이 도입된 것은 7차 교육과정기부터다. 미국의 스탠더드 개념으로 들어왔는데, 국가 수준의 교육기준, 평가 준거의 기준, 평가 결과 분할 기준, 교육평가 질 관리를 위한 기준의 의미를 내포하고 있다(박순경 외, 2013). 현재 성취기준은 네 가지가 거의 혼합된 듯한 개념으로 혼용되어 연구진이나 현장 모두 성취기준에 혼란스러운 상황이다.

현재 2011년에 개발된 교과별 성취기준은 편의상 내용 성취기준으로 부르고, 2012년 이후 개발한 것은 성취기준과 성취수준,

---

3. 교육부, 《2013년 성취기준 자료집》

이 중에서 일부를 추출한 핵심 성취기준을 평가기준으로 보면 무리가 없다. 단, 이름만 조금 다를 뿐 내용 성취기준과 큰 차이가 없어 핵심 성취기준은 평가기준뿐 아니라 수업 재구성에도 활용할 수 있다.

<표3> 2009 개정 교육과정 성취기준 변화 과정

연도	내용	비고
2011	- 교육과정 내용을 성취기준으로 제시 - 교과서 단원별 개발 기준	- 영역, 내용, 학년군별 성취기준으로 다양
2012	- 성취기준과 성취수준 개발 (평가기준 역할, 모든 과목)	- 교육과정 내용을 2~3개로 늘림 - 성취수준은 학교별 재구성 가능
2013	- 핵심 성취기준 개발 (도덕, 국어, 수학, 사회, 과학, 실과, 영어)	- 교육과정 재구성 및 평가기준으로 활용 가능 - 핵심 성취기준 학교, 학년에 따라 재선정 가능 - 핵심 성취기준 중심 재구성으로 학습부담 감축 및 학습의 질 향상

3) 가깝고도 먼 성취기준

현장은 여전히 교과서에서 벗어나기 어렵다. 수시로 바뀌는 교육과정과 교과서는 교과서 중심 수업을 벗어나기 힘들게 한다. 교육부는 성취기준에 따라 가르치라고 한다. 그런데 정작 교사들이 성취기준대로 수업을 하려고 해도 알 방법이 없다. 교과서에는 단원목표나 차시 목표가 나오고, 지도서에는 거의 성취기준이 없다. 교육과정 문서에는 학년군별로 영역별 성취기준이 나와 어느 것이 몇 학년 것인지 알기 어렵다. 교육부와 충청남도 교육청이 핵심 성취기준 재구성 자료집을 만들었는데, 학교별로 1~2부만 와서 거의 모든 교사가 왔다는 사실도 모른다. 교육부에 학년별 성취기준을 알려 달라고 했더니 2009 개정은 학년군 성취기준이라 별도로 알려 줄 수가 없다고 한다. 대체 교사들이 무얼 보고 성취기준에 따라 수업을 하라는 것인가?

2009 개정 초등 교육과정 성취기준 분류 민원 질의응답 사례

질의 안녕하세요? 2009 개정 교육과정 학년별 성취기준이 필요합니다. 조금 전 민원에 음악, 미술, 영어를 요청했는데요. 이 과목을 뺀 전 학년 교과 성취기준을 학년별로 분류한 자료를 주십시오. 성취기준을 중심으로 재구성을 하라고 하는데, 정작 현재 가르치는 학년 성취기준을 어디에서도 찾기가 어렵습니다. 교과마다 지도서에 있는 데도 있고 대부분은 안 나와 있습니다. 아울러 이런 자료가 NCIC(국가교육과정정보센터)에 있어서 누구나 쉽게 접근할 수 있도록 해 주십시오. 그럼 수고하십시오.(10/29)

답변 안녕하십니까? 교육과정정책과입니다. 민원을 현행 교육과정에 대한 문의로 생각하여 충분한 답변을 드리지 못한 점 죄송합니다. 선생님께서 요청하신 각 학년의 성취기준은 교육과정에서 제시하고 있지 않습니다. 이에 선생님께서 요청하시는 학년별 성취기준은 우리 부에서 보유하고 있지 않은 자료임을 말씀드리며, 다만 교육과정에 준하여 교과서 개발 연구진이 각 학년의 성취기준을 제시하는 경우가 있는 것으로 알고 있습니다. 본 건과 관련하여 추가 문의사항이 있을 경우에

는 교육과정정책과로 문의하여 주시면 친절히 안내드리겠습니다.(11/23)

혁신학교를 먼저 시작한 지역의 교사들이 수작업으로 성취기준을 찾고 핵심 성취기준을 분류한 자료가 전국적으로 돌고 있을 뿐이다. 이런 정도는 교육부가 기초적으로 해 주고 교사들은 재구성을 고민해야 하지 않는가? 교육부는 구호만 내세울 뿐 실질적인 작업은 하나도 안 도와준다. 오히려 교육과정 재구성과 평가 혁신을 힘들게 한다는 표현이 맞다.

4) 잘못된 용어 선택 - 지필평가와 수행평가

'지필평가'를 '정기 고사'로 바꿔야 한다. 전국적으로 평가 혁신이 추진되고 있는데 가장 문제가 되는 것이 용어의 혼란이다. 대표적인 것이 학업성적 관리지침(별지 9호)에서 교과 학습 평가를 '지필평가와 수행평가'로 구분하고 수행평가만으로 가능한 교과를 제시해 놓았다. 2016년부터는 초등학교와 중학교는 수행평가만으로 실시할 수 있다고 지침을 바꿨다.

1. 교과 학습 발달 상황 평가 및 관리

다. 교과 학습 발달상황의 평가는 지필평가와 수행평가로 구분하여 실시한다. 다만 전문 교과 실기 과목 등 특수한 경우는 시·도 교육청의 학업성적 관리 시행지침에 의거하여 학교 학

업성적 관리규정으로 정하여 수행평가만으로 실시할 수 있다.[4]

〈일부 시·도 교육청 초등 지침 사례〉
5. 교과학습 발달 상황의 평가는 지필평가와 수행평가로 구분
하여 실시한다. 다만, 도덕, 실과, 체육, 음악, 미술, 영어, 바른
생활, 슬기로운 생활, 즐거운 생활은 학교 학업성적 관리규정
으로 정하여 수행평가만으로 실시할 수 있다.

이건 정확한 용어가 아니다. 교육과정 총론이나 각론 어디에도
평가 유형을 지필평가와 수행평가로 나눠 놓지 않았다. 지침에
나온 지필평가는 오히려 정기 고사라고 보는 것이 낫다. 중등에
서는 정기 고사와 수행평가를 합산하여 성적을 내기 때문에 여기
에 대해 자세하게 서술해 놓았다. 그런데 교육부가 이렇게 구분
을 하면서 시·도 교육청 지침에도 똑같은 내용이 들어가, 자율
적으로 수행평가를 하던 교사들에게 지필형 일제고사를 보게 해
현장에서 많은 갈등이 생겼다. 일부 교육청에서는 지침에 제시된
전문 교과를 '도덕, 실과, 체육, 음악, 미술, 영어, 바른 생활, 슬기
로운 생활, 즐거운 생활'로 고쳐서 주지 교과는 지필 고사를 보라
는 식으로 현장을 압박했다. 그야말로 꼬리가 몸통을 흔드는 격
이다.

지금까지도 이 용어는 많은 혼란을 주고 있다. 교육부에 초등
지침을 별도로 만들어 달라는 요구도 했지만 중학교까지 수행평

---

4. 교육부, 〈2015년 생활기록부 관리지침〉(별지 제9호)

가 범위를 확대한 2016년 지침에서도 이 내용은 고쳐지지 않았다. 하지만 초등에서는 〈표2〉에 서술된 다음의 항목만 유의해서 수행평가 중심으로 운영하면 된다. 초등에서는 수시로 하는 평가 안에 평가를 해도 큰 문제가 없다.

(바) 초등학교의 경우 성취기준·성취수준에 따른 성취도에
중점을 두고 평가가 이루어지도록 한다.

5) 초등학교 성취기준·성취수준에 따른 평가

수행평가는 패러다임이자 평가 방안의 하나다. 수행평가 개념의 혼란도 현장의 변화를 어렵게 한다. 교육부는 수행평가는 평가 정책의 새로운 패러다임의 전환 방안으로 제시하고 현장도 그렇게 받아들였지만, 수행평가는 평가 문항의 비구조화 경향을 부르는 개념이기도 하다. 그런데 교육부의 각종 자료나 교육청 담당자, 현장의 상황을 보면 여전히 이런 개념들이 혼재되어 있다. 7차 교육과정기의 수행평가 개념이 더 폭넓고 2009 개정 교육과정에서는 평가 유형의 하나로만 제시하고 있다. 7차 교육과정 수행평가 도입 당시와 비교해 보자.

교과의 평가는 선다형 일변도의 지필 검사를 지양하고, 서술형 주관식 평가와 표현 및 태도의 관찰 평가가 조화롭게 이루어지도록 한다.[5]

---

5. 교육부 고시 제1997-15(별칙1)

수행평가의 방법으로는 서술형(주관식) 검사, 논술형 검사, 구술 검사, 찬반토론법, 실기 시험, 실험 실습법, 면접법, 관찰법, 자기평가 보고서, 동료평가 보고서, 연구 보고서, 포트폴리오 등을 들고 있음.[6]

(다) 교과의 평가는 <u>선택형 평가보다는, 서술형이나 논술형 평가 그리고 수행평가의 비중</u>을 늘려서 교과별 특성에 적합한 평가를 실시하도록 한다.[7]

교육부는 현장의 실천을 반영해 이런 용어의 혼란을 줄이고 현장에서 실천하는 교사들을 애매모호한 문구로 제약하지 않도록 하는 데도 힘을 써야 한다. 교육청이나 현장에서는 지필시험, 수행평가 구분을 혼란스럽게 만들지 말고 교사들이 수행평가 중심의 평가 혁신에 집중하도록 지원하는 데 힘을 쏟아야 한다.

〈그림1〉〈선다형 검사에서 수행평가, 참평가로〉(성태제, 《교육평가방법의 변화》, 2013)

---

6. 백순근, 〈학업성취도 평가의 종류 및 최근 동향〉, 《교육평가의 발전적 탐색》, 교육부, 1996. 46쪽. 수행평가를 비구조화된 다양한 평가 방식의 범주로 채택하고 있음.

7. 〈2009 개정 교육과정〉 교육부, 2009-14호. (다)항은 수행평가를 하나의 평가방식으로만 축소하였다.

6) 교육과정 따로, 평가 따로

교육과정과 수업, 평가가 같이 연계되어야 한다는데, 교육부에서는 교육과정 운영 지원과 평가 업무가 서로 분리되어 진행된다. 그래서 평가와 관련해 질문을 하면 생활기록부 관련 부서에서 답변이 오거나 엉뚱한 답변이 온다. 교육학자들도 마찬가지다. 교육과정 전공자와 평가 전공자가 다르고 관심 영역이 다를 때가 많다. 평가도 주로 양적 평가에 머물러 현장에서 주로 활용하는 성장을 돕는 평가나 질적 평가에서는 도움을 받기 어렵다.

교육부의 평가 연수도 여전히 교육과정과 수업, 평가를 연계하지 못하고 평가 방식 변화에 머물러 평가 패러다임 전환과 역량 강화와는 관계가 멀다. 교육부에서 시도별로 모집하는 평가 연구회는 기존에 개발된 평가 문항의 적합성을 따져 보는 내용이다. 학생 발달 상황에 맞는 평가를 고민하라면서 일반화된 평가 문항의 적합성을 따지라니, 연구회 모집이 안 되는 시도들이 생겨났다. 그동안 이런 평가 도구가 여러 번 나왔지만 현장에선 무용지물이었다. 여전히 기존의 평가관을 벗어나지 못하고 있는 것이다.

〈표4〉 2016년 학생 평가 심화 연수(1. 11~1. 15)

영역	교과목	시간
학생 평가 이해	평가 방안 개선과 정책 방향	2
	학생 평가 방향과 최근 동향	2
	평가를 위한 이론적 기초	2
	2009 개정 교육과정과 학생 평가의 운영	2

평가 도구 개발	진단평가의 이해와 실제	2
	선다형 평가 도구의 개발 방법과 사례	2
	서답형 평가 도구의 개발 방법과 사례	2
	수행평가 도구의 개발 방법과 사례	2
교과별 평가의 실제	국어과 수업 모형 및 평가 방안	2
	도덕과 수업 모형 및 평가 방안	2
	미술과 수업 모형 및 평가 방안	2
	음악과 수업 모형 및 평가 방안	2
창의 인재를 위한 다양한 수업 모형에 따른 학생 평가 사례	협력적 문제해결력 평가 도구 및 예시(과학)	2
	융합 영역에서의 학생 성장 지원 평가 방안	3

평가 혁신은 수업을 어떻게 해 볼까? 우리 학생들에게 맞는 교육 내용과 방법은 무엇일까?라는 고민에서 시작해야지, 평가를 잘 하자는 데서 출발해서는 해결하기 어렵다. 더욱이 전국적인 평가 혁신을 추진하려면 평가 연수의 패러다임부터 변화가 필요할 것이다.

2. 교육청의 문제

(1) 교육청, 자율성과 권한 남용 사이

교육부가 지침, 정책에서 혼동을 가져왔다면, 교육청은 자율성을 발휘하거나 제약을 두거나, 두 가지로 흘러가고 있다. 교육과정을 운영하는 데 따른 역할 분담에서 교육청은 교육부가 정한 것에서 벗어나기 어렵지만, 실제 운영에서는 비교적 자율성의 폭이 크다. 교육과정의 편성과 운영의 역할 분담 체계에서 시·도 교육청은 지역 자체 편성 운영 지침이나 지원 방안을 마련하고, 학업성적 관리지침을 만들 수 있다. 경기도 창의지성 교육과정을 시작으로 많은 지역이 교육과정과 수업, 평가 혁신을 위해 노력하고 지역마다 교육과정 지원이 달라지는 것이 시·도 교육청의 역할과 관계가 있다. 현장과 교육부의 소통을 원활하게 하는 것도 하나의 역할이다.

〈표5〉 교육과정 편성 운영 역할 분담 체계

기관	교육부	교육청	교육지원청	학교
역할	교육과정 고시 해마다 생활기록부 훈령 수정	시·도 교육과정 편성 운영 지침, 지원방안 (관리 감독) 학업성적 관리 지침 고시	실천 중심 교육과정 편성 도움 자료	학교 교육과정 편성 학업성적 관리지침 마련

그런데 여전히 많은 시·도 교육청이 교육부의 방침이나 공문은 즉시 현장에 내리면서 정작 현장의 어려움을 받아들여 교육청 정책에 체계적으로 반영하거나 현장의 목소리를 교육부에 전달하는 역할에서는 부족함이 많다. 평가 혁신에 앞서 가장 중요한 교육과정이 해마다 바뀌는 상황에서 현장은 거의 아무런 지원도 받지 못하고 방치되어 있다고 보는 것이 정확한 표현이다. 일부

혁신학교들만 민주적 문화에서 자발적으로 교육과정과 수업 협의를 해 나간다. 이런 부분은 보완하지 않고 평가 혁신만 추구하려니 현장에서는 어려움이 큰 것이다. 지금이라도 시·도 교육청들이 그동안 부족했던 현장 중심의 교육과정 정책을 펴 나간다면 그 안에서 평가 혁신도 같이 추진될 수 있을 것이다.

(2) 수행평가 중심 혁신을 지원하는 교육청

2011년 서울시 교육청의 초등 일제고사 전면 금지부터 2016년 전라북도 교육청의 초등 일제고사 금지까지 시도마다 많은 변화가 있었다. 교육청에서 정책을 공표하는 것만으로는 평가 혁신이 쉽지 않고 지속적인 지원이 필요하다.

> ⑥ 전라북도 교육청 초등 성장평가제 시행(학교교육과-24470, 2015.12.11.)에 따라 일제평가 형식의 중간·기말고사는 폐지한다.[8]

강원도 교육청은 교육청의 권한을 이용해 평가 혁신의 중요한 전환점을 마련하였다. 2012년부터 초등학교에서 일제고사식 평가를 전면 금지한 가운데 상시 평가라는 이름으로 수행평가 중심의 평가정책을 선도하고 있다. 초등 학업성적 관리지침에서 지필

---

8. 전라북도 교육청 2016년 초등학업성적관리지침

시험을 없애 현장의 혼란을 줄이고 '수행평가를 실시하라'(2012년 이후)고 개정하였다. 교육부에서 지속적으로 창의인성 평가, 과정 중심 평가를 외쳤기 때문에 이를 실질화하기 위한 방안이었다. 현장에서는 오래된 관행을 무시하고 평가 혁신을 해 나가기엔 여러 어려움이 있고 상시 평가, 수시 평가 용어를 평가를 자주 하라는 것으로 혼동하는 등 혼란이 있었지만, 이런 과정을 거쳐 평가 혁신을 꾸준히 추진해 가고 있다. 2016년 현재는 "⑤ 교과의 평가는 결과 중심의 평가를 지양하고 과정 중심의 평가를 확대하되, 서술형 평가, 논술형 평가, 관찰법, 역할극, 토론법, 자기평가, 상호평가, 포트폴리오 등 교과별 특성에 적합한 다양한 평가 방법을 활용한다."고 하여 지필, 수행 개념에 얽매이지 않도록 평가의 유형만 제시하고 있다.

2014년부터 추진한 행복성장평가제의 경우 교육과정 안에서의 수업과 평가가 연계된 교사별 평가를 다양하게 제시하고, 통지 방식에 새로운 대안을 제시하였다. 그간 시험점수를 통지로 알리거나 달적이와 생활기록부 사이에서 혼란스러운 통지에 대해 '학생 성장과 학습 능력을 알 수 있는 통지'로 정하고, 상담 등도 통지의 방식으로 제시하였다. 혁신학교들에서 다양한 소통 방식을 시도하였는데 이것을 정책으로 입안하여 더 많은 학교와 교사들이 다양한 고민을 할 수 있도록 도와주었다고 본다.

가. 서술형 · 논술형 평가 비중 확대
- 교과별 특성을 고려한 서술형 · 논술형 평가 확대
- 2009 개정 교육과정의 교과목별 특성을 고려한 평가
- 서술형 평가와 논술형 평가를 위한 비율 적용 방법은 학교 실정에 맞게 자율로 결정 시행

나. 교육과정 중심의 교사별 수시 평가 체제로 전환
- 일제고사 형식의 평가를 폐지하고 교사별 평가 실시
- 형성평가, 단원 평가 중심의 상시 평가 실시
 - 학급 교육과정 편성 시 평가계획 자체적으로 수립
 - 교사별 평가 시기, 방법, 횟수 등 자율 시행

다. 다양한 형태의 평가 활성화
- 교과 특성을 반영한 실험, 실습, 체험, 참여도, 글쓰기, 프로젝트, 토론 등 다양한 수업 방법과 연계한 과정 중심 평가 실시
- 수행평가에서 서술형 및 논술형 평가 방법 반영
- 자기평가 및 상호평가 실시 권장
- 교수-학습 과정 속에서 시행되고 정규 수업 시간 내에서 진행되는 수행평가 실시

라. 평가 결과 통지 방법의 개선
- 학생의 성장과 학습 능력을 알 수 있는 평가 결과 통지
- 평가 결과 수시 통지 및 학부모 상담 주간 실시 등으로 학생의 정확한 학습 성취 정도를 알 수 있는 행복성장통지표 제작 활용

마. 평가에 대한 학생 · 학부모의 신뢰 확보
- 평가의 내용, 시기, 방법 등을 사전 예고하여 공정성 · 투명성 확보
- 평가 방법 개선 학부모 홍보 강화

---

1. 강원도 교육청

이렇게 교육청이 학업성적 관리지침에서 지필과 수행평가의 굴레에서 벗어날 수 있게 문구를 고치는 것만으로도 현장의 평가 혁신을 지원할 수 있다. 현재 전라북도, 충청북도, 인천, 서울 등에서 이 문구를 수정하고 현장의 평가를 변화시키고 있다.

경기도는 학업성적 관리지침에 2016년부터 단계적으로 일제형 고사를 폐지하라는 문구를 넣었다. 평가 혁신을 오랫동안 추진해 왔지만 여전히 일제형 고사를 보는 학교가 있어 명시한 것으로 보인다. 7차 이후 평가 혁신의 내용에서 일제형 고사는 평가 혁신 방향과 반대되는 것으로, 교육청의 이런 정책 추진은 교육과정의 취지와 적합하다. 동시에 지침 중 일부 현장에서 문제를 일으키는 것도 있다. 지침 내용을 보면 핵심 성취기준을 모두 평가하라는 내용이 나와 있다. 교사별 평가를 지향하면서 지침에 이렇게 자세하게 내용이 나온 것도 의아한데, 핵심 성취기준을 모두 평가하라는 것은 무리가 있다. 핵심 성취기준이 평가기준으로 제시된 것은 맞지만 학교에서 선택을 할 수 있는 것이고, 더 근본적으로는 교육과정에 제시된 내용 성취기준이나 핵심 성취기준 중 교사가 자율적으로 선택하여 수업하고 평가해 가는 과정 자체를 무시한 것이다. 경기도 교육청이 현장의 평가 혁신을 지원하려면 평가 지침의 대강화가 필요하다고 보인다.

(3) 정기 고사 강요하는 교육청

경상북도 지역에서는 2015년 학업성적 관리지침 때문에 각 학교에서 시험을 봐야 하는 일이 생겼다. 현재 교육과정이나 교육부 훈령 어디에도 이런 내용이 없기 때문에 이건 교육청의 권한 남용이라고 할 수 있다.

> ③ 교과 학습 발달 상황의 평가는 지필시험 및 수행평가로 구분하여 실시한다. 지필시험은 학기별 1회 이상 실시한다. 다만 초등학교 1학년은 학년 말 1회 실시할 수 있고, 실과, 체육, 음악, 미술, 통합 교과 등 특수한 경우에는 학교 학업성적 관리 규정으로 정하여 수행평가만으로 실시할 수 있다.[9]

경상북도 교육청의 지침을 보면 "학기별로 1회 지필시험을 실시한다…. 단 1학년의 경우 학년 말 1회 실시할 수 있다."고 되어 있다. 정기 고사, 월말고사가 횡행하던 4차 교육과정에 1학년은 학년 말에만 볼 수 있다는 문구가 있었는데 졸지에 역사를 수십 년 되돌리는 문구가 교육청 지침으로 등장한 것이다. 현장의 비판과 항의가 이어졌지만 경상북도 교육청은 이 지침을 고치지 않았다.

그뿐만이 아니다. 위 지침에 따라 중등에서 지필고사 관리와 유의 사항이 있는 것처럼 문항의 서술형·논술형 비율, 채점 기

---

9. 경상북도 교육청, 경북지침(2015. 9. 1.)

준(채점 중간에 문제가 생기면 다시 채점 기준을 결제하라는 내용까지), 결시생 처리 방법 등이 자세하게 나와 있다. 경북뿐 아니라 대구, 울산의 학업성적 관리지침에도 유사한 내용이 담겨 있다. 현재 중학교는 자유학기제를 하는 학년은 정기 고사를 보지 않고, 나머지 학년에서도 성취평가제로 점수 위주의 평가보다 절대평가 중심 평가를 제시하고 통지표에 석차 표시를 하지 못하도록 되어 있다.

그런데 교육과정 자체가 중등과 다른 초등에서 교육청이 나서서 학업성적 관리지침을 퇴행적으로 만드는 것은 권한 남용에 다름 아니다. 교육부는 이런 교육청에 대해서 당장 행정지도를 해야 함에도 그랬다는 이야기는 들은 적이 없다. 지침의 수준이 정기 고사를 보는 학교에서 내부 문서로나 정할 이야기들이 버젓이 나와서 방향성이나 최소 내용 중심, 현장의 자율성을 지원하는 방향으로 작성하는 보통의 교육청 공문서의 격과도 거리가 한참 멀다.

이 외에도 시·도 차원의 일제고사를 보는 지역이 지금도 있다. 아직 전국의 학생들이 성장과 발달을 돕는 교육과 평가를 받기에는 어려움이 많은 것이다.

3. 진단평가, 시스템 부재와 책무 사이

(1) 해마다 반복되는 진단평가 논란

새 학기가 시작하면 대부분의 학교에서 진단평가를 실시한다. 과목은 국어, 수학이거나 여기에 사회, 과학, 영어 평가를 보고 부진아를 찾아 도와주겠다는 의도이다. 2008년까지는 많은 학교에서 자체적으로 국어, 수학만 보다가 이명박 정부가 "한 명도 포기하지 않는 정책"을 한다며 전국에서 같은 시험지를 보고 일정 점수 이하의 학생들을 골라 냈다. 6학년을 대상으로 보는 시험은 전국 점수를 매기고 숫자에 따라 학교와 지역 교육지원청이 질책을 당했지만, 정작 이후 제대로 된 학생 지도 대책은 나오지 않았다.

진단평가도 그렇다. 부진아로 판별된 학생들을 학교 차원에서 보충 지도를 해 학기 말에는 구제하고(일명 부진아 제로 정책), 그다음 학기에 다시 시험을 보면 부진아로 등재되는 시스템이다. 교사들이 알아서 부진 학생을 지도하고 있는데 뒤늦게 결과가 나오고, 평가 결과와 실제 학생 능력 간에 차이가 나면서 신뢰도가 떨어졌다. 국어, 수학 외에는 학년간 연계성이 부족하거나 영어의 경우 몇 마디의 대화나 알파벳 쓰기만 해도 되는 경우 등 교과나 상황에 맞지 않는 문제도 있다. 또 중요한 것은 부진아가 누군지 몰라서가 아니라 부진 원인이 오랫동안 누적되어 교사 차원에서 해결하기 어려운 경우가 많다는 것이다. 이 때문에 비판이 많왔고, 2012년부터는 슬그머니 교육감협의회로 진단평가 권한이 넘어왔다.

이후 여러 지역에서 일제형 진단평가를 학교 재량으로 넘기면서 다시 국어와 수학만 보거나 진단 활동으로 접근하는 지역 등 변화가 생겼다. 그러다 2014년 13개 지역에서 진보 교육감이 당선한 후 2015년 전국 단위 진단평가 문항개발 계획을 폐지했다. 그러자 교육부에서 진단평가를 부활하겠다 해 초등에서는 다시 일제고사 폐지 싸움이 불붙었다.

현재는 각 시·도 교육청에서 진단평가를 학교 자율에 맡기거나 강제로 보게 하는 지역으로 나뉜다. 학습부진아라고 판별되거나 교사 판단에 도움이 필요한 학생들은 기초학력보정시스템에 등록하여 몇 차례 평가를 볼 수 있다. 사이트 운영은 전국적으로 서버가 구축돼 있어 많은 예산이 들어가지 않는다. 이 사이트는 학습력이 어느 정도 되는 학생들에겐 적합하지만 기초학력이 많이 부족한 학생들은 스스로 활용하기가 어렵다. 이 외에 진보 교육감 지역의 성과를 토대로 많은 지역에서 종합 학습 클리닉을 통한 상담이나 지원 대책이 시행되고 있다. 교육부는 여기에 2016년부터는 저학년의 학습부진을 사전에 방지하도록 하였다.

최근에는 여러 지역에서 진단평가보다는 '진단활동' 개념으로 접근해 학기 초 교사와 학생, 학생과 학생 간 소통하고 1년의 계획을 세우는 과정으로 자리 잡고 있다. 하지만 여전히 많은 학교와 지역에서 학기 초에 진단평가를 보니 마니, 부진아가 누구니

등의 해묵은 논쟁이 일어난다. 어떤 이들은 부진아 판별을 위한 진단평가가 공교육의 책무인 듯 받아들인다. 과연 그럴까?

(2) 진단평가는 교육 시스템 부재 책임 전가

학생 입장에서 진단평가 시스템을 보면 전혀 이해가 되지 않는다. 예를 들어 2015년 2월 29일까지 3학년이었다가 3월 1일부터 4학년이 된 학생은, 3학년 내내 공부하고 통지표로 학습 결과와 행동 발달 결과까지 받았다. 학교에는 생활기록부로 기록이 남아 있다. 그런데 이런 건 다 무시하고 며칠 만에 백지 상태로 시험을 보고 판별을 한다. 가뜩이나 새 학기에 교실도 바뀌고 새로운 선생님, 친구들과 사귀어야 하는데 시험 점수로 자기 실력을 드러내는 것은 폭력적인 일이다. 학생들이 학기 초부터 자기 실력을 그렇게 보여 주어야 할 책임이 있을까? 진단평가는 학생 수가 50명도 되지 않는 작은 학교부터 거대 학교까지 규모와 관계없이 관행적으로 진행되고 있다.

이는 명백하게 교육 시스템의 부재 책임을 학생들에게 전가하는 격이다. 초등학교 교육은 6년 과정이고, 학교는 이 학생들을 6년간 어떻게 가르칠 것인지 계획을 세워야 한다. 교과 내용도 학년군으로 제시되어 2년 동안 학습하면 되고, 수업 과정에서 어려운 내용은 지속적으로 배울 수 있도록 교육을 하면 된다. 여기에 기초학력이 부족한 학생들은 가정에서의 문제나 심리적·정서적

어려움이 복합적으로 작용하고 있어 평가를 별도로 안 봐도 이미 대책을 세웠어야 할 학생들이다. 그동안 교육 행정이 1년 단위로 진행되다 보니 3월에 모든 행정 계획을 다 받고 그다음 해 2월에는 종료를 하는 시스템으로 가면서 가뜩이나 어려움을 겪는 학생들이 해마다 평가의 대상이 된다. 거기에서 벗어날 뚜렷한 방법도 없다. 이건 학생들에게 물을 것이 아니라 학교에서 해당 담임이나 학년 간에 인수인계하면 끝날 일이고, 새 학년 담임은 학생들과의 소통 과정에서 천천히 학생들을 파악하고 일련의 계획과 목표를 세워 나가면 될 일이다.

현재 많은 학교에서 이런 문제점을 깨닫고 학기 초의 일제식 진단평가를 자제하고 영역별로 수업과 연계해 자연스럽게 접근하는 방식이 적용되고 있다. 이전 학년도 교육 활동을 가지고 협의하여 다음 학년도에 특별한 도움이 필요한 학생들의 지원 방안을 세워 학년이 바뀌더라도 정책이 연계되는 학교도 많다. 또 혁신학교들의 영향으로 이제는 학교 행정이 1년 단위 단기 행정이 아니라 학년간 연계, 학년군별 소통, 나아가 6년간의 교육 활동을 고민하는 단계로 나아가고 있다. 여기에는 학교, 학년 교육과정을 함께 만드는 과정이 주요한 축이 되지만, 더불어 연임제 등의 시스템적 접근도 필요하다. 또 학생들이 일상 수업에서 좌절을 느끼지 않도록 교육과정의 양과 수준이 적정화되고, 학교문화나 수업 문화가 협력적으로 변화하여 한 명의 학생도 소외되지 않도록 하는 접근 방법도 필요하다.

4. 성장을 돕는 교육부와 교육청의 지원

(1) 교육부의 지원 사항

교육부가 평가 정책을 제대로 실현하기 위해서는 정책만 발표하지 말고 다각도로 추진하는 것이 필요하다. 오랫동안 교육과정이나 공문에 나온 내용과 실제 정책이 달라 많은 교사가 여전히 의심의 눈초리를 거두지 못하고 있다. 이런 불신은 현장에서 수업과 평가 변화를 추진하는 데 걸림돌이 된다. 지금처럼 발표만 하고 나머지는 현장에서 다 알아서 하라고 하는 것은 무책임한 행동이다.

교육부의 정책적 지원 사항으로는 교사가 수업과 학생 지도에 전념할 수 있도록 과도한 업무를 줄여 줘야 한다. 각 시·도 교육청에서 업무를 줄여도 항목 자체가 많아 학교에서 피부로 느끼기 어렵다. 학생의 성장과 발달에 집중할 수 있도록 학교가 사업 수행체가 아닌, 일상 교육에 집중할 수 있는 근본적인 방안이 마련되어야 한다.

교사들이 교육과정 중심으로 수업을 할 수 있도록 학년별 교육과정 성취기준에 대한 안내가 필요하다. 교육과정 문서, 핵심 성취기준 문서 모두 학급 담임들이 사용하기에는 불편함이 많고 별도의 작업이 필요하다. 재구성은 몰라도 모든 교사의 손에 학년별 성취기준이 가야 그것을 기준으로 소통하고 수업 내용을 고민할 수 있다. 일부 혁신학교에서 좋은 성과물이 나온다고 그걸 모든 학교로 일반화하고 지원을 방기해서는 안 될 것이다.

평가 혁신 방향에 대해 학부모나 예비 학부모, 일반 성인을 대상으로 연수 및 홍보가 필요하다. 학교에서 평가 혁신을 추진하려 해도 학부모의 인식 전환에는 오랜 시간이 걸린다. 사회 문화도 여전히 일제식 평가나 서열화에 문제의식이 없는 편이다. 교육부에서 장기적인 계획을 가지고 제도 정비와 인식 전환을 위해 노력해야 할 것이다. 교사들의 평가 역량 강화를 위한 연수 지원도 필요하다. 평가는 결국 수업 능력과 연계되는데, 교육부에서 행하는 연수는 여전히 평가 방법 연수에 머물러 교사들의 갈증을 해소해 주지 못하고 있다.

생활기록부는 평가와 관련된 또 다른 업무 폭탄이다. 해마다 생활기록부에 기록할 항목이 많아지면서 실제 학생 지도와 평가보다 생활기록부의 칸 메우기에 부담이 큰 상황이다. 문서 작업은 최소화하고 학생을 중심으로 교사, 학부모, 학교가 소통할 수 있도록 생활기록부에 대한 근본적인 변화가 필요하다. 정보 공시도 마찬가지다. 만들어 가는 교육과정을 추구하라면서 정보 공시 때문에 방해를 받는 일도 많기 때문이다.

(2) 교육청의 지원 사항

교육청은 교육부의 업무를 위탁받아 진행하기 때문에 자율성을 발휘하기 힘들 수도 있지만, 역할에 따라 현장에 밀착하여 많은 일을 할 수 있다.

먼저 교육부와 함께 업무 정상화에 집중해 교사가 학생들에게 집중할 수 있도록 도와주어야 한다. 교육부에서 내려오는 업무도 많지만, 교육청의 각 부서가 교육과정 지원보다 각 부서 논리에 따라 운영되고 제각기 사업이 진행되어 현장을 힘들게 하는 것도 많다. 교육과정이 자주 바뀌는데 교육과정 담당 부서만 관련 사업을 진행하고 그 외에는 내용을 전혀 몰라 현장에서는 교육과정 지원을 못 받고 기존 사업 수행의 희생양이 될 때가 많다. 정기적인 교육과정 연수로 교육청의 사업 체질을 개선하고 부서 간 협력성을 높여 현장을 지원하는 방향으로 변화해야 한다.

교육과정의 편성 운영지침이나 학업성적 관리지침도 교육과정의 취지를 살리면 현장의 자율성을 신장시킬 수 있다. 감사 영역에서는 학력상 부여나 평가 목적(수업 개선과 학생 지도) 외 평가 결과를 전용하는 일탈 행위가 아니라면 학교의 자율성을 보장하는 방향으로 나아가고, 어떤 감사관이 오든 일관된 감사를 해야 한다. 최근 학사영역 감사가 확대되면서 현장의 흐름을 보지 못하고 여전히 문서 위주로 감사를 진행하여 현장의 불만이 많다. 교육지원청 현장 지원에 적합한 정책들을 마련해야 할 것이다.

또한 당분간은 성장을 돕는 평가를 위해 학년별, 교과별로 다양한 실천이 가능하도록 지원해야 한다. 우리 교육은 오랫동안 교육에서 '문서 통일'을 하느라 수업과 평가를 통제하기 일쑤였다. 평가 혁신에서도 통일성 추구가 가장 큰 걸림돌이다. 지금은 학교별 평가 계획보다 학년별, 교사별 평가 계획의 다양성이 추구되어야 할 때다. 그러기 위해서는 교사 역량 강화 및 관리자 연수, 학부모 연수 등 정책 지원도 필요하다.

학교에서는 민주적인 협의 문화와 교사들의 자율성 신장을 지원해 교사가 학생의 성장 발달을 보는 눈과 역량을 키우는 데 도움을 주어야 한다. 그 과정에 필요한 지원 사항과 방해 사항이 있으면 교육청에 도움을 요청하고, 교육청은 현장의 의견을 받아 교육부에 지원 사항과 방해 요인 변화를 요청한다면 학생 성장과 발달을 돕는 평가 체제가 정착하는 데 도움이 될 것이다.

[참고문헌]

김재복 외, 《초등학교 교육과정(7차 교육과정) 해설》, 교육부, 1999

박순경 외 《2009 개정 교육과정에 따른 초 중학교 핵심 성취기준 개발 연구: 총론》, 한국교육과정평가원. 2013

백순근, 〈학업성취도 평가의 종류 및 최근 동향〉, 《교육평가의 발전적 탐색(교육평가 담당자 연수 자료)》, 교육부, 1996

서울특별시 교육청, 《초등학교 진단활동》, 2015

성태제, 《학생 평가방법의 변화》, 한국교육과정평가원, 2012

신은희, 〈성장과 발달을 돕는 교육과정과 평가〉, 《강원도 평가연구회 연수 자료》, 2014

신은희, 〈전국 진단평가 폐지와 남은 과제〉, 《제14회 전국참교육실천 대회 초등교육과정분과 자료집》, 전국교직원노동조합, 2015

신은희, 〈초등 교육과정의 비판적 이해와 2016년 학교 교육과정〉, 《교
육과정 수업 평가 혁신의 일체화를 통한 배움 중심 수업 직무 연수》,
부산광역시교육연수원, 2016

신은희, 〈성취기준의 이해와 재구성〉, 《2016 초등 최고의 강사되기 직
무 연수》, 서울특별시교육연수원, 2016

정구향 외, 《7차 교육과정에 따른 초등학교 성취기준과 평가기준 예시
평가도구의 개발 연구》, 한국교육과정평가원, 2001

초등교육과정연구모임, 《초등 교육을 재구성하라》, 에듀니티, 2013

교육부, 〈2009 개정 교육과정(초등학교)〉, 2011

교육부, 〈2009 개정 교육과정에 따른 성취기준, 성취수준〉, 2012

교육부, 〈2009 개정 교육과정에 따른 초등학교 핵심 성취기준의 이해〉,
2013

교육부, 〈2009 개정 교육과정에 따른 초등학교 핵심 성취기준 자료집〉,
2013

교육부 · 충청남도 교육청, 〈핵심 성취기준 재구성 자료집〉, 2015

신은희, 〈학생 성장을 돕는 평가 방안〉, 충청북도 교육청 초등교육과,
2015

충북학년 교육과정연구회, 〈2009 개정 교육과정 성취기준 자료집〉,
2015

초등 평가 혁신의 과정과 실제

이선애

1. 평가, 허물을 알다

우리 학교는 충북형 혁신학교인 행복씨앗학교이다. 혁신학교를 처음 시작하는 많은 학교가 민주적인 협의체를 통한 학교문화 바꾸기를 시도하고 수업을 개선하기 위해 배움을 나누고 협의하며 학습공동체 연수를 한다. 그런데 우리 학교는 혁신학교를 오래 운영한 학교에서도 여전히 뜨거운 감자로 남아 있는 평가를 혁신의 방향으로 잡았다. 혁신학교 첫해에 평가 혁신으로 방향을 잡았다는 말에 참 어려운 걸 건드렸다고 이야기하는 사람도 있다.

새로 전입한 선생님들이 이해할 수 없다는 듯 혁신학교라면 수업 개선이 우선이고 수업과 관련된 다양한 의견 공유가 먼저인데, 평가에 집중하고 월별 통지에 대해 신경을 쓰다 보니 뭔가 주객이 전도된 느낌이 든다며, 혁신학교가 아니라 일반 연구학교와 뭐가 다른 점이 있을까 불만과 걱정 어린 시선도 있었다.

(1) 고민의 시작

우리 학교가 혁신학교 1년 차에 과감하게 평가 혁신으로 방향을 잡은 건 몇 년 동안 함께 고민해 온 문제 상황이 있었기 때문이다. 시골 읍내에 있는, 학생 수가 점점 줄어드는 전교생 200명 안팎의 11학급 작은 학교인데, 특이한 사항은 인근의 다른 읍내 학교 선생님들은 대부분 청주에서 출퇴근을 해 보통 1~2년 근무 하다 다른 학교로 옮기는 경우가 많았다면, 우리 학교 선생님들은 괴산에 사는 분들이 50%가량 돼 5년 만기를 채우고 전출하는 경우가 많았다. 당연히 우리 아이들의 상황, 우리의 상황에 대한 고민을 오랫동안 나눌 수 있었다.

(2) 우리의 상황

많은 아이들이 학원에서 아직 학교에서 배우지도 않은 단원의 문제집을 제대로 개념도 이해하지 못한 채 열심히 풀며 예습을 한다. 중간고사와 기말고사 기간에는 주말에 보강을 하고 10시까지 공부를 한다. 문제지를 주면 아이들은 깊게 생각하지 않고 문제 푸는 기계가 되어 열심히 문제만 푼다.

일부 교사들은 수행평가의 원래 취지와는 다르게 진도와 학교 행사에 밀려, 교육과정 속에서 제대로 평가하기보다는 나중에 몰아서 하게 되는 경우가 많았다. 수행평가를 보고 아이들에게 하나하나 피드백을 해 주지 못하고, 이 아이가 상인지 중인지 하인지의 수준을 판별하는 도구로만 활용한 경우가 대부분이었다. 중간고사와 기말고사를 보기 위해 다른 반과 진도를 맞추느라 허덕이고, 시험을 앞두고 시험 범위 안에 해당되는 단원 평가 문제지를 복사해 주고 문제풀이식의 수업을 진행하기도 했다.

학부모는 중간고사와 기말고사 점수를 통해 우리 아이의 위치를 확인하고 싶어했고, 점수가 부족하면 학원에 더욱더 의지했다.

그동안의 평가가 교사들이 의도한 바는 아니었겠지만 점수로 줄 세우기에 집중한 경향이 있었고, 단순히 현재의 상황을 확인하는 데만 급급할 뿐, 평가를 통해 아이들의 성장과 발달을 돕는다는 생각을 심어 주지는 못했다는 결론에 이르렀다.

평가가 바뀌면 수업이 바뀔 수 있다는 막연한 기대를 갖고 시작하기로 했다. 평가 개선은 수업 개선과 연결되고 평가는 수업 장면에서 늘 있기 때문이다. 우리가 생각하는 성장과 발달을 돕는 평가가 되려면 수업 장면에서 과정 중심의 평가가 이루어져야 하고 아이들에게 늘 피드백을 해 주어야 한다. 그리고 그런 것들을 학부모들과 나누는 것이 우리 아이들의 성장과 발달을 돕는 데 도움이 될 거라고 생각했다.

> 평가의 혁신 없는 교육과정-수업 혁신은 '수업은 협력적인 방식으로 진행하였으나 평가는 경쟁적인 방식으로 시행하는 모순'을 낳게 될 수도 있다. 우리나라와 같이 평가가 교육과정-수업에 막강한 영향을 미치는 현실에서는 오히려 평가의 혁신이 교육과정-수업의 혁신을 선도한다고 볼 수 있다.[1]

---

1. 이형빈, 《교육과정-수업-평가 어떻게 혁신할 것인가》, 맘에드림, 2015

우리 학교의 이야기는 우수 사례가 아니다. 실수도 부족한 점도 많아 민낯을 보여 주는 듯 부끄럽기도 하다. 조금 먼저 운영하고 실천하면서 겪은 시행착오와 문제점, 그리고 느낀 점들을 공유하면서 성장과 발달을 돕는 평가 본연의 역할을 찾기 위한 시작에 도움이 되길 바란다.

2. 평가, 허물을 벗기 위한 노력 1년째

(1) 평가의 방법을 바꾸자

앞서도 말했듯이, 교사들끼리 협의해 평가 본연의 역할인 아이들의 성장과 발달을 돕기 위한 평가가 되도록 평가의 방법을 바꾸기로 했다. 중간고사, 기말고사라는 기존의 일제식 평가 방법을 바꿔 수시 평가 안에 수행평가와 지필평가가 녹아들 수 있도록 하고 수업의 흐름 속에서 이루어지는 과정 중심의 평가를 통해 적극적으로 피드백해 주는 평가를 하자고 의견을 모았다. 그리고 학부모들에게는 월별 통지표를 보내 아이들의 성장과 발달 상황을 공유하고 소통하기로 하였다. 이것은 공유와 소통의 목적과 더불어 중간고사와 기말고사라는 일제식 평가를 없앤 것에 대한 학부모들의 불안감을 어느 정도 덜어 주고자 하는 의도도 있었다.

(2) 평가의 본질에 대한 생각 공유

평가 혁신을 주제로 한 학습공동체 연수 첫 시간, 평가에 대한 고민을 공유하며 평가의 본질을 찾기로 했다. '평가는 판별하는 것이 아니라 근접발달영역을 자극하고 건드릴 수 있는 것이어야 한다.' '학습하는 과정이 아이들을 발달시키고 그 과정에 평가가 포함된다.'라는 평가의 본질을 찾으며 그 동안 우리가 평가에 대해 제대로 이해하고 있지 않았고 깊게 고민하지 않았다는 생각이 들었다.

(3) 월별 통지표 '해 · 달 오름 다지기'

통지표라는 딱딱하고 식상한 이름 말고 뭔가 본교만의 특별한 이름을 짓자는 의견이 있었다. 다양한 이름이 나왔고 의견도 분분했지만 '해 · 달 오름 다지기'라는 이름으로 결정했다. 학교 이름 명덕의 명이 밝을 명(明)이라서 '해 · 달'이라는 명칭을 몇 년 전부터 학습 플래너, 학예회, 학교 문집 등 다양한 곳에 넣었다. 이 이름에는 중간고사와 기말고사를 보지 않아도 우리 아이들의 학력이 충분이 향상될 수 있다는 의지를 담은 것이다.

처음에 계획했을 때는 중간, 기말 등 학기당 2번 통지가 나가는 것으로 하려고 했다. 교사들의 부담을 생각해서 교장 선생님께서 학기당 2번 하는 게 낫지 않냐 의견을 냈는데, 많은 교사가 그럴 경우 2~3달분을 몰아서 정리를 해야 하는데, 아이들이 배운 양과 평가한 양도 늘어나게 돼 오히려 선생님들에게 더 부담이 될 수 있다는 의견이 있었다. 그래서 월별 통지로 하고 매월 말일에 보내는 것으로 결정했다. 당시 한 선배 교사가 2주에 한 번 또는 한 달에 한 번 가정으로 ○○반 수업 반성 편지 또는 월 편지를 자발적으로 보내는 상황이었고, 많은 후배 교사들이 그런 모습을 보며 배우고자 하는 열의가 많았다.

월별 통지로 결정이 된 후 학년별로 통지 양식을 각각 만들어 보고, 그 양식을 취합하여 협의를 통해 하나의 양식으로 조정했다. 경기도 혁신학교나 강원도 혁신학교의 통지 양식도 참고했다. 월별 통지에 대한 부담을 갖는 분도 있어서 여러 번의 협의를 통해 내용이나 평가에 대한 부분을 조정했다.

(4) 성취기준 중심의 수행평가 계획

성취기준 중심의 수행평가 계획을 작성하는 것은 평가의 영역과 내용을 추출하는 것이 목적이지만, 교과별로 전 단원의 성취기준을 찾으며 1학기 또는 1년 동안 가르칠 내용을 훑어볼 수 있다는 것에 중점을 두었다. 또한 그 과정에서 교사는 성취기준을 늘 중심에 두고 교과 안 또는 교과 간 재구성의 아이디어를 얻을 수 있었다. 성취기준 중심의 2단계(도달/미도달) 평가는 기준에 도달했느냐, 도달하지 못했느냐를 판가름하는 것이기 때문에 평

키움·채움·나눔의 행복 DREAM

3월 해·달오름 다지기

6학년 1반 (　)번 이름 (　　　　)　　　　　　　　담임 :

　따뜻한 봄 햇살에 수줍게 얼굴 내미는 봄꽃이 마음까지 설레게 만드는 봄입니다. 긴장과 설렘을 갖고 시작한 6학년, 한 달 동안 학교 안 큰형님 역할을 잘 하며 의젓하게 생활하고 있습니다.
　중학교 입학은 앞두고 있는데, 학교에서는 중간고사와 기말고사를 치르지 않는다고 하고 여러 가지로 염려가 되리라 생각합니다. 문제풀이 실력으로 점수를 가르고 아이들을 줄 세우는 것이 아니라 야무지고 알찬 배움 속에서 우리 아이들의 성장과 발달을 돕는 평가가 될 수 있도록 평가의 질을 높이고 수업 개선을 위해 노력할 테니, 믿음으로 지켜봐주시기 바랍니다.
　한 달 동안 공부한 내용과 평가 내용을 알려드리니 가정에서도 참고하여 지도하시기 바랍니다. 6학년은 스스로 공부할 수 있는 힘을 기르는 것이 중요한 시기입니다. 느긋한 마음과 믿음으로, 아이들보다 한 걸음 뒤에서 지켜보시고 기다려주시기를 간곡히 부탁드립니다. 믿고 맡겨 주신 아이들, 사랑하는 마음 바탕 위에 열심히 지도하겠습니다.

이렇게 공부했어요

과목	학습 내용	과목	학습 내용
국어	·글쓴이의 관점 파악하고 자신의 관점이 잘 드러나게 글쓰기 ·비유적 표현을 알고 작품 읽고, 시 쓰기	체육	·배구형 게임에 필요한 기본 기능을 익히고 간이배구 게임하기
도덕	·자긍심의 의미와 중요성 알기 ·올바른 자긍심을 갖기 위한 바른 판단하기	음악	·바른 자세와 호흡으로 '바람새' 노래하기 ·바른 주법으로 리코더 연주하기
사회	·우리 국토의 위치와 영역 알기 ·우리 나라 지형과 기후의 특징 알기	미술	·한지조각보 만들기와 지우개 도장 만들기 ·애니메이션-내 캐릭터 그리기
수학	·각기둥과 각뿔을 이해하고, 전개도 그리기 ·분수의 나눗셈 원리 이해하기	영어	·학년 묻고 답하기 및 이름의 철자 묻고 답하기 ·자신을 소개하는 글을 읽고 쓰기
과학	·지구의 자전과 공전 알아보기 ·생태계의 의미 알고 구성 요소 알아보기	창체	·기타-기본 코드, 렛익고 연주 ·전교임원선거 참여하기 ·학교폭력예방교육
실과	·일과 직업, 직업의 세계 탐색하기 ·나를 이해하고 진로 탐색, 설계하기		

평　가

과목	평가 내용	평가 방법	도달 여부
국어	비유적 표현을 사용하여 자신의 경험을 시로 표현하기	수행평가	도달
수학	각기둥과 각뿔의 구성요소와 성질을 이해하고, 각기둥의 전개도 그리기	지필평가	도달
과학	Celestia 프로그램을 이용하여 지구의 자전과 공전 이해하기	면담평가	도달

스스로 돌아보기	기타를 할때 5학년 때보다 좀더 노력해서 더 발전한 것 같다.

선생님의 한 마디	부모님의 한 마디
다른 친구들에 비해 공부에 대한 열정이 많아 수업 시간에도 집중해서 열심히 하려고 노력합니다.	쌤 인욱은 잘한다기 하고싶어요 집에서도 뭐든 열심히 하려고 해서 많은 격려를 해주고는 있습니다. 공부도 운동도 … 더 많은 거두신만 부탁드립니다.

〈그림1〉 월별 통지표 사례. 학생이 자기를 평가하는 '스스로 돌아보기'와 '부모님의 한마디' 칸도 들어 있다.

괴산명덕초등학교 6학년 1학기

단원	성취 기준	학습 목표	평가영역	평가 내용	평가방법	평가시기
1. 비유적 표현	문(3)작품에 나타난 비유적 표현의 특징과 효과를 이해한다. 읽(2)글의 짜임에 따라 글 전체의 내용을 요약한다.	비유적 표현의 특징과 효과를 알고 작품을 읽을 수 있다.				
2. 다양한 관점	읽(5)글에 나타난 글쓴이의 관점이나 의도를 파악한다. 쓰(4)적절한 이유나 근거를 들어 주장하는 글을 쓴다.	글쓴이의 관점을 파악하며 글을 읽고, 자신의 관점이 잘 드러나게 글을 쓸 수 있다.	읽기	글을 읽고 글쓴이의 관점을 파악하고, 주제에 대한 자신의 관점 밝히기	수행	4월
3. 마음을 표현하는 글	쓰(2)목적과 주제를 고려하여 내용을 조직하여 글을 쓴다. 쓰(5)글에 나타난 글쓴이의 관점이나 의도를 파악한다. 읽(4)여러 가지 독서 방법이 있음을 알고 이를 적용한다.	읽는 이를 고려하여 마음을 표현하는 글을 쓸 수 있다.				
4. 면담하기	듣·말(2)면담의 방법을 알고 효과적으로 면담한다. 쓰(2)목적과 주제를 고려하여 내용을 조직하여 글을 쓴다.	절차에 따라 면담을 하고 내용을 정리하여 발표할 수 있다.	듣기 말하기	면담 내용을 정리하여 발표하고, 친구의 발표를 듣고 평가하기	수행	5월
5. 광고읽기	듣·말(6)설득하거나 주장하는 말의 타당성을 판단하며 듣는다. 읽(6)주장의 타당성을 판단하며 주장하는 글을 읽는다. 문(3)작품에 나타난 비유적 표현의 특징과 효과를 이해한다.	광고의 특성을 알고, 여러 가지 광고의 신뢰성을 평가할 수 있다.				
6. 낱말의 분류	문법(3)고유어, 한자어, 외래어의 개념과 특성을 알고 국어 어휘의 특징을 이해한다. 듣·말(6)매체를 활용하여 효과적으로 발표한다. 읽(4)여러 가지 독서 방법이 있음을 알고 이를 적용한다.	우리말의 특성을 알고, 낱말 사용 실태를 다양한 매체를 활용하여 발표할 수 있다.	문법	생활 속에 있는 글을 찾아 읽고 낱말 분류하기	수행	수시
7. 이야기의 구성	문(4)작품 속 인물, 사건, 배경의 관계를 파악한다. 문(6)작품의 일부를 바꾸어 쓰거나 다른 갈래로 바꾸어 쓴다.	작품 속 인물의 성격, 사건, 배경의 관계를 파악하고, 이야기의 일부분을 바꾸어 쓸 수 있다.				

〈그림2〉 교과 단원별 성취기준 및 수행평가 계획 비교

가기준이 따로 필요 없을 것이라고 생각을 모았다. 평가지는 학기 초에 미리 만들어 두지 않았고 그때그때 수업을 하면서 작성했으며, 담임교사가 가르친 내용을 기준으로 하기 때문에 평가 내용이 같더라도 평가지의 세부적인 내용은 학급별로 차이가 생겼다.

1학기 평가를 되돌아보면서 수행평가만 했는데도 우리 아이들이 엄청나게 많은 평가를 받고 있다는 사실을 알게 되었다. 실제로 2015학년도 6학년 1·2학기에 계획된 수행평가 횟수가 70회였다. 평가는 하되 아이들이 평가를 많이 받고 있다고 느끼지 않게 한다면 얼마나 좋을까를 고민하게 되었다. 그래서 2학기에는 단원의 순서를 바꿔 비슷한 주제로 모아 한 가지 주제로 몇 개의

교과나 영역을 동시에 평가하는 방향으로 바꿔 보는 시도를 해 보았다. 그렇게 하여 국어에서 2학기 수행평가 횟수를 조금이나마 줄일 수 있었다. 이건 단순히 횟수를 비교하여 우리 아이들이 평소에 얼마나 많은 평가를 받고 있었나를 돌아본 것이고, 실질적으로 평가와 수업이 유기적으로 연계되려면 교육과정 재구성이 필요하다는 쪽으로 의견이 모아졌다.

(5) 해·달 오름 다지기 통지 후

4월 첫 번째 다모임에서 3월 해·달 오름 다지기가 나간 후 담임들의 소감을 돌아가며 이야기하는 시간을 가졌다.

"선생님의 변화가 가장 크다. 아이들이 이해를 잘 하고 있는지 아닌지 알고 피드백해 줄 기회를 놓치지 않으려고 노력한다. 평가가 바뀌어서 학력이 저하되는 게 아니냐는 걱정에 대해서 예전의 지필시험 문제들도 과목에 따라 어느 정도는 다루는 것도 필요하다고 생각한다. 예전의 학력도 무시해서는 안 된다."

"과목별로 평가를 다르게 한다. 수행평가는 도달 목표가 낮으니 100% 도달하게 하고 단원 평가는 조금 더 어렵게, 국어와 수학 학습지는 계속 모으려고 한다. 그때그때 피드백이 잘 되어서 좋다. 중간, 기말고사를 안 본다고 해서 학력이 낮아지는 것 같진 않다."

"2년간 담임 편지를 보내 보니 내 자신이 뿌듯해지고, 교육과정이 한눈에 다 들어온다. 교육과정이 단순해지고 교사가 노력을 많이 하게 된다. 담임 책임제의 강화, 담임 지도하에 개별 지도가 가능해지는 걸 느끼게 되었다."

"서울에서는 이런 평가 방법이 자리 잡혀 있다. 부모의 한 마디에 좋은 말들이 많아서 좋았다. 매달 아이들이 부모님과 선생님의 칭찬을 받는 분위기가 조성될 것 같아서 좋다. 학부모의 불안을 줄이려면 한 학기 수행평가 계획을 가정통신문으로 내보내는 것도 좋을 것 같다."

"혼란스럽고 고민스럽다. 이왕 시작한 것이니 좋은 점이 발견될 때까지 열심히 해 봐야겠다. 하지만 왜 칭찬을 강요하는지 이해할 수 없다."

"매달 담임의 의견과 생각을 가정으로 통지해서 내보내는 게 굉장히 조심스럽다."

"아이에 대해 있는 그대로의 사실을 써 주자. 자신의 행동에 대해 평가받는 통지도 필요하다고 생각한다."

"수준별 수업, 부진 학생의 도달/미도달 기재 여부가 고민이다."

"상위권 아이들을 어떻게 해야 하나? 성취기준 도달 여부로 판단하다 보니 상위권 아이들에 너무 평이한 수업이 되는 것 같아 도전의식을 불러일으키게 하는 뭔가가 필요하다. 먼저 통과한 아이들을 그룹을 만들어서 심화 학습지를 함께 해결하게 하는 것도 좋을 듯하다."

"학부모들이 고민하고 불안해할 수 있다. 학교가 중심을 잘 잡아야 학부모들이 좋은 방향으로 고민할 수 있다. 아이들에게 공부는 쉬운 것이고 누구나 할 수 있는 거라는 것을 알게 해 주어야 한다."

(6) 1년의 반성, 알맹이가 빠진 허전함의 이유

지금까지 진행해 온 것은 평가 혁신이라기보다는 평가 개선이라는 말이 어울릴 것이다. 새롭게 바꾸었다기보다는 본질에 맞게 수행평가를 제대로 해 보자는 생각이 더 컸다. 이 과정에서 가장 크게 느낀 건 우리 아이들이 생각보다 많은 평가를 받으며 살아왔다는 것이었다. 그리고 은연중에 시험의 결과가 아이를 판단하는 기준이 되었다는 것이다. 평가는 시험을 본다는 느낌이 아닌, 수업의 과정 속에서 자연스럽게 진행되어야 한다는 것을 알게 되었다.

그런데 문제가 발생했다. 목적은 중간고사와 기말고사라는 일제식 평가를 없애고 상시 평가로 바꾸어 그 안에서 수행평가와 지필시험을 담임 재량껏 시행하는 것이었는데, 명덕초등학교는 행복씨앗학교라서 시험을 안 본다는, 마치 학부모가 받아들이기에는 평가를 하지 않는 학교처럼 비춰졌던 것이다. 담임교사의 재량권이 늘어나면서 담임 간 편차도 늘어났다. 어떤 교사는 상시 평가라는 이유로 더 많이 시험을 보기도 했고, 어떤 교사는 평가의 부담을 최대한 줄여 주기 위해 다른 방법을 시도한 경우도 있었다. 겉으로 드러나는 통지 양식이나 수행평가 계획은 어느 정도 협의와 공유가 가능했지만, 실질적으로 교실에서 이루어지는 수업과 그 속에서의 평가는 충분히 공유하지 못했기 때문이다.

월별 통지를 하면서 바쁘게 지내 왔는데 뭔가 알맹이가 빠진 듯한 이 허전함은, 평가 혁신이 수업으로 연결되어 내용적인 부분에서 달라지고 채워졌어야 하는데 그러지 못한 것에 대한 아쉬움 때문이었다. 모두 같은 생각으로, 2년 차인 올해는 알맹이를 채워 내실 있게 운영해 보자는 쪽으로 생각을 모았다.

3. 평가, 허물을 벗기 위한 노력 2년째

(1) 계절별 해·달 배움 다지기

올해는 작년의 월별 통지가 과연 학생과 학부모의 입장에서 어떤 의미가 있었을까를 고민해 보고 알맹이가 꽉 찬, 아이들의 배움과 성장 과정이 진솔하게 드러나도록 새로운 양식을 만들어 보자는 쪽으로 의견이 모아졌다. 작년 통지 양식의 경우 선생님이 아이에 대해 한 마디씩 써 주는 부분에 대해서 학부모나 아이들 모두 만족스러워했지만, 수행평가 결과를 도달/미도달로 적어 주는 부분에 대해서는 만족도가 높지 않았다. 3월 초 학습공동체 모임에서 올해 평가 통지 양식 및 내용과 관련하여 의견을 나누었다.

그달에 실시한 수행평가 결과를 적어 주던 것을 올해는 NEIS에 수시로 기록해 원하는 학부모는 확인할 수 있도록 하였고, 선생님이 관찰하고 기록하는 부분의 양을 늘렸다. 양보다는 질을 생각하자며 월별 통지 양식의 횟수를 줄여 학기당 두 번씩 계절별로 나누어 보내기로 했다. 작년 10월 평가 혁신과 관련해 강원도 선생님의 강의를 들으며 '해·달 배움 다지기'가 더 맞는 표현이 아닐까 하는 몇몇 선생님의 의견이 있었다. '오름'이 학력 신장에 중점을 둔 것이라면, '배움'은 아이들에게 진정한 배움이 일어났는지에 중점을 둔 것이기 때문이다. 올해는 계절별 해·달 배움 다지기라는 이름으로 학기당 2회씩 통지하고, 나머지 통지가 없는 달은 월별 편지를 보내고 있다.

(2) 성취기준 중심 연간 수행평가 계획과 교육과정 재구성

평가의 내실을 기하면서도 우리 아이들이 가급적 평가를 덜 받는다는 느낌을 받을 수 있게 수행평가의 횟수를 줄여 보는 방법이 없을까를 고민했다. 먼저 교육과정을 재구성해 여러 교과와 통합하는 것도 한 가지 방법일 것이라는 생각에 교육과정을 재구성하기로 하였고, 도 교육청에서 보내 준 학업성적 관리지침을 자세히 살펴보고 1년 동안 교과별 영역이 골고루 평가될 수 있도록 2016학년도에는 평가 계획을 학기별로 세우지 않고 1년 치를 한꺼번에 세우기로 했다. 그래서 수행평가 횟수를 1년에 48회

(국어)과 영역별 성취기준과 평가 계획

괴산 명덕초등학교 6학년

영역	성취 기준	평가 내용	평가 방법	평가 시기
듣기·말하기	면담의 방법을 알고 효과적으로 면담한다.	부모님을 면담하고 면담한 내용 정리하여 발표하기	보고서, 구술, 관찰, 동료 평가	5월
	매체를 활용하여 효과적으로 발표한다.			
읽기	글에 나타난 글쓴이의 관점이나 의도를 파악한다.	다양한 읽을거리 또는 매체에서 글쓴이 또는 제작자의 관점과 의도 파악하기	관찰	6월
	주장의 타당성을 판단하며 주장하는 글을 읽는다.			
	다양한 읽을거리를 스스로 찾아 읽고, 자신의 독서 습관을 점검한다.			
쓰기	목적과 주제를 고려하여 내용을 조직하여 글을 쓴다.	주장의 타당성을 생각하며 관용 표현 넣어 연설문 쓰기	자기 평가, 동료 평가	11월
	적절한 이유나 근거를 들어 주장하는 글을 쓴다.			
	다양한 매체에서 조사한 내용을 바탕으로 쓰기 윤리를 지키며 글을 쓴다.			
	자신이 쓴 글을 내용과 표현을 중심으로 고쳐쓴다.			
문법	고유어, 한자어, 외래어의 개념과 특성을 알고 국어 어휘의 특징을 이해한다.	우리말 낱말 사용 실태에 대한 조사 계획 세워 조사하고 고유어, 한자어, 외래어, 섞인 낱말 분류하기	보고서	4월
문학	작품 속 인물, 사건, 배경의 관계를 파악한다.	소설 임꺽정을 읽고 인물, 사건, 배경의 관계 파악하고 독서 감상문 쓰기	관찰, 보고서	10월
	자신의 성장과 삶에 영향을 미치는 작품을 즐겨 읽는 태도를 지닌다.			

〈그림3〉 교과 영역별 성취기준에 따라 재구성한 평가 계획

(2015년 70회)로 줄였고, 교육과정으로 접근할 수 있도록 교과서 단원에서 벗어났다. 그리고 각 교과의 영역별로 성취기준을 정리

하고 그것을 중심으로 평가 내용을 정리했다. 단원의 성취기준을 찾고 그 안에서 평가 내용을 정리하려다 보니 단원의 내용에서 벗어나지 못해 재구성에 한계가 있고 아이디어도 떠오르지 않았다. 너무나 간단하지만 계획을 세우면서 꼭 필요한 단원이 아니면 빼고 영역별 성취기준을 중심으로 평가 내용을 생각하니, 재구성 아이디어도 잘 떠오르고 평가 내용도 좀 더 폭넓게 생각하게 되었다.

(3) 해·달 배움 다지기 통지 후

5월 2일 '봄 해·달 배움 다지기'를 가정으로 보냈다. 두 달 동안 아이들을 관찰한 내용을 '선생님이 바라본 ○○'에 써 주었고, 아이들도 스스로를 돌아보며 생활면, 학습면을 나누어 반성하는 시간을 가졌다. 해·달 배움 다지기를 가정으로 보내면, 부모님은 아이에게 해 주고 싶은 말이나 격려, 칭찬, 부탁의 말 등을 써서 다시 돌려보내 주었다.

5월 학습공동체 시간에 해·달 배움 다지기를 보내고 난 후에 선생님의 생각, 학부모의 반응 등을 되돌아보는 시간을 가지고 학급별 해·달 배움 다지기를 돌려 읽었다.

키움·채움·나눔의 행복 DREAM

봄 해·달 배움 다지기

○학년 ○반 ○번 이름 (○○○)　　　　　　　　　　　담임 : ○○○

　고개를 돌리면 사방에 만발한 봄꽃, 살며시 고개를 내밀고 나오는 여린 새순조차 꽃처럼 눈부신 4월이었습니다. 4월은 우리 아이들이 수학여행, 동아리축구대회, 과학의 달 행사 등 다양한 행사로 몸도 마음도 정신없이 바빴습니다.

　다들 새 학기 분위기에 적응했다고 3월보다는 긴장감도 떨어지고 마음도 나태해지기 시작했습니다. 5월도 운동회에 재량휴업일, 어린이날, 어버이날, 스승의 날까지 4월만큼 여러 행사가 기다리고 있지만, 4월 해·달 배움 다지기를 통해 한 달을 되돌아보고 반성하며 새롭게 마음을 다잡고 공부할 수 있는 마음가짐을 가질 수 있는 계기가 되리라 생각합니다.

○○가 공부한 내용			
국어	·	체육	
도덕		미술	
사회		음악	
수학		영어	
과학		창체	
실과			

선생님이 바라본 ○○

※ 수시평가 결과는 나이스학부모서비스를 통해 확인하실 수 있습니다.

	스스로 돌아보기	부모님의 한 마디
생활면		
학습면		

〈그림4〉 계절별 통지표 양식

〈교사 다모임 협의록〉

— 일시: 2016년 5월 12일
— 주제: 봄 해·달 배움 다지기 통지 후
— 참가자: 12명

● 학년 특성에 맞게 '스스로 돌아보기'란을 조정한 점이 좋았다. 예를 들어 1학년은 글로 자신의 생각을 표현하기 어려운 경우 별에 색칠하는 것으로 생활과 학습을 돌아볼 수 있게 하였다. 2학년의 경우 칭찬/다짐란으로 구분하여 아동의 이해를 도왔다.

● 학부모님의 자녀에 대한 이해를 돕기 위해 사진을 첨부한 것도 도움이 된 듯하다.

● 학생에 대한 일화 중심의 평가 방식에 대해 학부모님의 반응도 긍정적이었다.

● 평가의 중심은 학생이니 '부모님이 바라본 ○○'를 교사에게 한 마디가 아니라 아동에게 한 마디를 써 주는 것으로 통일하고 이에 대한 안내를 하는 것이 좋겠다.

● 학생을 관찰한 것을 컴퓨터나 휴대폰에 수시로 메모하니 내용도 알차고 아동에게도 보다 의미 있는 평가가 되었던 것 같다.

● 학생 개개인을 떠올리며 교사 스스로 학급 교육 활동을 되돌아볼 수 있는 계기가 되었다.

● 교사가 관심을 기울인 만큼 학부모님도 관심을 보이는 것 같다.

● 관찰을 할 때 어떤 면을 볼 것인지 미리 생각해 두는 것도 좋을 것 같다.

● 학교 교육계획에 의거하여 이루어지는 활동인 만큼 학급 간의 격차가 너무 커지지 않도록 양식이나 기준에 적절히 부합되도록 하는 게 좋겠다.

- 활동지나 평가지를 가정으로 내보낼 경우 학원가 등 외부 유출에 유의할 필요가 있을 듯하다.
- 가정으로 학습지나 활동지를 보내니 아동도 좀 더 관심을 가지고 참여하는 것 같다.
- 우리 학교는 중간/기말고사를 보지 않으니 평가지 유출 및 학부모님의 민원은 발생하지 않았던 것 같다.
- 수행평가지나 활동지를 통해 학생의 학습 성취에 대해 학부모님께 안내할 필요가 있을 듯하다.
- 평가 영역을 교과 및 생활, 교우관계, 진로 등 다양화할 필요가 있겠다.
- 추상적인 내용보다는 학생의 생각, 행동, 질문 등 구체적인 상황을 내용으로 채우면 좋겠다.
- 교사의 교육 관점이 바뀌는 보람 있는 경험이었다. 학생을 바라보는 관점이 달라지면서 학생의 장점 위주로 관찰하고 기록하면 좋을 것 같다. 학업성취보다도 학생이 무엇을 잘하는지, 어떻게 했는지를 바라보고 찾게 되는 긍정적인 변화를 가져온 것 같다.
- 컴퓨터 바탕 화면에 적는 파일을 마련하고 학생의 생활과 학습 면으로 나누어 학생에 대해 관찰한 내용을 간단히 기록해 두니 평가에 대한 부담이 줄어들었다.
- 무조건 좋은 말만 쓰려고 하기보다는 학생의 긍정적인 변화를 위한 조언이나 도움이 되는 말도 써 주면 학부모 입장에서 도움이 될 것 같다.
- 오랫동안 아동을 관찰하고 결과보다는 과정(어떻게 했는가?)에 집중하는 것이 보다 양질의 평가에 도움이 될 것 같다.
- 교사 다모임을 통해 정보 공유 및 협의하는 문화가 어느 정도 정착되어 가는 듯하여 감동적이다.

(4) 수업 속 배움과 과정 중심의 평가[2]

학생의 삶을 총체적으로 자세하게 오래 관찰하고 있는 그대로를 기록하여, 학생 개개인의 삶의 과정을 담는 수행평가가 필요하다. 도덕, 미술 교과 통합 시간에 학교생활에서 필요한 규칙 표지판을 만들어 해당하는 장소에 붙이는 활동을 해 보았다. 학생들이 체육관에 있는 물품을 자율적으로 사용하고 난 후 체육 창고에 정리를 해 놓지 않아 '쓴 물건은 제자리에'라는 규칙이 다시 강조되었고, 규칙을 담은 표지판을 꾸미는 데 이른 것이다.

'잘했다', '못했다'는 식의 접근보다는 '어떻게' 했다는 내용이 중심이 되도록 상태와 변화 과정을 서술해야 한다. 예를 들어 "미술 시간 '산막이 옛길'을 다녀와서 인상적인 장면 표현을 하는데 '흔들다리'를 그려 놓고 자신이 수학을 싫어하지만 극복해야 한다는 상황을 빗대어 이야기했습니다. 감동적이었고, ○○가 생각이 아주 깊은 아이라는 생각이 들었습니다. '산막이 옛길'을 다녀와서 인상적으로 본 것을 표현하는데 물감으로 칠하고 물뿌리개로 물을 분사시켜 숲의 향기를 표현했습니다. 어떻게 그런 생각까지 했을까 기특했습니다."(해·달 오름 다지기 선생님 의견 중)와 같이 서술할 수 있다.

수업과 평가가 연계되기 위해서는 교사들이 성취기준을 분석해 깊이 있게 고민해야 한다. 수학 측정 활동의 경우, 측정활동이 배

---

2. 양양광정초등학교 손유미 선생님의 연수 원고에서 발췌

제된 채 수와 연산 영역의 평가가 이루어지는 경우가 대부분이다. 과연 교과의 성격, 영역의 특성, 성취기준의 내용을 충분히 고려한 평가 방법일까? 수학 시간에 주어진 원의 넓이에 따라 운동장에 직접 큰 원을 그리는 시간을 가져 보았다. 학생들은 주어진 반지름으로 원을 그리고, 계산기로 원의 넓이를 계산하기도 하였다. 2009 개정 교육과정 수학과의 '평가'에는 다음과 같이 명시되어 있다.

> 라. 수학 학습의 평가에서는 선택형 위주의 평가를 지양하고 서술형 평가, 관찰, 면담, 자기평가 등의 다양한 평가 방법을 활용하여 수학 학습에 대한 종합적인 평가가 이루어질 수 있게 한다.
> 사. 수학 학습의 평가에서는 평가하는 학습내용과 방법에 따라 학생에게 계산기, 컴퓨터, 교육용 소프트웨어 등의 공학적 도구와 다양한 교구를 이용할 수 있는 기회를 제공한다.

더불어 3 · 4학년군 교사용 지도서에서는, "측정 영역에서의 계산은 측정 결과간의 단순 연산이나 단위 환산을 축소하고, 측정 활동에 중점을 두도록 하였다."라고 설명하고 있다. 측정 영역을 학습하는 중이었고, 영역의 특성에 맞게 측정 활동을 할 수 있도록 계산기를 활용한 것이다.

4. 마치며

혁신학교를 시작하고 1년 3개월의 시간은 평가 혁신에 대해 고민하고 공부하면서 기존의 평가가 가지고 있었던 허물이 무엇이었는지를 깨닫고 조금씩 벗겨 내는 과정이었다는 생각이 든다. 어떤 아이에 대해서 열 가지를 떠올리면 그동안 평균 90점 이상이었는지, 평균 50점 이하였는지가 항상 꼬리표처럼 따라다녔다. "저 아이는 뭔가 두루두루 아는 것도 많고 똑똑한 것 같은데 시험만 보면 기대보다 점수가 안 나와.", "저 아이는 국, 영, 수, 사, 과 모두 30점대야. 큰일이야."라든지….

일제식 평가를 없앤 후로는 그런 표현을 쓰지 않게 되었다. 그 아이가 무엇을 잘 하는지를 자세히 관찰하려고 노력했고, 결과보다는 과정을 보게 되었다. 시험을 보면 항상 30점, 40점 맞던 아이도 자기의 점수를 확인하면서 '역시 난 이것밖에 못 해'라며 스스로 낙인찍을 일이 줄어들면서 표정이 밝아졌다. 점수에 가려 보이지 않았던 아이들의 소소한 가능성과 장점들이 온전하게 보이기 시작했다. 그리고 한 인간에 대한 평가를 숫자로 나타내서 순위를 매기는 일이 얼마나 폭력적이고 교만한 일이었는지에 대해서도 스스로 반성하게 되었다.

평가 담당자로서 작년에 많은 고민을 하고 때로는 악몽을 꾸기도 했다. 관행대로 하는 것이 얼마나 쉬운 건지, 새로운 것을 고민하는 것이 얼마나 어려운 건지를 느끼면서 내가 잘 하고 있는 건지 혼란스러울 때도 있었다. 그런데 다행스러운 점은 나 스스로 아이들을 바라보는 관점이 조금씩 변화하고 있다는 것이다. 아이들 한 명 한 명을 온전한 한 인간으로 이해하려고 노력하고 있다는 것이다. 힘들지만 계속해야 하는 이유다.

성장과 발달을 돕는 교육 시스템
3년간의 연임 이야기

서울위례별초등학교 최혜영

2011년 서울형 혁신학교인 강명초등학교에서 근무를 하게 되었다. 다양한 생각이 존중되는 꿈의 학교이니 그간 마음만 먹었던 많은 실험들을 진짜로 해 봐야지 하는 생각으로 이런저런 도전을 '저질렀다.' 그 도전 중 어떤 것은 지우고 싶을 만큼 부끄러운 것도 있지만 대부분은 행복하고 따뜻한 기억으로 남아 있다. 그중 교사로서 참 많은 성장을 갖게 해 준 경험이 바로 3년간의 연임이었다.

2012년에 4학년 담임을 맡게 되었다. 보통 말 잘 듣는 4학년이라는데, 그 해 아이들은 마치 '6학년 2학기' 아이들 같다는 평을 들을 정도로 거칠었다. 처음엔 그러더라도 한두 달 지나고 나면 부드러워지겠지 했는데 영 나아질 기미가 보이지 않았다. 결국 봄학기를 끝내는 봄방학식 날(우리 학교는 봄, 여름, 가을, 겨울 4학기제로 운영하였다), 우리 반에는 큰 싸움이 났고 담임인 나는 아이들 앞에서 울어 버리고 말았다. "내가 능력이 없나 봐! 어떻게 해야 할지 모르겠어." 하며 아이들 앞에서 부끄러운 고백을 하는 장면이었는데, 서럽고 답답한 마음이 복받쳐 울고 만 것이다.

그게 이유였는지는 모르겠지만 봄방학을 끝내고 돌아온 아이들은 어딘가 조금 달라진 것 같았다. 예전의 까칠함 대신 유머와 여유가 느껴졌달까? 그게 어쩌면 내 태도가 달라져서 그랬는지도 모르겠다. 그즈음 나는 교실에서 일어난 싸움에 대해 무조건 불편하게만 생각하지 않는 여유가 생겼던 것 같기도 하다. 누가 먼저였는지는 모르지만 교실의 공기는 점점 부드러워졌고 난 더 이상 아이들 앞에서 울 필요가 없어졌다.

그렇게 1년을 마치려니 아이들과 쌓인 정이 많아 헤어지는 게 무척 섭섭하게 느껴졌다. 그래서 나는 그 아이들을 데리고 5학년으로 함께 올라가기로 마음먹었다. 울고불고하며 정든 작년 그 반을 그대로 데리고 올라가고 싶었지만 학교 시스템상 어려운 일이기에 분반을 해서 데리고 올라갔다. 그랬더니 5학년 우리 반에는 작년 아이가 네댓 명 섞여 있었다.

처음 5학년이 되었을 때는 학급운영을 색다르게 해야 하나 하고 잠깐 고민을 하긴 했지만 딱히 준비된 것이 없어 그냥 내 스타일대로 이어 나갔다. 새로운 조합에, 새로운 교육과정을 배우다 보니 지루하다는 느낌이 들지는 않았다. 오히려 진단활동 같은 것이 필요가 없었다. 바로 본격적인 수업으로 들어갈 수 있어서 교사인 내가 더 편했다. 다른 반에서 온 아이들도 서로 얼마간은 알고 지냈기에 친해지려는 노력에 진을 뺄 필요가 없어 수월했다. 그러면서 '아이들끼리는 고학년이 되는 동안 이렇게 서로 다 아는 사이가 되는구나. 그런데 교사만 잘 몰라서 첫 만남이 어쩌고 하며 적응 활동을 많이 시키려 했었구나' 하고 웃음이 났다.

중요한 게 하나 더 있다. 가끔 아이들에게 했던 말인데, "우리 반은 좋은 반이야."라던가, "우리 반에서는 일어날 수 없는 일이야."와 같은 말을 더 이상 할 수 없게 되었다. 사실 이 말은 우리 반은 특별히 더 좋은 반이라는 '선민사상' 같은 것을 심어 줄 수도 있는 말이다. 그런데 1년짜리 담임을 할 땐 그것의 문제점을 크게 느끼지 못했다가 반을 섞어 데리고 올라오니 더 이상 할 수 없는 말이 되어 버린 것이다. 우리 반이었다가 다른 반으로 간 아이들에게도, 다른 반이었다가 우리 반이 된 아이들에게도 모두 상처가 되는 말이기 때문이다. 일주일 전만 해도 우리 반 아이였는데 3월이 되자 갑자기 다른 반 학생이 된 친구에게 해서는 안 되는 말이었다.

그 덕에 나는 우리 반 아이와 옆 반 아이가 똑같이 사랑스러운 학생으로 보이는 경험을 하게 되었다. 반이라는 형식적인 벽이 내 안에서 허물어졌다. 그리고 그 경험이 너무 좋아 6학년까지 연임으로 올라가기로 마음먹었다. 그러다 보니 12월이라고 해서 허투루 무엇을 넘기는 일은 없었다. 왜냐하면 우린 계속 함께 살 거니까….

3년을 그렇게 함께 가니 6학년 중에 모르는 애가 한 명도 없었다. 한 번도 담임으로 만나지 않은 아이들까지도 친하게 지낼 수 있었다. 그건 생활교육 면에서도 큰 장점이었다. 친한 어른이 곁에 있다는 것은 그만큼 안전한 환경이라는 것이다. 또 잘 아는 사이인데 못된 짓을 하기는 쉽지 않다. 더구나 우리는 4학년 꼬맹이 시절부터 만난 사이니 사춘기가 되었다고 해서 어른인 척 거들먹거리기는 어려운 거다.

3월에 서로 간을 보느라 고생할 필요도 없었다. 소위 말하는 '진도 빼기' 수업을 바로 시작해도 전혀 어색하지 않은 수업 분위기가 연출되었다. 나도 아이들을 속속들이 이해하고, 아이들도 내 스타일을 알기에 서로 편했다. 이렇게 편하고 좋은 걸 모르고 왜 그렇게 두려워만 했을까?

그 경험을 하고 나니 기존에 내가 했던 1년짜리 담임은 '하루살이 교사' 같다는 생각이 들었다. 매해 1년만 간신히 견디고 버터 내는⋯. 그러나 3년을 함께 올라가며 아이가 성장해 가는 모습을 긴 호흡으로 지켜보면서 교사가 책임감 있게 도움을 준다는 것이 무엇일까 하는 생각을 참 많이 하게 되었다. 그리고 잠깐의 기술이 아닌 삶으로 함께 사는, 영혼을 나누는 사이 같다고도 어렴풋하게나마 느낀 것 같다.

3년을 함께 보내고 정리해야 하는 졸업식이 다가오던 2월. 하루하루 날짜가 지나가는 것이 얼마나 아쉽던지, 시간을 붙잡고만 싶었다. 보통 6학년은 마무리하는 2월 학기가 너무 힘들다고 하는데 우리는 그렇지 않았다. 눈빛만 봐도 모든 걸 알 수 있었던 그때, 헤어진다는 생각에 졸업 얘기만 나와도 훌쩍거렸던 우리. 지금 생각해도 저절로 미소가 지어진다. 아이들만 학교에서 자라는 것이 아니다. 때론 아이들보다 교사가 더 많이 배우고 성장한다. 그리고 아이들에게 보낸 사랑보다 더 많은 사랑을 받으며 살아가기도 한다.

흔히 성장과 발달을 돕는 교육과정이나 평가를 이야기할 때 내용이나 방법, 시기에 대한 질문을 많이 받았다. 그런데 나에게는 그에 못지않게 3년간의 연임 과정이 중요한 실천 방안으로 여겨졌다. 학생의 성장 발달을 위해서는 이런 시스템의 변화도 같이 고민되었으면 한다.

평가, 이런 것이 궁금해요

1. 선다형 문제 위주(지필시험)로 수행평가를 하면 안 되나요?

  그렇지 않습니다. 선다형 문항을 사용할지 말지는 해당 학급 수업을 진행하는 선생님이 결정할 문제입니다. 공부한 내용의 성격에 따라 평가 방법이나 시기, 이후 피드백 방안을 고민하면 됩니다. 초등의 경우 오랫동안 수행평가 방안 안에 다양한 평가 방식을 포함하여 진행해 왔습니다. 단, 학생들의 성장을 돕고 사고력을 키우기 위해서는 선다형 위주 평가를 자주 하는 것은 지양하는 것이 좋다고 봅니다. 올해 여러 지역에서 이런 질문이 나왔는데요. 현재 교육부 학업성적 관리지침에 지필시험과 수행평가가 구분되어 있고, 과정 중심 평가이자 서술형·논술형 평가를 확대하는 방향으로 가고 있습니다. 중등의 평가는 정기 고사와 수행평가로 구분되고, 수행평가를 점점 늘려 가는 것이 교육과정, 수업 변화와 연계됩니다. 그런데 여전히 일부 학교에서 수행평가라고 말만 붙였을 뿐 지필고사 형식의 문제로 평가해 정기고사나 수행평가가 별 차이 없이 진행되는 점을 지적하는 것으로 보입니다. 초등의 경우 대부분 수행평가로 진행되고, 그 안의 문항 형식은 교육 내용에 따라 선택하면 됩니다.

2. 핵심 성취기준은 다 평가해야 하나요? 핵심 성취기준이 없는 교과는 어떻게 해야 하는지? 핵심 성취기준을 학교에서 수정할 수도 있나요?

아닙니다. 교육부는 2012년에 모든 교과에서 성취기준과 성취수준을 만들고 2013년에 7개 교과(체육, 음악, 미술, 통합교과 제외) 성취기준 중 60% 정도를 핵심 성취기준이라고 명명했습니다. 또 핵심 성취기준을 평가기준만이 아니라 교육과정 재구성에 활용해도 되고, 학교에 따라 다르게 설정해도 된다고 하였습니다. 핵심 성취기준은 불변의 진리가 아니라 학교에 따라 달라질 수 있고, 내용 수준도 학생들에게 맞게 수정하여 설정할 수 있습니다. 이런 내용은 학년 교육과정을 편성할 때 공유하고 교내 학업성적 관리지침(학년별 평가 계획)에 명시하면 됩니다. 또 핵심 성취기준이라고 제시된 것을 모두 평가해야 할 의무는 없습니다. 교육과정을 모두 가르쳐야 하지만, 그 방식은 재구성 방향에 따라 달라지고 차시별 수업을 벗어나 통합하거나 학생에 맞게 변형할 수 있습니다. 교육내용에 따라 어떤 것은 수업활동 자체로 끝나는 것이 있고 어떤 것은 별도의 평가 기간을 정해서 해야 할 것, 수시로 관찰하고 피드백해야 할 것 등 내용이나 학생들에 따라 수업과 평가 방향을 결정해야 합니다. 자칫 핵심 성취기준에 대해 평가기준안을 만들고 평가하려고 보면 수업보다 평가 시간이 더 걸릴 수도 있습니다. 교과별 평가 영역과 시기를 정하는 것은 교육과정의 취지를 벗어나지 않는 범위에서 학교 교육과정협의회와 학업성적관리위원회에서 정할 일입니다.

3. 수행평가 결과만 생활기록부에 기록해야 하나요? 생활기록부에
   는 어느 선까지 기록을 해야 할까요?

　생활기록부에는 수행평가 결과 및 평소 수업과 생활에서 관찰
하고 소통한 내용을 토대로 종합하여 기록하면 됩니다. 수행평가
는 영역별로 진행되지만, 그것만으로 교과 학습의 모든 것을 드
러내 주지는 못합니다. 또 생활기록부는 낱낱의 기록을 합산한다
기보다 이걸 종합하여 교사의 의견을 제시하는 것이므로 학교나
교사 차원에서 기록의 범위를 정하면 됩니다(현재 NEIS가 전자
시스템으로 운영되어 개인별 서술 내용이 너무 길면 서버에 문제
가 생겨, 생활기록부 기재 요령에 너무 길게 쓰지 말라는 유의사
항이 있으므로 참고하십시오).

4. 수업이 곧 평가라고 합니다. 이렇게 보면 평가를 너무 자주 하게
   되고 학습 부담이 커지지 않을까요?

　예전에 상시 평가나 수시 평가를 잘못 이해해 단원별로 평가를
하거나 수시로 평가를 하는 것으로 받아들인 경우가 있었습니다.
수업이 곧 평가라는 것도 잘못 이해하면 그럴 수 있는데요. 먼저
평가 혁신에서 오랫동안 강조한 것이 평가 횟수를 줄여 학생들의
부담을 줄이는 것입니다. 이를 전제로 고민하면 좋겠습니다. 수

업이 곧 평가라는 것은 수업 과정에서 학생들과 소통하고 관찰하면서 알게 된 내용과 평가를 분리시키지 말자는 과정 중심의 평가 측면이 있습니다. 또 교육과정의 성취기준이 교사들에게는 가르쳐야 할 내용과 목표이자 학생들에게는 수업을 통해 나타낼 지식, 기능, 태도와 능력이라고 합니다. 그래서 성취기준 중심으로 교육과정을 편성하고 수업으로 펼쳐지는 과정에서 수업활동 자체가 학생들의 목표 달성에 가까이 가도록 지원하는 것이므로 수업이 곧 평가라고 볼 수 있습니다. 최근에는 교육과정-수업-평가를 연계하라는 취지로 강조가 되고 있습니다. 그러므로 평가를 더 자주 해야 한다는 의미는 아닙니다. 기존의 수행평가를 더 충실하게 하고 수업이 질을 높이도록 노력하면 될 것입니다. 한편 교육부는 2015 개정 교육과정에서 교육과정-수업-평가 연계를 강조하면서 교과 영역별로 교육과정 성취기준, 교수-학습 방법, 평가를 제시하였습니다. 이는 예시로서만 제시된 것이므로 교수-학습과 평가 방안은 각 학년에서 교사들이 정하면 됩니다. 개정 과정에서 이미 많은 교사가 이런 방식은 교사들의 자율성을 침해한다고 하고 관련 분야의 학자들 사이에서도 반대가 많았습니다. 평가에서 정해진 것은 없습니다. 학급 학생들에게 맞는 수업 방안을 끊임없이 고민하듯이 선생님들이 학교에서 학생들, 학년 선생님들과 소통하며 수업 방안이 정해지면 이 안에서 평가 방안을 고민하면 됩니다.

5. 수행평가는 정해진 시기에만 해야 하나요?

그렇지 않습니다. 예전에는 세세하게 주까지 정해서 제시하고 평가를 별도로 많이 해서 평가 기간이 변경되는 경우가 많았습니다. 최근에 과정 중심 평가로 전환되면서 수업 기간도 차시가 아니라 단원, 학기까지 확대되는 취지에 맞추어 계절별 평가(4학기), 월 단위 표시를 하는 학교도 많아졌습니다. 교육내용에 따라 수시로 평가하거나 분기별 평가, 일회성 평가, 포트폴리오형 등 평가 방식도 경직성을 벗어나고 있습니다. 단, 아직도 수업과 평가를 분리해 학기 말이나 특정 시기에 수행평가를 집중해 일제식 평가와 별 차이가 없거나 아직 과정 중심 평가가 익숙하지 않아 시기를 놓치는 경우가 있습니다. 이런 점을 방지하려면 평가 시기를 신중하게 정하고, 만약 바뀌면 학생들에게 공지하여 진행하면 됩니다. 사실 교육과정에 따르면 학년군 성취기준이므로 2, 4, 6학년이 끝나기 전에만 평가를 하면 되는데 학년이 1년 안에 마치는 시스템이라 학생들이 제대로 익히고 자기 능력으로 함양하기 전에 평가가 끝나 버리는 경우도 많습니다. 이런 문제를 고려해 평가 시기를 지키는 것보다는 학생들이 제대로 배울 수 있도록 세심한 배려가 필요합니다.

그렇지 않습니다. 앞에서도 말했듯이 교육과정에 따르면 학년
군 성취기준이므로 2, 4, 6학년이 끝나기 전에만 평가를 하면 되
는데 학년이 1년 안에 다 마치는 시스템이라 학생들이 제대로 익
히고 자기 능력으로 함양되기 전에 평가가 끝나 버리는 경우도
많습니다. 교과별로는 교과내용이나 학생 수준을 고려해 하나
의 성취기준이 4학기 내내 나오거나 어떤 것은 한 학기만 나오는
등 다양합니다. 이런 상황을 고려해 최근에는 수업은 하되 평가
는 학기별로 하지 않고 1년의 호흡으로 진행하고 정보 공시에도
1, 2학기 다 같은 평가 계획을 올리기도 합니다. 수업의 통합성
과 평가의 통합성이 같이 가는 것이지요. 그래서 학기별로 보면
일부 영역이 누락되는 경우도 생길 수 있습니다. 하나의 성취기
준을 달성하기 위해 수업의 위계를 정해 1년 안에 달성하는 것이
목표라면 학년 말에 할 수도 있고, 학기마다 평가를 통한 피드백
이 필요하면 그렇게 정하면 됩니다. 적어도 1년 안에 교과 영역
이 골고루 평가되면 되므로 학기별로 똑같이 해야 할 필요는 없
습니다. 이런 것이 가능한 것은 현재 생활기록부가 1년 단위 기
록이고 수행평가는 일부 자료일 뿐 1년간의 교과 학습 발달 상황
을 종합하여 기록하도록 되어 있기 때문입니다.

7. 수행평가 내용이 바뀌면 어떻게 해야 할까요?

만들어 가는 교육과정에 따라 중간에 수업과 평가가 달라지는 경우도 있을 수 있습니다. 현재 학기별로 수행평가 계획을 정보 공시에 올리도록 되어 있으므로, 필요한 경우 정보 공시 정정 대장을 쓰고 수정하거나, 평가 방식 변화나 기준 등만 변했다면 학교 자체적으로 학업성적관리위원회를 거쳐 수정하고 자료를 남겨 놓으시면 됩니다.

8. 선행 학습 금지법이 시행 중인데, 수행평가만 하는 초등학교에서 해당되는 내용이 있나요?

선행 학습 금지법은 대체로 중등에서 아직 수업도 안 한 내용을 상급 학교 진학 일정 때문에 평가하거나 변별력을 높인다며 평소 수업 시간을 통해 성취하기 어려운 내용을 평가에 넣어 공교육의 취지를 손상하고 사교육에 의존하게 하는 문제를 해결하기 위해 마련된 것입니다. 초등은 수행평가 위주이고 평가 점수로 성적을 산출하는 것이 아니기 때문에 교육과정 편성 시 학생들이 충분히 수업을 통해 성취기준을 달성할 수 있도록 배치하거나 선발 시험(학교 내외)을 볼 때 주의하는 수준으로 진행되고 있습니다. 하지만 수업 안으로 더 깊이 들어가면 주의해야 할 것들이 있습니다. 예를 들어 교육과정과 교과서에는 1학년 2학기부터 받아쓰기가 나오고 그 수준은 낱자를 익힌 정도를 확인하는 것입니다. 그런데 학교나 교사에 따라 1학년 1학기부터 성취기준을 벗어나 낱말, 문장 단위 받아쓰기를 하거나 교과서에 나온 용어로 급수를 나눠 받아쓰기를 합니다. 소리와 표기가 다른 글자는 3·4학년군 성취기준인데 1·2학년부터 받아쓰기에 자주 등장합니다. 이런 것이 넓게 보면 선행 학습 금지 취지에 어긋난다고 볼 수 있습니다. 수학이나 다른 교과에서도 학생의 능력이나 교과 특성을 고려하지 않고 너무 급하게 수업이 진행되거나 평가하면 학생의 성장을 돕는다는 취지에 어긋날 수 있습니다.

9. 생활기록부에 학생의 단점을 쓰지 말라고 하는데, 솔직하게 써 주는 것이 학생의 발전을 위해 좋지 않을까요?

함께 생각해 볼 문제입니다. 평가의 철학이 교사가 학생의 성장을 지원하는 방향으로 변해 가고 있고, 교사가 학생에 대해 미리 단정하거나 판정하는 위치가 아니라고 봅니다. 초등학생 발달 특성상 긍정적인 방향의 피드백이 실제 학생들을 긍정적인 방향으로 성장하게 한다는 것이 교육학계의 공통된 연구결과라고 합니다. 생활기록부 기재 요령을 보면 "장점과 단점을 사실에 근거하여 입력하되, 단점을 입력하는 경우에는 변화 가능성을 함께 입력한다."고 하였습니다. 무엇보다 교육은 가능성을 키우는 과정이기 때문입니다. 물론 생활기록부에 기록하지 않는다고 하여 학생에게 발견된 문제를 외면하라는 것은 아닙니다. 담임을 하거나 교과를 가르치는 동안에 발견된 문제는 교사, 학교, 학부모가 함께 협력하여 학생이 변한 과정이나 내용을 서술할 수 있을 것입니다. 단 너무 민감한 내용은 상담이나 다른 방법으로 소통하여 학생의 성장에 도움을 준다면 평가가 학생의 성장을 돕는 도구로 올바르게 작용한다고 할 수 있을 것입니다.

10. 성장을 돕는 평가를 하려면 새롭게 통지표를 만들어야 하는데 부담이 큽니다. 꼭 이런 통지표를 만들어야 할까요?

통지 양식의 경우 평가 혁신을 추진하는 학교나 교사들이 가장 많이 한 고민이기도 합니다. 점수나 형식적인 수행평가 용어 대신 새로운 방식을 고민하면서 교사들의 업무가 늘어나기도 합니다. 하지만 평가가 학생 성장을 돕는 것이라면 어떤 부분에서 성장이나 지체가 일어나고 있는지 학생, 교사, 학부모가 서로 알 수 있는 기준은 필요할 것입니다.

그동안 많은 학교가 학기 말에는 네이스를 활용하고, 기타의 경우 학교 자체 성장 통지 양식, 학기별 상담, 소식지, 기타 알림장이나 학부모협의회를 통하는 등 학부모와 다양한 방식으로 소통하고 있습니다. 이 외에도 별도의 양식을 만들지 않고 수업 결과물 자체를 가정에 통지하거나 포트폴리오로 모아서 보내기, 수업과 평가 결과물을 토대로 다음 수업으로 이어 나가는 등 결과 안내를 위한 결과물은 최소화하고 있습니다. 이보다 더 시급한 것은 학기 초 학생들이 1년간, 또는 한 학기에 무엇을 배울 것인지 학부모와 공유하는 것이어서, 최근에는 학년별 교육과정 설명회가 활성화되고 있습니다. 이런 전제조건이 마련되면 자연스럽게 교사가 학생들의 학습과 발달 상황, 학부모의 협력 활동 내용을 이야기할 수 있습니다(현재의 평가 혁신은 그동안 개별 교사들의 실천의 결과로 정리된 것이 많습니다). 학교에는 작성해야 할 서류가 매우 많습니다. 평가의 경우 법정 장부는 '학교생활기록부, 생활기록부 정정대장, 졸업대장' 정도인데, 이 외에도 교육청별, 학교별로 임의로 필요한 장부를 정합니다. 평가를 하는 과정에서도 많은 부수 자료가 필요한데 이것을 정리하고 통지까지 가려면 시간도 많이 들고 힘들 수도 있습니다. 학부모에게 '통지를 어떻게 할까' 보다는 '학생의 성장 정도를 어떻게 소통할까' 관점에서 접근하면 더 실질적이고 교사의 부담도 줄이는 방안들을 찾을 수 있을 것입니다.

11. 교육부 훈령(생활기록부 관리지침), 시도 학업성적 관리지침, 학교 학업성적 관리지침이 서로 다 다른데 어느 것이 맞나요?

위계상은 교육부 훈령을 기준으로 시·도 교육청이나 학교 지침을 만드는 것입니다. 가장 논란이 큰 것은 지필시험과 수행평가의 구분입니다. 교육부 훈령을 보면 여전히 지필과 수행평가로 구분되어 있지만, 초등학교는 성취기준과 성취수준에 따라 평가하라고 명시하여 많은 시·도 교육청이 초등 지침을 별도로 만들고 있습니다. 학교나 교육청 지침으로 정기 고사를 강제하는 것은 교육과정에서 정한 취지를 벗어나는 것입니다. 초등은 학생 발달 수준이나 교과 성취기준을 고려하여 학교 학업성적 관리지침을 마련하면 될 것입니다.

12. 수행평가는 단계형 평가만 가능한가요?

그렇지 않습니다. 성취기준에 따라 수업을 하고 평가를 하는 것인데, 단계형부터 기준에 맞춰 학생의 성장과 발달 정도를 서술하는 것까지 모두 가능합니다. 초등학교는 생활기록부가 점수나 등급제 기록이 아니라 결과를 서술하게 되어 있기 때문입니다. 수행평가 내용은 이를 위한 기초 자료, 보조 자료의 역할을 합니다. 현재 단계형 평가의 경우 2~5단계로 하는 학교부터 단계가 아예 없는 경우까지 다양합니다. 또 지금은 학교별 통일, 학년이나 교과 통일보다는 교과 내용이나 학기별, 교사에 따라 단계형·서술형을 혼합하는 경우가 많습니다. 단계형 평가를 하지 않을 경우 네이스 수행평가 항목을 사용하지 않고 바로 평어로 기록할 수도 있어 시스템상으로도 문제가 없습니다.

13. 학교에서 시험 점수로 각종 대회 출전자를 정하거나 졸업 사정회, 반 편성에 활용하는 경우가 많은데요. 시험을 보지 않는 학교는 어떻게 하고 있나요?

평가 결과는 평가 목적에 비추어 교육목표 달성도와 학생 성장을 돕는 수업 개선 자료로만 활용할 수 있습니다. 정기 고사든 수행평가든 평소 교수-학습 평가 결과를 반 편성이나 졸업 사정회에 쓰는 것 자체가 불법이라고 볼 수 있습니다. 현재 정기 고사를 보지 않고 수행평가만 하는 학교에서는 학교별로 다양한 방법을 활용하고 있습니다. 먼저 대회 출전의 경우 출전자를 뽑기 위한 대회는 지양하고 평소 관찰 사항과 희망자를 고려하여 자체 규정대로 진행하는 경우가 많습니다. 졸업 사정회에서 대외상의 경우 평소 관찰 사항을 토대로 정하거나 학교 취지를 설명하여 대외상 시상을 자제하는 학교도 있습니다. 장학금은 취지에 맞춰 저소득층 학생 중심(기존 자료 활용)으로 지급하고 남은 장학금은 기부하는 이에게 학교 취지를 설명하여 학교가 지급을 위임받아 균등 분배를 하는 경우도 있습니다. 반 편성의 경우 학급별로 기준을 세워 진행한 후 학년별로 모아서 하면 큰 무리가 없습니다. 학급 담임이 1년간의 관찰 내용을 토대로 충분히 세울 수 있습니다. 많은 학교가 학생 성장을 돕는 평가 혁신과 학교문화 조성에 노력하고 있습니다. 우리 학교나 나부터 할 수 있는 것을 찾아 실천해 나간다면 이런 문화도 오래지 않아 바뀔 수 있을 것입니다.

삶과 교육을 바꾸는
맘에드림 출판사 교육 도서

혁신학교란 무엇인가

김성천 지음 / 값 15,000원

교육 공동체가 만들어내는 우리 시대 혁신학교 들여다보기. 혁신학교 전반에 관한 이야기를 다루고 있는 책으로, 공교육 안에서 혁신학교가 생기게 된 역사에서부터 혁신학교의 핵심 가치, 이론적 토대, 원리와 원칙, 성공적인 혁신학교의 모습을 보이고 있는 단위 학교의 모습까지 담아냈다.

학부모가 알아야 할 혁신학교의 모든 것

김성천, 오재길 지음 / 값 15,000원

학부모들을 위한 혁신학교 지침서!
'혁신학교에서는 무엇을, 어떻게 가르치고 있는지, 교사·학생·학부모는 어떻게 만나서 대화하고 관계를 맺어가는지, 어떤 교육 목표를 지향하고 있는지 등 이 책은 대한민국 학부모들의 궁금증에 친절하게 답을 한다.

덕양중학교 혁신학교 도전기

김삼진 외 지음 / 값 14,500원

이 책의 1부는 지난 4년 동안 덕양중학교가 시도한 혁신과 도전, 성장을 사실과 경험에 기반한 스토리텔링 방식의 성장기로 전개하고 있다. 그리고 2부는 지역사회와 협력하여 펼치고 있는 교육 프로그램, 배움의 공동체 수업 등을 현장 사례 중심의 교육적 에세이 형태로 담고 있다.

학교 바꾸기 그 후 12년

권새봄 외 지음 / 값 14,500원

MBC PD 수첩에 방영되어 화제가 되었던 남한산초등학교. 아이들이 모두 행복하고, 얼굴 표정이 밝은 아이들. 학교 가는 것을 무엇보다 좋아하고, 방학을 싫어하는 아이들. 수업과 발표를 즐겼던 이 학교를 졸업한 아이들이 그 후 12년의 삶을 세상에 이야기한다.

교사는 수업으로 성장한다

박현숙 지음 / 값 12,000원

그동안 교사는 수업에서 아이들을 만나지 못해왔다. 관계와 만남이 없는 성장의 결손을 낳았다. 그리하여 우리 아이들과 교사들은 모두 참 아프고 외로웠다. 이 책에서는 교사, 학생, 학부모, 지역사회가 공동체로서 서로 관계를 맺을 때에만 배움은 즐거운 활동으로서 모두가 성장하는 삶의 일부가 될 수 있음을 보여준다.

교사와 학부모가 함께 읽는 주제 통합 수업

김정안 외 지음 / 값 15,000원

'서울형 혁신학교'로 지정된 7개 혁신학교들이 지난 1~2년 동안 운영한 주제 중심 통합 교육 과정과 수업 사례를 소개한 책이다. 이 학교들의 교육과정은 전국적으로 이루어지는 혁신학교들의 성과를 반영하였고, 자신의 지역사회의 실제 환경과 경험을 살려 실제 수업에 적용한 것이다.

혁신교육 미래를 말한다

서용선 외 지음 / 값 14,000원

혁신교육은 2009년 이후 공교육 되살리기의 새로운 희망이 되어왔다. 이러한 정책을 입안하고 추진하는 데 기여해왔던 6명의 교사 출신 연구자들이 혁신교육 발전에 필요한 정책 과제들을 모아 하나의 책으로 제시한다. 이 책은 교육철학, 교육과정, 교육행정과 학교 운영(거버넌스) 등에서 주요 이슈들을 정리하고 혁신교육의 성과와 과제가 무엇인가를 보여준다.

수업을 살리는 교육과정

서우철 외 지음 / 값 16,500원

최근 교육과정을 재구성하는 논의가 활발한 가운데, 이 책에서는 개별 교과목과 교과서의 형식에 얽매이지 않고 아이들의 발달을 고려하여 주제를 중심으로 교육과정을 재구성하여 통합적으로 운영하는 방법과 구체적인 실천 사례를 설명하고 있다. 이러한 과정은 같은 학년을 맡고 있는 교사들의 토론과 협력을 통해서 이루어진 것임을 이야기한다.

수업 딜레마

이규철 지음 / 값 14,000원

이 책을 관통하는 키워드는 '사람'이다. 저자의 노하우를 전수하는 것이 아니라, 수업 속에서 딜레마에 맞닥뜨려 고통받고 있는 선생님들의 고민을 담고, 신념을 담고, 그것을 이겨내기 위한 한 분 한 분의 마음을 담고 있다. 이런 고민속에 이 책을 집어 든 나를 귀하게 여기며 다시 한 번 교사로 잘 살아보고 싶은 도전을 하게 한다.

좋은 엄마가 스마트폰을 이긴다

깨끗한미디어를위한교사운동 지음 / 값 13,500원

스마트폰에 대한 아이들의 집착은 대단하다. 스마트폰은 '재미있고 편리하다.' 그러나 스마트폰 때문에 아이들은 시간을 빼앗기고, 건강이 나빠지고, 대화가 사라지며, 공부와 휴식, 수면마저 방해를 받는다. 이 책은 이러한 사례들을 생생하게 소개하고 부모들에게 아이들의 스마트폰 사용에 어떻게 대응해야 하는지 대안을 제시한다.

엄선생의 학급운영 레시피

엄은남 지음 / 값 14,000원

34년 경력의 현직 교사가 쓴 생동감 넘치는 학급운영 지침서. 초등학교에서 아이들은 문자와 숫자를 익히는 것보다 학교와 교실에서 낯설고 모험적인 사건을 겪으면서 더 많은 것을 배운다. 이 책은 초등학교에서 교과서 지식보다 더 중요한 역할을 하는 학교생활과 학급문화를 만드는 데 담임교사의 역할을 다룬다. 교사와 아이들이 서로 존중하고 신뢰하는 관계를 어떻게 만들어야 하는지 구체적인 경험과 사례로 설명해준다.

진짜 공부

김지수 외 지음 / 값 15,000원

혁신학교가 추구하는 '진짜 공부'와 '진짜 스펙'이 무엇인지 보여주는, 졸업생들의 생동감 넘치는 경험담. 12명의 졸업생들은 학교에서 탐방, 글쓰기, 독서, 발표, 토론, 연구, 동아리, 학생회 활동을 통해 자신들이 생각하지도 못한 진짜 공부를 경험했음을 보여준다. 이 책을 통해 수능시험이 아니라 정말로 청소년 스스로 하고 싶은 일을 즐기면서 성장하는 것이 우리 사회에 필요한 것임을 새삼 느낄 수 있다.

수업 디자인

남경운, 서동석, 이경은 지음 / 값 15,000원

서울형 혁신학교의 대표적인 수업 혁신을 담은 이야기. 아이들이 서로 협력하면서 배우는 수업을 목표로 삼은 저자들은 범교과 수업모임을 통한 공동 수업설계를 대안으로 제시한다. 아이들은 교사의 설명을 통해 배우는 것이 아니라 서로 '옥신각신'하며 함께 문제에 도전할 때 수업에 몰입하고 배우게 된다. 이 책은 이러한 수업을 위해서 교사들이 교과를 넘어 어떻게 협력하고 수업을 연구해야 하는지 잘 보여준다.

아이들이 가진 생각의 힘

데보라 마이어 지음 / 정훈 옮김 / 값 15,000원

미국 공교육 개혁의 전설적 인물 데보라 마이어가 전하는 교육 개혁에 대한 경이롭고도 신선한 제언. 이 책은 학교 혁신의 생생한 기록을 통해 우리가 학교에서 무엇을 왜 가르치고 배워야 하는지에 대한 근원적인 성찰을 담고 있다. 아이들이 지성적으로 생각하는 마음의 습관을 배우는 것이 얼마나 중요하고 그것을 위해 학교가 무엇을 해야 하는지를 일깨워준다.

어! 교육과정? 아하! 교육과정 재구성!

박현숙 ·이경숙 지음 / 값 16,500원

교육과정 재구성을 고민하는 교사를 위한 현장 지침서. 이 책은 저자들이 학교 현장에서 교육과정 재구성이라는 화두를 고민하고, 실행한 사례들이 담겨져 있다. 책의 내용은 주제 통합 수업, 교과 통합 수업, 범교과 주제 학습, 교과 체험 학습, 프로젝트 수업 등 학교 현장에서 적용해 큰 성과를 본 것들을 세밀하게 소개하면서 교육과정 재구성 작업의 노하우를 펼쳐 보인다.

행복한 나는 혁신학교 학부모입니다

서울형혁신학교학부모네트워크 지음 / 값 16,000원

이 책은 학부모가 자신의 눈높이에서 일러주는 아이들의 혁신학교 적응기일 뿐 아니라, 학부모 역시 학교를 통해 자신의 삶을 고양시켜가는 부모 성장기라는 점에서 대한민국의 모든 학부모에게 건네는 희망 보고서이기도 하다. 혁신학교가 궁금한 학부모들이 이 책을 통해 혁신학교 학부모로서의 체험을 미리 하는 데 부족함이 없을 것이다.

일반고 리모델링 혁신고가 정답이다

김인호, 오안근 지음 / 값 15,000원

교육 환경이 열악한 지역에 있던, 서울의 한 일반계 고등학교가 혁신학교로서 4년간 도전과 변화를 겪으면서 쌓은 진로, 진학의 비결을 우리 사회 모든 학생, 학부모, 교사, 시민 등에게 낱낱이 소개해주는 책. 이 책은 무엇보다 '혁신학교는 대학 입시에 도움이 안 된다.'는 세간의 편견을 말끔히 떨어 없앤다. 이 책에서 저자들은 '결과' 중심 교육과정을 '과정' 중심으로 바꾸고, 교내 대회와 동아리 활동, 봉사 활동을 장려함으로써 대학 진학이란 놀라운 결과가 어떻게 이루어질 수 있었는지 보여주고 있다.

우리가 신뢰하는 학교, 어떻게 만들 것인가?

데보라 마이어 지음 / 서용선 옮김 / 값 15,000원

이 책의 저자인 데보라 마이어는 보수와 진보를 막론하고 미국 공교육 개혁 분야에서 가장 신뢰받는 실천가이자 이론가로 평가받는다. 학교 안에서 '신뢰의 붕괴'를 오늘날 공교육이 직면한 가장 큰 도전으로 인식한다. 이 책의 원제 'In Schools We Trust'에서 나타나듯, 저자는 신뢰할 수 있는 공교육의 조건이 무엇인지 자신의 경험 속에서 제안하고, 탐색하고, 성찰한다.

교사, 어떻게 살아야 하는가

김성천 외 지음 / 값 15,000원

오랫동안 교육 현장에서 교육과 연구를 병행해온 저자 5인이 쓴 '신규 교사를 위한 이 시대의 교사론'. 이 책은 학교 구성원과의 관계 맺기부터 학교 현장에서 맞닥뜨리게 되는 여러 가지 문제들과 극복 방법, 교육 개혁에 어떻게 주체로 설 수 있는지, 어떤 과정을 통해 개인의 성장을 도모해야 하는지 등 신규 교사의 궁금점에 대해 두루 답하고 있다.

리셋, 교육과정 재구성

서울신은초등학교 교육과정 연구회 모임 지음 / 값 16,000원

서울형 혁신학교인 서울신은초등학교 교사들이 1학년부터 6학년까지 모든 학년의 교육과정을 재구성하고 실천한 경험을 모두 담았다. 이 책에 소개된 혁신학교 4년의 경험은 진정한 학습이란 몸과 마음을 통해 경험함으로써, 생각이나 감정을 다른 사람과 주고받음으로써, 과거 경험을 새로운 지식으로 다시 생각함으로써 실현된다는 점을 잘 보여주고 있다.

다섯 빛깔 교육이야기

이상님 지음 / 값 16,000원

충북 혁신학교(행복씨앗학교)인 청주 동화초등학교의 동화 작가 출신 선생님이 아이들과 함께 보낸 한해살이 이야기다. 이오덕 선생의 "아이들의 삶을 가꾸는 교육"을 고민하던 저자가 동화초 아이들을 만나면서 초등학생의 특성에 맞도록 활동 중심의 교육과정을 재구성하는 한편, 표현 위주의 교육을 위한 생활 글쓰기 교육을 실천하면서, 학교 교육을 아이들의 놀이와 생활, 삶과 연결시키고자 노력한 교단 일지를 바탕으로 구성되었다.

만들자, 학교협동조합

박주희 · 주수원 지음 / 값 14,500원

이 책은 학교협동조합이 무엇인지, 어떤 유형의 학교협동조합이 가능한지, 전국적으로 현재 학교협동조합의 추진 상황은 어떠한지 국내외 사례를 통해 소개하고 안내하는 한편, 학교협동조합을 운영하는 원리와 구체적인 교육방법을 상세하게 풀어놓고 있다. 저자들의 실천적 지침들을 따라가다 보면 학교협동조합은 더 이상 상상이 아니라 학교 구성원의 필요와 의지, 실천으로 극복할 수 있는 실현 가능한 미래라는 점을 알게 된다.

땀샘 최진수의 초등 수업 백과

최진수 지음 / 값 21,000원

초등학교에서 20여 년간 아이들을 가르쳐온 저자가 초등학교 수업에 대해서 기록하고 연구하고 실천하며 쌓아온 경험을 바탕으로 초등학생들과 수업을 함께하는 방법을 담고 있다. 아이들의 학습 동기, 아이들이 수업에 참여하는 방법, 칠판과 공책을 사용하는 방법, 모둠 활동, 교과별 수업, 조사와 발표 등 초등학교 교사가 아이들을 가르칠 때 알아야 할 가장 기본적이면서도 가장 중요한 모든 것을 다루고 있다.

혁신 교육 내비게이터 곽노현입니다

곽노현 편저 · 해제 / 값 17,000원

서울시 18대 교육감이자 첫 번째 진보 교육감으로서 혁신 교육을 펼쳤던 곽노현은, 우리 사회 전반을 아우르는 주요 교육 현안들을 이 책에서 포괄적으로 다루고 있다. 2014년 3월부터 1년간 방송된 교육 전문 팟캐스트 '나비 프로젝트' 인터뷰에 출연한 전문가들과 나눈 대화와 그에 대한 성찰적 후기를 담고 있다. 이 책은 그야말로 우리가 '지금 알아야 할 최소한의 교육 이야기'를 포괄하고 있다.

무엇이 학교 혁신을 지속가능하게 하는가

권성호, 김현철, 유병규, 정진헌, 정훈 지음 / 값 14,500원

독일 '괴팅겐 통합학교', 미국 '센트럴파크이스트 중등학교', 한국 혁신학교의 사례들을 통해 성공적인 학교 혁신의 공통점을 찾아내고 그것을 지속가능하도록 만들기 위해서 필요한 것은 무엇인지를 보여준다. 독자들은 이 책에서 괴팅겐 통합학교의 볼프강 교장이 말한 것처럼 "좋은 학교"를 만들기 위한 학교 혁신에 세계적으로 보편적이라고 할 만한 공통점을 찾을 수 있다.

교과를 꽃 피게하는 독서 수업

시흥 혁신교육지구 중등 독서교육 연구회 지음 / 값 16,500원

이 책은 지난 5년 동안 진행된 혁신교육지구 사업의 일환으로 학교에서 고군분투하며 독서교육을 이끌어왔던 독서지도사들이 실천 경험을 엮어낸 것으로 청소년기 학생들에게 장래 진로, 사랑, 우정, 삶의 지혜를 찾는 데 도움을 주는 독서교육을 잘 보여주고 있다. 특히 이 책에 소개된 국어, 수학, 과학, 사회, 도덕, 미술, 역사 등 다양한 교과와 연계한 협력수업은 독서교육의 새로운 전망을 보여주는 결실이다.

혁신학교의 거의 모든 것

김성천, 서용선, 홍섭근 지음 / 값 15,000원

저자들은 이 책에서 혁신학교에 대한 100가지 질문에 답하면서 혁신학교의 역사, 배경, 현황, 평가와 전망을 구체적인 증거를 통해 설명하고 있다. 이 책에 서술된 혁신학교에 관한 100문 100답을 통하여 우리 사회에 필요한 교육은 무엇인지, 교사와 학생들이 더 즐겁게 가르치고 배우면서 성장할 수 있는 교육을 위해 필요한 것이 무엇인지, 그것을 위해서 우리 사회 시민 각자가 자신의 위치에서 무엇을 하면 좋은가를 더 깊이 생각해볼 기회를 얻을 것이다.

교실 속 비주얼씽킹

김해동 / 값 14,500원

이 책은 비주얼씽킹 기본기부터 시작하여 교과별 수업, 생활교육, 학급운영 등에 비주얼씽킹을 응용하는 방법을 설명하고 있다. 특히 교사들이 초등학교 1학년부터 고등학교 3학년까지 국어, 수학, 영어, 과학, 사회 등 모든 교과 수업에 비주얼씽킹을 활용할 수 있도록 수업 지도안을 상세하면서도 간결하게 제시하고 있다. 또한 독자들이 책 내용에 대해 더욱 풍부한 이미지와 자료를 접할 수 있도록 저자의 블로그로 연결되는 QR코드를 담고 있다.

교육과정-수업-평가 어떻게 혁신할 것인가

이형빈 지음 / 값 15,500원

이 책은 교육과정 사회학자 번스타인(Basil Bernstein)이 제시한 '재맥락화(recontextualized)'의 관점에 따라 저자가 장기간에 걸쳐 일반 학교 한 곳과 혁신학교 두 곳의 수업을 현장에서 면밀하게 관찰하고 심층 인터뷰와 설문조사를 통한 연구를 바탕으로 무기력과 불평등을 재생산하는 교실을 민주적이고 평등한 구조로 바꾸기 위해 교육과정-수업-평가를 어떻게 혁신해야 하는지 제안하는 내용을 담고 있다.

혁신학교 효과

한희정 지음 / 값 15,000원

이 책에서 혁신학교 효과를 살펴보기 위해서 저자는 혁신학교가 OECD DeSeCo 프로젝트에 제시된 '핵심 역량'을 가르치고 있는지, 학생·학부모·교사가 서로 배우는 교육 공동체를 이루고 있는지, 학생의 발달을 위한 다양한 교육과정을 운영하고 있는지, 교사의 자율성과 전문성을 강화하고 있는지, 자치적이고 민주적인 학교문화를 가지고 있는지, 지역사회와 협력하고 있는지를 다른 일반 학교와 비교하여 설명한다.

교실 속 생태 환경 이야기

김광철 지음 / 값 15,000원

아이들이 자연과 친해지고 즐길 수 있도록 교육하는 것은 쉬운 일이 아니다. 특히 도시 지역에서는 더욱 어렵다. 그래서 이 책은 도시 지역 학교에서도 쉽게 실천에 옮길 수 있는 다양한 생태·환경교육을 폭넓게 다루고 있다. 이 책에서 저자는 계절에 따라 할 수 있는 20가지 환경교육 프로그램을 제시하고, 그 방법, 순서, 재료 등을 상세히 설명해준다

이제는 깊이 읽기

양효준 지음 / 값 15,000원

교과서에는 수많은 예화와 발췌문이 들어가 있다. 이런 자료들은 교육부가 교육과정에서 요구하는 기준에 맞춰 어떤 이야기, 소설, 수필, 논픽션 등에서 일부만 가져온 토막글이다. 아이들은 교과서에 수록된 작품이나 이야기 전체를 읽지 못한 상태에서 단편적인 지문만 읽고 이해를 해야 하기 때문에 책을 읽으면서 생각하고 공감할 수 있는 기회와 흥미를 찾을 수 없게 된다. 이 책은 이러한 문제를 개선하기 위해서 한 권이라도 책 전체를 꾸준히 읽어가는 방법인 '깊이 읽기'를 대안으로 소개하고 있다.

인성의 기초가 되는 초등 인문학 수업

정철희 지음 / 값 15,500원

이 책은 아이들의 올바른 인성 교육을 위한 새로운 방법으로서 인문학 수업을 제시하고 있다. 이 책에서 설명되고 있는 인문학 수업은 교사가 신화, 문학, 영화, 그림, 역사적 인물의 일대기 등에서 이야기를 찾아 아이들에게 제시하고, 아이들이 그 이야기에 나오는 여러 문제와 인물 등에 대해 자신의 감정을 스스로 공책에 기록하고 일상의 경험과 비교하고 토의와 토론을 통해 자신의 생각을 발전시키는 수업이다.

수업, 놀이로 날개를 달다

박현숙, 이응희 지음 / 값 13,500원

이 책은 교육계에서 최근 가장 중요한 과제로 삼고 있는, OECD의 여덟 가지 핵심 역량(DeSeCo)에 따라 여러 놀이들을 분류해서 설명하고 있다. "놀이에 내재된 긴장의 요소는 사람의 심성, 용기, 지구력, 총명함, 공정함 등을 시험하는 수단이 되므로" 그것은 학생들의 역량을 키우는 수단이 된다. 이 책의 저자들은 수업이 놀이를 만났을 때 어떻게 핵심 역량이 강화되는지 이야기하고 있다.

더불어 읽기

한현미 지음 / 값 13,500원

이 책은 교사들이 학습공동체를 통해 교직의 전문성과 자율성을 새롭게 발견하며 성장하는 이야기를 다룬다. 우리 사회의 기존 교육 제도는 효율성이라는 명분으로 교사들을 통해 아이들에게 경쟁을 강요하면서 교사들 역시 서로 경쟁하도록 만드는 시스템을 가지고 있다. 이 책에서 저자는 이러한 비인격적인 제도와 환경 아래서 교사들이 교사로서 행복을 되찾기 위해서는 교사들끼리 서로 협력하며 같이 배우면서 아이들과 함께 성장할 수 있어야 한다고 말한다.

땀샘 최진수의 초등 글쓰기

최진수 지음 / 값 17,000원

글쓰기가 아이들에게 필요한 중요한 것이 되려면 먼저 솔직하게 써야 한다. 모르는 것은 '모른다', 잘못은 '잘못이다', 싫은 것은 '싫다', 좋은 것은 '좋다'고 솔직하게 드러낼 때 글쓰기는 아이가 성장하는 디딤돌이 될 수 있다. 그리고 이것은 가르치는 교사에게도 적용된다. 지도하는 사람과 지도받는 사람이 따로 있는 것이 아니라 함께 쓰고 함께 나누면서 서로 성장을 돕는 것이다.

수업 친구와 함께하는 수업 나눔 수업 코칭

이규철 지음 / 값 15,500원

가르치는 일을 함으로써 학생들의 배움을 돕는 교사들에게 수업은 시간적으로도 공간적으로도 학교에서 자신이 하는 일의 중심을 이룬다. 그래서 수업에 관한 고민은 교과를 가리지 않고 교사들에게 일반적으로 드러난다. 교사들은 공통의 문제로 씨름하게 된다. 그래서 최근에 그 공통의 문제를 교사들이 함께 풀어나가자는 흐름이 곳곳에서 일어나고 있다. 이 책은 그중에서도 '수업 코칭'이라는 하나의 흐름을 다룬다.

교사들이 함께 성장하는 수업

서동석, 남경운, 박미경, 서은지,
이경은, 전경아, 조윤성 지음 / 값 15,000원

이 책은 아이들의 배움에 중점을 둔 수업을 위해 구성한 교사 학습공동체로서, 서로 다른 여러 교과 교사들이 수업을 디자인하고 연구하는 '수업모임'에 관해 다룬다. 수업모임 교사들은 공동으로 교과 수업을 디자인하고 참관하고, 발견한 내용을 공유하고 평가하는 피드백을 통해 수업을 개선해간다. 그리고 이러한 실천이 쌓여가면서 공개수업을 준비하는 방법과 절차는 더욱 명료해지고, 수업설계는 더욱 정교해진다.

땀샘 최진수의 초등 학급 운영

최진수 지음 / 값 19,000원

이 책의 저자는 학급운영의 출발은 아이들을 '가르치는 대상'에서 '존중받는 존재'로 바라보는 것에서 시작해야 한다고 이야기한다. 또한 아이들과 함께하면서 교사는 성장한다. 이러한 성장은 시간이 흐르고 경력이 쌓인다고 이뤄지는 것이 아니라, 여러 가지 어려운 문제를 헤쳐나가며 교사 스스로 자신을 되돌아보며 성찰할 때 비로소 아이들과 함께하는 올바른 학급운영이 이루어진다고 말한다.

당신의 교육과정-수업-평가를 응원합니다

천정은 지음 / 값 14,500원

이 책은 빛고을혁신학교인 신가중학교에서 펼쳐진, 학교교육 혁신 과정과 여전히 완성되지 않은 그 결과를 다루고 있다. 드라마 [대장금]에 나오는 '신비'의 메모가 보여준 것과 같이 교육 문제를 여전히 아리송한 것처럼 적고 묻고 적기를 반복하며 다가가는 것이다. 이 책의 저자인 천정은 선생님은 이 책을 통해 자신이 수업이 앞으로도 교육의 본질에 더 가깝게 계속 혁신되기를 바라고 있다.

성장과 발달을 돕는 초등 평가 혁신

🌱 연수 시간 _	교원 원격 직무연수 1학점 (17시간)
🌱 연수 대상 _	초등 교사 누구나 / 예비교사
🌱 교재 _	다운로드 교재 제공
🌱 연수 강사 _	한희정, 김해경, 최혜영, 오정희, 손유미, 홍순희
🌱 품질인증번호 _	2016-D054

■ 평가? 평가!
　― 수업 따로 평가 따로, 학력 따로 평가 점수 따로, 사지선다 · 오지
　　선다 · 지필 위주 평가 문제, 서열-경쟁 위주 평가, 어린이 개별 특
　　성을 고려하지 않은 평가는 "이제 그만~!"

　　● 참교육원격교육연수원에서는 2016년 '성장과 발달을 돕는 초등 평가 혁신' 과정을
　　　새로 제작해 3월부터 운영하고 있습니다. 수업이 바뀌어도 평가가 바뀌지 않으면
　　　수업 혁신은 완성될 수 없습니다. 평가 혁신 어디서부터 어떻게 시작하는 것이 좋
　　　을까요? 이번 과정에는 평가를 바꾸는 아주 작은 시도부터 바람직한 진단활동, 수
　　　업 재구성과 과정 평가 등 생생한 실천 사례가 담겨 있습니다.
　　　학생과 교사가 더불어 배우고 같이 성장하는 한 해, 만들어 보세요!

■ 초등 평가 혁신의 첫걸음, 지금 시작하세요.
　― 다양한 수업과 평가 혁신 실천 사례를 통해 새로운 평가 혁신을 꾀
　　할 수 있다.

성장과 발달을 돕는 초등 평가 혁신

[Module1] 성장과 발달을 돕는 평가관 바로 세우기
/ 강사_ 한희정

1차시 성장과 발달을 돕는 평가란?
2차시 교육과정과 수업, 평가의 이해
3차시 성장과 발달을 돕는 평가를 위한 조건

[Module2] 수업과 평가 / 강사_ 김해경
4차시 초등학교 어린이의 발달 특성과 초등교육
5차시 어린이의 성장을 돕는 수업과 평가

[Module3] 진단평가에서 진단활동, 다시 교육 활동으로
/ 강사_ 최혜영

6차시 진단활동의 의미
7차시 학년군별 진단활동 예시
8차시 진단을 통한 교육과정 재구성 사례

[Module4] 성장과 발달을 돕는 평가 사례- 저학년
/ 강사_ 오정희

9차시 받아쓰기와 모국어 교육1
10차시 받아쓰기와 모국어 교육2
11차시 학부모와의 소통, 학급 학부모 다모임

[Module5] 성장과 발달을 돕는 평가 사례- 고학년
/ 강사_ 손유미

12차시 평가, 철학과 성찰
13차시 평가를 넘어 수업으로
14차시 평가, 지향과 혁신

[Module6] 성장과 발달을 돕는 평가 사례- 교과 전담
/ 강사_ 홍순희

15차시 긴 흐름으로 생태 감수성 기르기
16차시 주제 통합을 통한 수업
17차시 협력 수업

| 한희정 | 김해경 | 최혜영 | 오정희 | 손유미 | 홍순희 |

★ 한희정 선생님 : 서울유현초등학교 / 서울, 전북, 강원 초등교육과정 핵심요원양성연수 강사 / 성장과 발달을 돕는 초등교육과정 원격직무연수 강사
  - 저서(공저) 및 번역서 : 《교과서를 믿지 마라》, 《행복한 혁신학교 만들기》, 《초등교육을 재구성하라》, 《비고츠키 도구와 기호》, 《어린이 자기행동숙달의 역사와 발달1·2》, 《성장과 분화》, 《혁신학교 효과》

★ 김해경 선생님 : 서울언주초등학교 / 초등교육과정연구모임 연구원, 한국교육연구네트워크 회원 / 서울시교원연수원 2015 하계1정연수 교육과정자문단 참여, 서울시교원연수원 2015~2016 연수원 자문위원 참가

★ 최혜영 선생님 : 서울위례별초등학교 / 에듀니티 '성장과 발달을 돕는 초등교육과정' 강사 / 서울시교육청 수업 컨설팅 장학요원 / 초등교육과정 모임, 초등국어교육과정 모임 활동
  - 저서(공저) : 《행복한 혁신학교 만들기》, 《초등교육을 재구성하라》

★ 오정희 선생님 : 서울상현초등학교 / 초등참교육과정연구모임 연구원 / 전북, 서울 새학년준비직무연수 강사(전북교육연수원, 2012년) / 성장과 발달을 돕는 초등교육과정 원격직무연수 강사(에듀니티 행복한 연수원)

★ 손유미 선생님 : 양양광정초등학교 / 교육과정 재구성, 초등 평가 컨설턴트 및 강사 활동

★ 홍순희 선생님 : 서울위례별초등학교 / 초등교육과정연구모임 연구원
  - 저서(공저) : 《초등학급운영2》, 《교과서를 믿지 마라》, 《일제고사를 넘어서》, 《초등교육을 재구성하라》